山西省哲学社会科学规划课题资助，项目编号2022YJ115

山西省高等学校哲学社会科学研究项目资助，项目编号2022W109

经济与管理

—

结构功能主义视域下广告的价值变迁

（1979-2020）

武晓丽 著

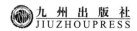

九 州 出 版 社
JIUZHOUPRESS

图书在版编目（CIP）数据

结构功能主义视域下广告的价值变迁：1979-2020 /
武晓丽著 . -- 北京：九州出版社，2023.6
ISBN 978-7-5225-1877-0

Ⅰ. ①结… Ⅱ. ①武… Ⅲ. ①广告业—价值—研究
Ⅳ. ①F713.8

中国国家版本馆 CIP 数据核字（2023）第 101598 号

结构功能主义视域下广告的价值变迁（1979-2020）

作　　者	武晓丽　著
责任编辑	张万兴　周红斌　刘浩川
出版发行	九州出版社
地　　址	北京市西城区阜外大街甲 35 号（100037）
发行电话	（010）68992190/3/5/6
网　　址	www.jiuzhoupress.com
印　　刷	唐山才智印刷有限公司
开　　本	710 毫米×1000 毫米　16 开
印　　张	15
字　　数	269 千字
版　　次	2023 年 6 月第 1 版
印　　次	2023 年 6 月第 1 次印刷
书　　号	ISBN 978-7-5225-1877-0
定　　价	95.00 元

前　言

本书运用帕森斯的结构功能主义理论来论述广告的价值变迁，将广告业视为社会系统中的一个子系统，通过分析广告业与整个社会系统之间的互动关系，探索广告的价值变迁规律。在研究理论的选择上，本文沿用了《媒介经营与产业化研究》的理论，当时的中国大众传播事业正在进行一场迅速而剧烈的变革——媒介产业化，传媒业功能和内外部结构发生了深刻的变革。此书作者黄升民和丁俊杰两位学者将大众传播媒介视为整个社会系统中的一个子系统，运用结构功能主义理论揭示了大众传播媒介的发展规律，媒介系统为了达到满足功能性必要条件的能力，追求新的结构而放弃现行结构。当前，基于数字化技术的互联网媒体及智能媒体的兴起，对传统媒体及广告业提出了新的、更大的挑战，本文以结构功能主义理论为依据，以广告的价值变迁为研究主线，目的在于揭示广告业的发展规律，对当下广告业面临的诸多质疑和存在的问题做出回应。

本书的绪论部分提出了当下广告业面临的三重合法性危机。首先是主体性危机，即广告的参与主体、权力关系发生了怎样的变化，变化后的商业传播行为是否具有广告的属性和特征，是否还能称之为广告。在第二章对广告定义的变迁进行历时性研究，广告的定义不是一成不变的，随着时代的发展，广告形态不断革新，它的内涵和外延也随之演进。在第四章到第六章分别论述了中国广告业自1979年恢复至今发生的三次大的变迁：第一次是在1979—1992年，广告的价值体现为信息告知，广告业当时是事业单位属性，肩负着西学东渐的重要使命，当时的外商广告必须通过政府指定的外贸广告公司审核才能在国内发行，广告作为社会主义宣传的一部分，生产资料广告在整个广告营业额中占有较大的比重，这是广告在当时的历史背景下获得合法性地位的基础。第二次是在1993—2007年，广告业走上了集团化、产业化的道路，国际4A公司通过合资的方式进入中国，将先进的营销理念带到中国。生活资料广告在广告营业额中所占的比重上升，广告成为企业刺激消费和在市场竞争中获胜的利器，广告的价值体现为劝服，广告的商业属性逐渐突现。第三次是在2008年之后，移动通信技术的应用对媒体结构、广告运营甚至整个社会结构产生了深远的影响，广告与广告主、广告与媒体、广告与消费者的关系也发生了深刻的变革，广告业的参与主体和权利关系也随之发生变化，"用户"成为整个广告业中最核心的要素，广告的服务性和社会价值得以突现。

其次，广告业遭遇合理性危机，即广告业作为社会系统中的一个子系统是否应该获得社会的认同和尊重的问题。广告业自恢复之日，便作为企业促进销售的工具而存在，对于媒体而言，广告是盈利的手段，广告先天的工具属性使它长期处于被争议、难以获得社会认同的困境之中。一个行业如果只能创造经济价值，甚至唯利是图，那么它很难获得社会的尊重和认同，但是广告业作为一种文化产业，它对于社会的影响不仅仅局限于经济领域，而是蕴藏着巨大的社会意义和文化价值，是人类文明现代化进程的重要推动力量，广告对于现代化观念的传播具有重要的意义。本书在论述广告价值构成体系的基础上，采用社会网络分析的方法对广告业在过去四十年中与整个社会系统的互动关系进行分阶段论述，这是课题的重点所在。广告业曾经塑造过无数经典品牌形象，对于社会经济的发展和社会文化的进步做出了不可替代的贡献，却忽略了对自己本身的价值分析和价值塑造。本书通过关键词构建的方式分析广告业过往的历史，力求全面、深入地挖掘广告的价值，为广告业赢得全面的社会尊重和社会认同。

最后，广告业遭遇有效性危机。正如彼得·德鲁克所言，商业模式才是现代企业竞争的根本。广告对于社会最大的贡献在于推动了双边市场的商业模式的形成与发展。本书第七章论证了广告与双边市场商业模式的关系，广告是现代传媒业和互联网行业的重要收入来源。对广告有效性的质疑主要来自广告主一方，自广告业诞生之时便从未停止过。传统媒体时代，广告业面临着传播效果无法量化的困境。在数字媒体时代，媒介形态日益丰富，消费者可选择的媒介载体日益增加，受众日益分化，广告业面临着新的危机，在实践中表现为广告的获客成本越来越高。本书第四章到第六章论述了广告在不同时期与整个社会系统的互动关系以回应广告的有效性危机，研究发现随着广告形态的日益丰富，广告在整个社会系统中的重要性和参与程度也越来越高。

本书得出五点主要结论：第一，广告业恢复至今的四十年中经历了从小到大、从无到有的发展历程，广告业不断发展壮大，分化和整合了许多新的营销形态，形成了整合营销理论下的"大广告观念"，广告业在社会系统中的重要性和参与程度不断提升。第二，广告价值在不同的历史时期既有传承又有发展，以广告的信息价值为例，虽然在不同历史时期，广告都具有信息价值，但是经历了从"告知功能"到"劝服功能"再到"连接功能"的转变，广告在不同历史阶段的经济价值、文化价值和社会价值也具有偏向性。第三，广告作为信息产业的先导性产业，直接推动了双边市场的全新商业模式的形成与发展，这是广告对于社会发展最大的贡献。广告所推动的双边市场模式直接促成了传媒产业和互联网产业的繁荣，间接影响了广告主所属的相关产业的发展。第四，社会需求、媒体结构和广告专业技术是影响广告价值变迁的三个最重要的因素，这些要素之间并不是割裂的，而是相互影响、相互关联的。第五，广告功效的有限性。广告作为一种信息传播的方式，只能起到加速或者催化的作用，并不具有决定性的价值。广告对企业管理或者社会观念变迁所起到的作用是有限的，不要过分夸大广告的功效，也不要将企业经营失败或者诸如消费主义盛行的不良社会风气完全归咎于广告，要秉持相对客观、辩证和理性的态度来看待广告的价值。

目 录
CONTENTS

第一章 绪 论

　　广告内嵌于整个社会系统的结构变化之中，中国广告业自1979年恢复至今，广告形态不断发生变化，从平面的纸媒广告到数字的音视频广告。数字媒体时代广告的样态更是层出不穷，原生广告、信息流广告、程序化广告等各种广告形态和专业技能不断创新以适应不断变化的时代需求。我们需要认识到一点，广告业虽然在传播技术和传播形态上不断地发生变化，但是广告创造符号、引导消费、促进销售的最核心的本质并未发生变化。借助大众媒体技术，广告实现了从低效率到高效率、从小范围到大范围的变迁。移动互联网媒体产生之后，广告的传播空间实现了更大范围的延展，时效性、精准性得到了极大的提升，但是广告的核心价值依然是通过广泛的信息传递影响消费者的决策行为，进而实现产品的销量提升和企业的品牌塑造。

　　中国广告业四十年间从无到有、从小到大，社会环境的变迁、媒介技术的升级、消费需求的变化不断影响着广告业的发展走向，而广告也对整个社会结构和市民生活产生了重要影响。广告的价值变迁就是广告业与宏观社会环境、媒介产业、消费者互动关系的变迁，这种变迁既表现为"量"的关系，即广告业构成要素在数量结构、比例和关系上的变化，也表现为"质"的关系，即广告业构成要素之间的相互依存、相互制约方式上的变化。① 本书以帕森斯的结构功能主义理论为基础，将广告业视为整个社会系统的一个子系统，分析广告业与整个社会系统之间的互动关系，进而深入探析广告的社会价值变迁。

---

① 李春玲. 中国广告产业结构演进研究［D］. 武汉：武汉大学，2017：26.

第一节　研究背景与意义

一、研究背景

广告价值流转的驱动力不仅仅来自内部技术的变革，外部政策的转向，经济、社会发展的需求同样是重要推力。数字媒体时代，虽然广告业面临的外部环境和内部结构都发生了很大的变化，但是广告作为信息沟通媒介的基本功能没有变化。社会功能决定社会结构，虽然广告业内部结构不断分化出新的传播形态，信息流广告、富媒体广告、内容营销、搜索引擎营销、社交媒体营销等，但是行业的基本盘并未发生变迁。从功能需要的角度来分析，广告业的进化表现在系统化程度的提高、适应能力的增强以及包容和价值一般化层次的上升。①

广告作为连接商品和消费者的桥梁，处于上接广告主（食品饮料、邮电通信、医疗医药、商业及服务、娱乐及休闲、化妆品、生活家居、交通、IT 产品及服务等），下接需求企业或者终端消费者的地位，是推动经济发展不可取代的力量。广告业处在不断变化的社会环境当中，广告主决策、媒介环境和消费者需求都会随着时间的推移、社会环境的改变而发生动态的变化。本课题在总结前人研究的基础上，将影响广告业发展的诸多因素总结为宏观环境、广告主需求和消费需求三个层面，并以此作为论证广告价值变迁的主要影响因素。②

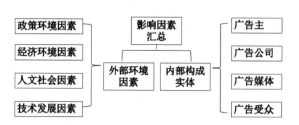

图 1-1　广告价值变迁的影响因素分析

首先，宏观环境是影响广告价值变迁最为重要的因素。宏观经济的一点波

---

① ［美］塔尔科特·帕森斯，尼尔·斯梅尔瑟. 经济与社会——对经济与社会的理论统一的研究［M］. 刘进，等译. 北京：华夏出版社，1989：ii.

② 黄河，蒲信竹. 广告角色变化与消费文化变迁［J］. 新闻春秋，2014（1）：54-60.

动会对中观和微观经济产生很大影响，对于广告业中的单个企业而言，可能是生死存亡的大事，但是对于中观的整个广告业而言，就是一次产业的新旧交替。广告业并不是孤立发展的，而是一种复杂的社会现象，与经济发展、社会文化、技术变革、国家政策、国际形势息息相关。中国广告业自 1979 年恢复，便受到改革开放政策的影响，广告业四十年突飞猛进最为重要的原因也是受到中国改革开放经济红利的影响。社会发展过程中有诸多随机因素都会对整个广告业的发展产生影响。

其次，广告主需求结构的变迁是影响广告价值变迁最为直接的因素。广告业的诞生与大规模工业生产相辅相成，在传统媒体时代，人们通常认为做广告是大企业的事，大企业通过广而告之的方式提高品牌知名度、塑造品牌，进而扩大生产规模，实现更大程度的规模化生产，而中小企业由于受到广告费用进入门槛的限制，往往对广告望而却步。互联网时代的来临，使得媒体渠道不再是稀缺资源，互联网对中小企业的赋能使得原本没有实力的中小企业开始进入广告市场。近年来在品牌广告主预算整体平稳甚至小幅下降的背景下，广告市场整体依然保持相对稳健的增长，原因是互联网激活了中小企业的广告需求。但是目前这部分广告主对于有长期效果的品牌广告需求较少，反而更注重短期直接效果广告的投放。广告主需求结构的变化体现为市场下沉。大数据和算法技术在信息传播当中的应用对于广告业而言具有革命性的变革，广而告之的大众传播模式优势不再，广告主与消费者之间越过广告公司和广告媒介，通过企业自媒体建立了以服务为基础的连接。

二、研究问题

随着数字技术在传媒业和广告生产中的应用，广告业赖以生存的传媒业态和传播生态格局正在发生剧烈而深刻的变革，传播的底层逻辑和价值生态正在被颠覆和重构。国内外对广告未来的研究大致有两种观点，里吉斯·麦肯纳①、里斯父女②、Rust 和 Oliver③ 等美国广告界从业人员和学者认为新技术的出现导致了媒体和市场的碎片化，加之互联网对消费者的赋能，传统的大众媒体广告

① 许正林，薛敏芝．西方广告学术前沿（十九）——新媒体与品牌传播研究［J］．中国广告，2013（10）：132-135.
② ［美］艾·里斯，劳拉·里斯．广告的没落，公关的崛起［M］．寿雯，译．北京：机械工业出版社，2013：23.
③ RUST R T, OLIVER R W. The Death of Advertising ［J］．*Journal of Advertising*，1994，23（4）：71-76.

将被新型的交互式、多媒体的媒介形式或者营销范式所替代。丁俊杰①、饶德江②、陈刚③等国内学者认为广告业所处的环境发生变迁，广告的内涵、外延和价值将围绕着企业需求的变化而不断调整，对于广告价值的探讨不能离开行业基本盘这个事实。信息传播是广告的本原价值，只要商品交换和社会文化传播仍然需要广告作为信息中介，广告的存在就有价值。对于广告未来的价值判断，中西方学者持不同的态度，根本分歧在于基于数字媒体特性的诸多新型营销方式的价值属性问题，美国学者认为新的营销方式将取代广告；国内学者从广告功能性视角出发，认为新的营销方式依然具有广告的基本属性和功能，是广告传播范式的演进，只是广告的内涵和外延需要被重新界定。

表1-1 广告业当前面临的突出问题

事实性问题	发生了什么	广告形态的变化：呈现数字化、智能化、多样化、互动化特点。
		广告从业人员：由创意、策划主导转向大数据、算法等技术主导。
		广告主：营销能力提升，自建 in-house 模式应对变化的市场环境；小微企业在互联网的赋能下成为广告主的新生力量。
		广告公司：传统 4A 角色转型；数字营销公司、创意热店、MCN 等广告公司涌现。
		广告媒体：直播带货、社交平台、大众点评等新型广告媒体出现；传统广告媒体涌现出广告新玩法。
比较性问题	数字广告与传统广告有何异同	数字营销与传统广告只是广告形态的变化吗？是否拓展了新的功能？
		数字营销和传统广告的从业人员在专业技能上有着怎样的区别？
		广告对于广告主而言，它的角色和重要性是否发生变化？
		数字营销公司和传统 4A 公司的业务范围、顾客关系发生了怎样的变化？
		以网络直播带货和电视购物为例，两者只是传播渠道的不同，还是在传播逻辑上有深层次的差异？

---

① 丁俊杰. 疫情后的广告业发展思考［J］. 中国广告，2020（4）：113-114.
② 饶德江. 论大众媒介广告的消亡与演进［J］. 现代传播，2000（12）：112-115.
③ 陈刚，潘洪亮. 重新定义广告：数字传播时代的广告定义研究［J］. 新闻与写作，2016（4）：24-29.

续 表

发展性问题	广告业发生了怎样的历时性的变化	广告业的结构发生了怎样的变化？
		广告的功能发生了怎样的变化？
理论性问题	这些现象的背后是什么	主体性危机：广告传播主体从广告公司转向广告主；未来广告业的主导者是从事创意、策划工作的广告人，还是自动化、人工智能、概率模型等领域的技术人员？
		有效性危机：信息碎片化导致广告的获客成本越来越高，广告是否依然是有效的信息传播方式？
		合理性危机：广告业作为一个行业是否值得被尊重？

现代广告诞生于大规模工业生产和社会分工的需求之下，20 世纪 30 年代广告业为美国的经济复苏作出过巨大的贡献。20 世纪八九十年代在中国经济复兴的过程中广告业也发挥了不可替代的作用。进入 21 世纪，网络社会崛起重构了人与人、人与物、人与时空之间的关系，对传统的生产消费模式造成了巨大的冲击，在消费互联网时代，点对点的连接模式取代了大众媒体时代点对面的传播模式，"广而告之"的媒介功能受到挑战。进入下半场后，产业互联网时代"去中介化"的趋势会愈加明显，广告是否仍有其存在的价值，这是值得我们每个媒体人和广告人去探索和深思的问题。广告业面临的合法性危机表现为以下三个层面。

（一）广告的主体性危机

广告业应该具有独特的核心价值和责任边界，以此在社会系统分工中确立自己的地位和作用。

首先，广告的主体性危机表现为广告业在整个社会系统中价值定位的问题。广告业作为一个独立的社会行动系统应该具有独立性、自主性、能动性，发挥自由意志和主观能动性。广告是在实践中逐渐产生的，自诞生之日起便注重其作为销售工具的效率问题，而忽视了其作为独立产业在整个社会系统中的价值定位。广告在完成从告知向劝服的功能转变后，便彻底沦为资本的工具，与消费者的关系逐渐疏远甚至走向对立。在广告所构建的消费社会中，商品的实用性功能弱化，强化商品彰显身份的理念，将商品作为炫耀和攀比的资本，让人们通过消费构建全新的社会区隔。广告夸张的表现手法和唯利是图的目的性，使受众对广告及其行业产生了信任危机。

其次，广告的主体性危机表现为广告行业内传播主体话语权的转移。权力的转移取决于话语资源的占有量，硬实力和软实力是广告主体话语权生成的基础。一方面，传播话语权的产生取决于传播技术、受众数量、品牌栏目、独家内容等硬实力；另一方面，传播话语权受制于媒体公信力、品牌信誉、广告创意、受众参与程度等软实力。数字媒体时代，移动互联网媒体对原有的传播权力结构形成了全方位的挑战。

从传播技术的角度来看，移动互联网媒体的点对点的精准传播对传统媒体点对面的传播方式形成降维打击，能够更精准地捕捉目标受众，避免广告资源的浪费和对消费者的过度打扰。

从受众使用的角度来看，移动互联网作为私人伴随性媒体，在我国的普及程度和受众使用时长已经远远超过其他媒体，且移动互联网广告的互动性强，信息来源多，更容易与消费者建立强连接关系。移动互联网媒体融合了传统媒体的诸多优势，媒体的综合实力越强，在传播中越有话语权。

从广告产业链的视角来看，传播话语权也发生了转移。广告主、广告公司、广告媒体、广告受众构成广告产业链的四个基本要素。传统媒体时代，渠道为王，传播媒体作为稀缺资源具有绝对的话语权和公信力。互联网时代，版面、频道不再是稀缺资源，互联网对用户的赋能，使得广告主和用户拥有了相对平等的传播权利，而互联网的去中介化特征，使广告主和用户可以跳过媒体实现直接对话。在数字媒体时代，消费者口碑传播的影响力逐渐扩大，在传统媒体时代，口碑传播的范围局限于身边的朋友，而在互联网时代，口碑传播的边界甚至扩大到超越时空界限的所有信息的发布者和接受者。广告主的影响力相对传统媒体时代变小了，这也是广告业遭遇主体性危机的重要原因。

从广告从业人员的角度来看，传播话语权同样在发生转移。在传统媒体时代，广告创意、策划人员具有传播话语权，这些技能需要通过长期的从业经验积累获得；而在数字媒体时代，大数据分析代替了传统的消费者洞察，程序化技术代替了传统的媒介策划，对计算机技术的掌握代替了传统的从业经验积累。在广告行业中，对计算技术人才的需求已经远远超过对传统创意人才的需求。

最后，广告的主体性危机表现为广告专业缺乏内涵，从业人员的职业认同感低、职业信心差。广告形态不断演化，涌现出创意热店、数字营销、网红带货等新型的广告从业形态，但是这些新兴的广告从业者极力否认自己的广告属性，从业人员的职业认同感低、职业信心差。从业者职业认同感低的原因在于广告行业在整个社会中的形象较差，在一些人看来广告等同于虚假广告，广告行业等同于贴小广告，广告从业人员等同于点子大师甚至骗子。一个行业对于社会的价值不仅在于 GDP 的产值，比这些数字更为重要的是行业能否对社会的发展尽己之力，行业能否抵达大众的心灵深处，为社会重建精神价值。

从目前的发展状况来看，广告确实存在核心概念、经典理论不足，方法薄弱，专业知识和技能门槛低的窘境。① 广告的主体性危机，一是由于广告行业对自我价值的发现和认知不足；二是传播技术更迭，新兴的商业传播范式存在价值属性界定不明晰的问题；三是广告业过于追求效率，忽略了对人性的关怀。② 广告价值的实现，最终要满足人的需求，消费者需求才是广告价值实现的根本。

（二）广告的有效性危机

首先，广告产业的合法性在很大程度上来自产业的有效性，即广告作为一个产业是否对推动经济、社会发展产生正向的影响，是否能促进不同文化的交流和沟通。公众对广告的信任危机和从业人员的职业认同感低是导致广告业出现有效性危机的重要原因。大众媒体时代的广告采用点对面的传播，广告受众的分散性和隐匿性，广告信息会到达非目标受众，广告效果难以量化等诸多因素导致广告业出现有效性危机。数字技术的应用改变了传统广告的传播范式，广告实现了对目标受众的直接连接，但是在新的媒介环境下，广告业又面临着新的有效性危机，具体表现为广告的目标受众不只是潜在消费者，而是更广泛的人群。以奢侈品牌为例，品牌的拥趸者数量远远大于品牌购买者，如此方能实现品牌社会区隔的功能。

其次，信息内爆也是新媒体环境下影响广告信息有效传递的重要因素。在新媒体环境下，信息倍增周期不断缩短，受众碎片化，大众媒体时代一档节目导致万人空巷的景观不再，广告的获客成本越来越高，如何实现广告资源的优化配置是新媒体时代新的广告有效性危机。

最后，广告效果分为短期战术效果和长期战略效果，技术乌托邦主义认为，如果某事无法用数据来衡量和表述，那么该事物就是无关紧要的或者不存在的。对于广告而言，短期战术效果容易测量，长期战略效果难以量化，且广告只是影响产品销售或品牌成功的众多变量之一。广告价值难以量化是导致广告有效性危机的根本原因。③

（三）广告的合理性危机

广告的合理性是指广告业作为社会系统中独立的行为主体是否应该获得社

---

① 胡百精. 大学现代化、生态型学科体系与新闻传播教育的未来选择 [J]. 中国人民大学学报，2019，33（2）：132-139.

② 施炜. 连接：顾客价值时代的营销战略 [M]. 北京：中国人民大学出版社，2018：14.

③ 王正飞. 价值不能被有效评估是行业最大问题 [J]. 中国广告，2016（3）：44.

会的认同与尊重。① 追溯广告业是否应该被社会尊重和认同，需要看广告业在过去的四十年中做过什么，是否对社会发展作出贡献，是功大于过还是过大于功。作为商务服务业，广告行业甘为绿叶，相信每个人都能说出几个耳熟能详的广告语，但是很少有人能准确说出广告创作者的姓名和公司名称。广告业作为信息生产行业，虽然塑造了很多经典品牌，但是鲜有对自身的形象塑造和价值宣传，导致公众对广告的认知较为片面。

本书通过整理、分析广告业改革开放四十年的变迁历程，希望能在总结历史的基础上，为广告业找到自身的核心价值。中国广告业迫切需要提升自我形象，拘泥于工具思维无法使中国广告业实现自我价值的突破和产业的升级。

三、研究意义

过去对广告的研究多是从工具理性的层面，注重广告效果的研究，忽视了广告的价值理性，本书着眼于广告的本原价值，从广告社会史的角度分析广告对国家的意义、对社会的意义、对经济的意义、对消费者个体的意义。

（一）理论意义

拉斯韦尔是最早将结构功能主义引入传播学研究的学者，他提出了大众传播的5W模式和三大社会功能，成为传播学的奠基之作，施拉姆、赖特、德弗勒、拉扎斯菲尔德等传播学者分别从不同的视角对传播的功能进行深入的研究。广告作为传播学的一个分支，既是一种信息传播行为，又不同于一般的大众传播行为，迄今对于广告结构功能的研究依旧散落在各个角落，尚未形成系统化的研究，本书以结构功能主义理论为依据，将广告业置于整个社会系统中，考察广告对于社会发展的功能性价值。

本文以中国广告业三次大的结构性变迁为历史节点，分别考察广告在三个不同历史阶段的功能和价值。改革开放初期，广告业作为向西方学习的窗口，为引进国外先进的技术和文化发挥了重要的作用；媒介产业化时期，广告又为加速国家经济建设和促进国际贸易作出贡献；数字技术的广泛应用，不仅对作为广告传播渠道的媒体产生了重要影响，而且全面重塑了消费者的社会交往、消费购物和生活方式。因此将广告业置于广泛的广告社会学视野中，去考察广告与社会经济、文化的互动关系，成为当下广告学科研究的紧迫课题。

结构功能主义作为探讨社会系统、社会进化、社会变迁的理论，对处于剧

---

① 胡百精. 大学现代化、生态型学科体系与新闻传播教育的未来选择［J］. 中国人民大学学报，2019，33（2）：132-139.

烈变动时期的广告业具有较大的理论价值。在结构功能主义视域下，广告业作为社会系统中的一个子系统，为了自身的生存和发展，追求结构和功能的统一以及行业的可持续发展，可以根据广告业与社会经济、文化系统的互动来归纳其相应的社会价值，并且据此推断产业结构和功能的变化趋势。①

（二）现实意义

自 20 世纪 80 年代广告学科建立以来，广告研究已经取得了较为丰硕的成果，但是现有的国内外研究大多集中在广告效果和广告技术应用层面，未把广告放在整个社会大系统中去加以考察、分析和研究，对广告基础理论的本源性研究较为薄弱。2019 年 3 月丁俊杰教授发表文章《从数字化的深层逻辑出发重构广告媒体的广告价值》，2019 年 4 月陈培爱教授发表文章《广告价值理性不容忽视》，虽然关于广告价值的研究早已有之，但是两位中国广告学科的前辈学者近乎同时强调，足以可见对广告价值的研究已经成为当下广告学科的迫切需求。

数字化技术的发展使得广告业的内部组织和外部环境都面临着结构性大调整，将结构功能主义应用于广告价值研究，借助结构功能分析的思维逻辑，将广告业放在宏观的社会大系统中来解析，这是一条较新的理论路线。特别是在当前新旧媒体融合、互联网技术赋能下受众意识觉醒的变革时代，将结构功能主义作为理论工具应用于研究广告价值的变迁正是应时之举。

第二节　国内外相关研究文献

一、广告价值相关研究

价值同文化一样，不同的学科、不同的学者有不同的理解和定义。本文主要以哲学价值理论为基础，以价值的"功能"和"效用"含义为出发点，研究广告的价值变迁。20 世纪 80 年代初，随着西方哲学流派的陆续引入，国内掀起价值哲学探讨的热潮，李德顺认为"价值是对主客体相互关系的一种主体性的描述，它代表着客体主体化过程的性质和程度"；余栋华将其简单描述为"效用性"，即在特定关系中某物（社会实践客体）对他物（社会实践主体）的效用

---

① 刘润忠．社会行动·社会系统·社会控制［M］．天津：天津人民出版社，2005：18.

性。① 通过对广告价值研究相关文献的梳理，著者发现对于广告价值的研究集中在三个方面：一是对于广告经济价值的研究；二是对于广告社会价值的研究；三是对于广告文化价值的研究。

（一）广告的经济价值研究

国外学者对广告价值的研究主要基于量化的实证研究。Antoniadis 等学者通过对大学生对在线广告态度的研究发现，受众的参与度以及与广告的交互性是影响广告价值的重要因素，Instagram 和 Snapchat 等平台应该增加新的功能来吸引消费者对广告的关注。② Gaber 等学者调查了埃及消费者对 Instagram 广告的态度，经研究发现：平台信誉度是影响消费者对广告品牌态度的重要因素；社交媒体在很大程度上已经取代了传统的广告媒体；娱乐性、信息性、刺激性是影响在线广告价值的主要因素。③ Smith 和 Brynjolfsson 调查了 20268 名消费者的购物行为，发现广告对于消费者的价值在于帮助他们作出选择，消费者更倾向于选择品牌商品，广告品牌对于消费者而言代表着一种信誉机制。④

国内学者对于广告价值的研究以思辨为主。学者顾景毅对广告产业价值有较为深入的研究，他认为产业发展的实质就是价值的发展，广告产业的发展逻辑即通过提高广告企业的劳动生产率，实现广告产业的市场价值和社会价值，进而实现产业自身价值的发展。⑤ 学者们对于广告价值的研究多以媒体的广告价值为研究对象，齐忻以平面广告为研究对象⑥，石鹏飞以报刊广告为研究对象⑦，陈鹏以学术期刊为研究对象⑧，吴江以电视频道为研究对象⑨，韩嘉俊以

① 余栋华．论价值本质的二重性［J］．唯实，1997（C1）：21-24.
② ANTONIADIS I, ASSIMAKOPOULOS C, KOUKOULIS I. Attitudes of college students towards online advertisement in social networking sites：a structural equation modelling approach［J］. *International Journal of Internet Marketing and Advertising*, 2019, 13（2），137.
③ GABER H R, WRIGHT L T, KOOLI K. Consumer attitudes towards Instagram advertisements in Egypt：The role of the perceived advertising value and personalization［J］. *Cogent Business & Management*, 2019, 6（1）.
④ SMITH M D, BRYNJOLFSSON E. Consumer decision-making at an Internet shopbot：brand still matters［J］. *The journal of industry economies*, 2003, 49（4）：541-558.
⑤ 顾景毅．广告产业的价值发展——基于产业发展与数字技术的双重视角［J］．广告大观（理论版），2020（8）：23-35.
⑥ 齐忻．平面媒体广告价值的评估［J］．中国广告，2001（7）：61-63.
⑦ 石鹏飞．报纸广告价格和数量的确定［J］．新闻战线，2007（2）：46-47.
⑧ 陈鹏，卢怡，张美琼．学术类期刊的广告价值分析［J］．中国科技期刊研究，2007（3）：440-443.
⑨ 吴江．电视频道的真实广告价值［J］．市场研究，2010（1）：8-9.

机关报为研究媒体①，秦泽宇以微信公众号为研究对象②，孟达以公交车为研究对象③。

在考察媒体为广告主创造的经济价值时，罗继磊将媒体广告价值总结为企业以最少的投入获得最多的投资回报。将广告价值等同于媒体为企业创造的经济价值有失偏颇，忽略了广告作为一种宣传手段对消费者的长期效果和培养功能，建构品牌信任是一个长期的潜移默化的过程，并非一蹴而就。

（二）广告社会价值研究

通过对含广告社会价值的文献进行梳理，著者发现对广告社会价值的界定存在不清晰的问题。问题集中体现在以下三个方面。第一，是否只有公益广告具有社会价值。通过对知网中含"广告社会价值"研究的相关文献梳理，发现在所有的 24 篇文献中有 14 篇为公益广告的社会价值研究，对公益广告社会价值的研究结论也较为单一，集中在公益广告倡导社会文明（风尚）、规范社会秩序、引导社会舆论（价值观）几个方面。对商业广告社会价值的研究数量较少，且集中在分类广告、个人声明等广告类型。第二，社会价值是否等同于精神价值。柳庆勇提出商业价值取向导致广告与社会的冲突，社会价值取向是广告改善社会关系的途径，广告的社会价值取向属于精神层面。④ 段淳林认为中国品牌经历了产品的功能价值驱动、情感价值驱动、文化价值驱动和精神价值驱动四个阶段，两位作者虽然对品牌的传播阶段进行了不同的划分，但都反映了广告传播从工具理性向价值理性的转向，而价值理性指向文化价值和精神价值。⑤ 第三，社会价值是否等同于顾客价值。在互联网技术赋能下，"人"的重要性提升，广告研究开始关注广告社会价值。宋思根、冯林燕等学者从新经济社会学视角解读新零售，认为顾客社会价值的崛起是导致零售生态变革的根本原因。传统零售只为顾客提供经济价值，互联网和社交媒体的崛起使顾客口碑突破了熟人、地域的界限，顾客之间的联系范围、深度、响应速度达到空前的程度，顾客价值裂变为经济价值和社会价值两个维度。

---

① 韩嘉俊. 机关报的广告价值构造及其实现 ［J］. 河南社会科学，2006（6）：150-151.

② 秦泽宇，杨君. 微信公众号的广告价值与营销 ［J］. 青年记者，2016（9）：99.

③ 孟达，刘开源. 媒体中的媒体：论公交车上蕴含的广告价值 ［J］. 商场现代化，2008（26）：185.

④ 柳庆勇. 从商业价值取向到社会价值取向：广告与社会关系的调整 ［J］. 新闻与传播评论，2011（0）：142-146.

⑤ 段淳林. 从工具理性到价值理性：中国品牌精神文化价值提升战略研究 ［J］. 南京社会科学，2018（9）：111-119.

丁俊杰教授的诸多论著从多个角度对广告的社会价值进行了全面而深刻的论述。首先，广告对于宏观经济具有拉动的作用，对于微观经济具有助力的作用，对于社会文化具有引领的作用，对于社会行为准则和行为规范具有引导的作用。[①] 其次，数字营销传播不是传统广告的延伸，整个广告行业应该"从专业曙光到行业灵魂塑造"，倡导整个广告行业要承担起历史的责任，创造互联网时代新的专业价值，对整个行业进行数字化再造。[②] 最后，广告的价值在于满足受众需求，在大众传播时代，广告的价值是"广而告之"，满足社会的共性需求；在数字媒体时代，广告的价值转向满足消费者的个性化需求。广告的价值始终与顾客的需求程度成正比，广电媒体要融合数字化的新理念，深入挖掘自身在传播生态中的角色。[③]

国外学者注重广告的经济价值探讨，而以丁俊杰为代表的诸多国内学者将对广告价值的研究拓展到对广告社会价值的探讨。王儒年认为广告对于近代中国产生了深刻的影响，培育了中国近代早期资本市场，促进了西方先进理论的传播，开阔了国人的视野，也开化了社会风气。[④] 杨效宏认为中国现代广告业经历了三次价值生成和升级变迁，第一次是广告业恢复初期的工具价值属性，第二次是广告产业价值的形成，第三次是数字技术推动下广告社会价值的转向。[⑤] 陈雨萌认为绿色广告作为商业科普的新形式，肩负着资本增值和环境保护的双重责任。[⑥] 周晓莉将广告价值拓展到传播理念的高度，认为微信广告是对自主、平等的传播理念的践行。[⑦] 陶妍如认为社群广告对用户而言集中体现为体验价值，用户在社群平台上兼任生产者、消费者、传播者三重角色。[⑧] 卢山冰认为广告具有社会价值建构功能，人们的社会意识规范直接受到广告的影响，广告还

① 丁俊杰. 广告学概论［M］. 北京：高等教育出版社，2018：62-87.
② 丁俊杰，陈刚. 广告的超越——中国4A十年蓝皮书［M］. 北京：中信出版集团，2016：16，228-248.
③ 丁俊杰. 从数字化的深层逻辑出发，重构广电媒体的广告价值［J］. 中国广播，2019（3）：1.
④ 王儒年，陈晓鸣. 早期《申报》广告价值分析［J］. 史林，2004（02）：101-105，127.
⑤ 杨效宏. 时代话语与历史叙事的互为——"中国故事"背景下中国现代广告业的价值逻辑［J］. 新闻与传播评论，2019，72（3）：75-86.
⑥ 陈雨萌. 商业科普：绿色广告价值新探索［J］. 戏剧之家，2019（26）：208-209.
⑦ 周晓莉. 微信的广告价值分析［J］. 青年记者，2013（17）：75-76.
⑧ 陶妍如. 社群媒体的广告价值探析［J］. 传媒论坛，2019（13）：110-111.

为社会各个阶层或利益群体提供平等的广告话语权。①

（三）广告文化价值研究

对于广告文化价值的研究，学者更多的是从批判的角度进行的。商业广告区别于其他大众传播的文化传播属性，具体表现在以下三点：一是商业广告无法掩盖其商业功利性，消费主义是广告的价值内核，推销商品、鼓励消费是广告的终极目标，文化对商业广告而言只是获取利润的手段，广告再怎么宣传极简主义或者清静无为，都无法改变其以消费主义为中心的本质；② 二是商业广告虽然引领时尚，但是也造成了群体的趋同性，因此对于商业广告的文化价值应该有清醒的认知；③ 三是广告引导消费者追求商品的精神内涵和文化价值，这种追求事实上带来了炫耀性消费和社会对立，消费成为社会区隔的新标准，广告与受众的关系并非受众需求什么，广告就宣传什么，而是广告宣传什么，受众就需要什么，受众是顺从的、被动的。④

（四）小 结

广告在实践中产生，自诞生之日起便注重对"术"的研究，现代广告广泛渗透到商品产销的全链条当中，不断强化其工具性价值，使广告成为资本的打手，而与消费者的关系不断恶化，进而丧失其价值理性，表现为广告缺乏内涵、失去生命力，甚至引发广告多元主体间的价值冲突。国外对广告价值的研究，强调广告作为品牌传播工具的经济价值；国内学者将广告价值的研究拓展到社会价值，强调广告对社会的深层影响和广告的意义所在。广告的经济价值是广告业的立足之本，是广告业为社会创造价值的基础；然而，随着广告对社会、文化的影响越来越大，广告业需要担负的社会责任也就越来越大。

二、广告历史变迁及发展趋势研究

算法和大数据技术在广告业中的应用，使得传统的广告运作体系显得低效和迟钝，互联网信息生态圈颠覆了原有的产业价值链，用户及用户数据成为广告业的核心资源，程序化购买等新兴的传播模式逐渐改变着我国广告业的发展方向。

---

① 卢山冰. 中国广告产业发展研究——一个关于广告的经济分析框架［D］. 西安：西北大学，2005.

② 杨婧岚. 广告传播中的意识形态［J］. 现代传播，2002（1）：111-113.

③ 张金海. 论商业广告的文化传播性质与功能［J］. 江汉论坛，1997（8）：60-63.

④ 张殿元. 泡沫中的焦虑：广告社会化的价值批判［J］. 中国地质大学学报（社会科学版），2011（9）：103-108.

（一）广告历史变迁研究

虽然广告在美国起步较早，但是专门针对广告历史的研究文献较少，美国广告研究主要从广告效果的角度出发，考察广告如何更好地服务于广告主。美国广告的发展历史，可以通过《麦迪逊大道》《丰裕的寓言》等经典著作以及学术论文中的一些片段去解读。埃文斯在《在线广告行业的经济学》中对广告行业的发展历史作了简短的回顾，全世界的广告支出每年超过 6250 亿美元，超过无线语音通信的全球支出，广告业已经是一个体量非常庞大的产业。广告业的发展得益于部分媒体公司意识到广告是一种有利可图的商业模式。18 世纪美国报纸业开始使用这种"双边市场"模式，大幅降低了报纸的价格，并增加发行量，之后杂志、电视台也发现了广告的力量。广告代理商的出现始于 1841年，其最初职能是以折扣价购买报纸广告空间，然后转售给广告主，后来又逐渐发展出广告设计以及其他服务。① 莱斯利在《灵活的专业机构：反身性、身份和广告业》中提出美国广告产业大致经历了三次大的变革：第一次是 1920—1980 年美国跨国机构建立大型广告公司；第二波广告浪潮是 1980—1990 年以伦敦代理公司为代表的小而独立的广告代理公司的兴起，这次浪潮对大型广告代理商的作业方式形成影响，迫使其加强业务的创造力；第三波广告浪潮是 1990年之后，表现为广告业集中度下降和较小机构的增长，整个行业呈现出灵活的专业化趋势，广告公司对客户的支付方式也趋向于与广告效果挂钩，而不是过去的与媒体支出挂钩。②

国内学者对广告历史有较多的研究，这也是中西方学者思想文化差异的体现。中国文化注重人与自然的和谐与融合，广告历史的研究将广告置于社会历史的整体中去探究广告的价值，而西方文化更注重人对自然的征服和改造，偏向于广告效果的研究。在广告业恢复二十年、三十年和四十年的历史节点涌现出诸多广告历史研究作品，余虹、范鲁彬、陈培爱、丁俊杰等学者的著作记录了中国广告业三十年的发展历程；中国传媒大学广告学院的广告四十年系列《中国广告公司四十年》《中国广告教育四十年》《中国媒体经营四十年》《中国品牌四十年》，以及姚曦等学者对中国广告业四十年的发展历程作了较为系统和全面的梳理。

通过对广告历史变迁著作的梳理，学者们发现中国广告业的发展是顺应改

---

① EVANS D S. The Economics of the Online Advertising Industry [J]. *Review of Network Economics*, 2008, 7 (3).

② LESLIE D. Flexibly Specialized Agencies? Reflexivity, Identity, and the Advertising Industry [J]. *Environment and Planning A*, 1997, 29 (6): 1017-1038.

革开放以来企业扩大规模、消费者释放消费欲望和媒体转型发展需求而生的，市场红利是中国广告业快速发展的根本原因，数字技术的应用对于中国广告业而言既是机遇又是挑战，是弯道超车迈向广告强国的重要机会。①

（二）广告业发展趋势研究

移动互联网技术的应用对广告业带来革命性的影响。首先，广告与消费者的连接方式发生变化。马来西亚学者 Wong 在《移动广告：广告产业格局的变化》中提出互联网的持续发展和手机的普及创造了一种新的营销活动平台，与传统广告不同，移动营销的优势在于可以根据用户所在位置及其需求为其量身定制广告，并且消费者还可以主动搜索广告信息，其特征可概括为可寻址、多媒体、互动性、普遍性、个性化和即时性。② 其次，对于消费者的分类方式发生了变化。维尔恩·格拉瑟在《基于目标的分类：展示广告行业中的动态分类》中提出在线展示广告基于价值的功能实现对特定目标类别动态组合，追求目标的临时和个体特有方式，而不是反映稳定概念的社会意义上的共享，基于目标的类别从本质上讲是特指的、个体的、临时的，并且可能会发生变化。③ 最后，广告与消费者之间的关系发生了变化，希恩在《媒体融合及其对广告业发展的影响》中提出，新媒体的兴起导致文化向"数字文化"转变，也被称为"融合文化"，消费者对传播内容有更多的控制权，并选择创建和共享自己的内容，广告业在过去几年中发生了翻天覆地的变化。④

国内学者对广告业在数字媒体时代的转型发展有较多的研究。黄升民⑤、张

---

① 姚曦，翁祺. 中国广告产业四十年的回顾与思考 ［J］. 新闻爱好者，2019（4）：16-21.

② WONG C H, TAN G W H, TAN B I, et al. Mobile advertising：The changing landscape of the advertising industry ［J］. *Telematics and Informatics*，2015，32（4）：720-734.

③ GLASER V L, ATKINSON M K, FISS P C. Goal-Based Categorization：Dynamic Classification in the Display Advertising Industry ［J］. *Organization Studies*，2019，41（7）：921-943.

④ SHEEHAN K B, MORRISON D K. The creativity challenge：media confluence and its effects on the evolving advertising industry ［J］. *Journal of interactive advertising*，2009，9（2）：40-43.

⑤ 黄升民，王昕. 大国化进程中广告代理业的纠结与转型 ［J］. 现代传播，2011（1）：85-91.

金海①、金定海②、杨效宏③、杨海军④、廖秉宜⑤、段淳林⑥、李名亮⑦、姜帆⑧、宋若涛⑨等诸多学者都关注到数字媒体时代广告业的转型问题。学者们对于广告业数字化转型的研究集中在 2010—2015 年之间，基于大数据和算法技术的数字化转型还处于刚刚起步的阶段，当时移动互联网广告只是互联网广告第五媒体中的一个小小的分支，因此学者的研究属于预测和预警性研究，且对于数字化媒体的认知停留在认为它是与四大媒体并列的第五媒体，认为数字化媒体蚕食了传统媒体的市场。

2014 年被称为中国媒介融合元年，从中央媒体到县域媒体全面推进媒介融合实践。⑩ 数字化媒体大范围的应用是在 2014 年之后，传统媒体开始向数字化转型，这对于广告业而言意味着整个社会的时间观、空间观和权利关系的重构，对于广告业未来的发展产生了巨大而深远的影响。从 2017 到 2019 年 CTR 对广告业的调查数据可以看出，目前媒体融合做得最好的是生活圈媒体，生活圈展示广告基于价值的功能实现对特定目标类别的动态组合，进而实现传统生活圈广告的价值提升。媒介融合之后广告业的数字化转型有了更为广阔的发展空间，在技术浪潮下，广告在提升经济效益的同时，开始转向公益和社会服务职能。⑪学者们对广告业数字化转型的研究关注度开始减少，转而进行数字媒体对社会

---

① 张金海，黎明. 国家经济发展战略与中国广告产业发展［J］. 广告大观（理论版），2011（3）：4-10.
② 金定海，朱婷. 移动互动中的价值驱动——中国广告产业的数字化转型与发展［J］. 山西大学学报（哲学社会科学版），2013（4）：120-126.
③ 杨效宏. 产业结构转型与中国广告产业发展［J］. 广告大观（理论版），2011（1）：49-51.
④ 杨海军. 坚持与守望：2012 年中国广告业发展回顾与前瞻［J］. 新闻记者，2013（1）：62-67.
⑤ 廖秉宜. 大数据时代中国广告产业的发展研究［J］. 广告大观（理论版），2015（6）：12-17.
⑥ 段淳林，李梦. 移动互联网时代的广告产业链角色重构与平台化转型［J］. 华南理工大学学报（社科版），2015（4）：58-64.
⑦ 李名亮. 广告公司经营模式转型研究［D］. 上海：上海大学，2014.
⑧ 姜帆. 数字传播背景下广告的生存与发展［D］. 武汉：武汉大学，2010.
⑨ 宋若涛. 数字技术下广告的发展演进研究［D］. 武汉：武汉大学，2014.
⑩ 严功军. 走出思维困境：媒介融合的认识论反思［J］. 现代传播，2019（11）：23-26.
⑪ 顾明毅，冯子逸. 2019 年 CSSCI 核心期刊广告学研究热点综述［J］. 新闻爱好者，2020（8）：93-96.

影响的研究，于婷婷①、刘燕南②、李明文③等学者就精准营销，原生广告引发的数字伦理、用户隐私问题进行探讨，温静④、李亦宁⑤、吴来安⑥、屈雅利⑦、胡瑜⑧等学者转向对公益广告社会服务功能的研究。学者对广告业数字化转型发展的研究依然是热点，邓敏对中国数字广告进行历时性考察研究发现：广告主通过自建 In-house 模式将越过广告代理商实现与消费者直接对话；展示技术与定向技术深度融合将成为未来广告运作的主要模式。⑨ 刘珊⑩、顾明毅⑪、姜智彬⑫等学者将研究视角转向人工智能，人工智能广告也是以大数据和算法技术为投放基础的，只是媒体的概念更为泛化，万物皆可作为广告投放的媒体，所以人工智能广告也是数字媒体广告发展的一个阶段。

三、结构功能主义相关研究

结构功能主义是研究广告业与整个社会系统价值关系的重要理论，通过系统研究广告业作为社会系统中的一个子系统，广告与整个社会的经济系统、文化系统的相互关系和相互作用有助于把握我国广告业的发展脉络，进而对广告

---

① 于婷婷，杨蕴烨．精准广告中的隐私关注及其影响因素研究［J］．新闻大学，2019（9）：113-114．

② 刘燕南，吴浚诚．互联网原生广告中隐私悖论的嬗变与规制［J］．当代传播，2019（6）：84．

③ 李明文，柏茹慧．原生广告伦理问题及其解决路径：基于消费者感知的实证分析［J］．中南民族大学学报（人文社会科学版），2019（1）：179-180．

④ 温静，田亚丽．基于城市公交的公益广告全民化推广研究：以南昌地铁"荷塘印象"主题列车为例［J］．装饰，2019（1）：134．

⑤ 李亦宁，王昊．中国公益广告中的国家认同建构［J］．当代传播，2019（6）：106-107．

⑥ 吴来安．从家国理想到价值引导：中国现代公益广告的源起［J］．现代传播（中国传媒大学学报），2019（7）：49．

⑦ 屈雅利．当代电视公益广告的传播美学审视［J］．当代传播，2019（3）：102-103．

⑧ 胡瑜，黄崇荣，严婷婷．公益广告对青少年公益行为的内隐启动研究［J］．心理与行为研究，2019（3）：354-355．

⑨ 邓敏．中国数字广告产业二十年：基于"组织-技术"逻辑的制度化进程［J］．国际新闻界，2018（11）：147-165．

⑩ 刘珊，黄升民．人工智能：营销传播"数算力"时代的到来［J］．现代传播（中国传媒大学学报），2019（1）：7．

⑪ 顾明毅．中国智能广告模型研究［J］．现代传播（中国传媒大学学报），2020（7）：125-131．

⑫ 姜智彬，马欣．领域、困境与对策：人工智能重构下的广告运作［J］．新闻与传播评论，2019（3）：56-57．

业的管理提出有针对性的建议和对策。

（一）结构功能主义的主要观点

（1）社会进化的观点

社会进化遵从趋异和趋复杂的规律，复杂社会组织是从简单社会形式发展而来的，但是进化不一定意味着进步，而只是结构的复杂化和功能的拓展。社会进化的动力是寻求最大多数人的最大幸福，社会进化的过程就是不断个性化的过程。社会进化理论可以归结为两个命题。第一，社会系统的"分化"，社会系统由数量较少、结构单一的原始状态进化为形式多样、数量庞杂的社会有机体。从社会行动个体的角度来看，随着社会分工的进一步分化，个体在整个社会系统中的角色变得更为单一。第二，社会系统的"整合"，随着社会有机体数量的增多和角色功能的分化，社会个体之间的相互关联性和依赖性增强，当社会复杂到不能由各个部门自我调整时，社会整合功能开始突现。

（2）社会结构和社会变迁的辩证关系

社会结构是对社会系统的共时研究或者说是横向研究，社会变迁是对社会系统的历时研究或者说是纵向研究。帕森斯认为社会变迁的过程分为分化、适应力提升、涵摄、价值的概括化和合法化四个阶段。① 在一段时间内，社会结构是相对稳定的，尽管广告业的成员（个体）广告公司或者广告媒介不断地更新迭代，但是广告产业链是相对稳定的，广告作为信息传递工具的功能是相对稳定的。随着广告业结构的不断分化，其功能不断细化以满足日益增长的消费者需求，广告最初的功能是广而告之，市场细分理论提出后，广告的传播对象开始窄化，算法技术应用到广告业之后，衍生出信息流广告、程序化广告等广告形态，这些新的广告形态相比原有的广告形态更能满足消费者个性化的需求，或者说更"懂"消费者。新的广告形态替代或者部分替代原有的广告形态，广告的传播对象窄化为个性化推荐，与此同时广告业的适应能力就会提升。这个时候我们将新的广告样态涵摄进"广告"的概念之下，实现其价值的概括化和合法化。

（3）社会结构和社会功能的辩证关系

社会功能并不针对单个的社会个体，而是对社会团体、社会组织、社会过程而言的。社会个体靠社会关系网络而结成社会组织或团体，履行重复发生的社会职能，诸如工业生产、信息传播的功能，都是社会组织作为整体在社会生

---

① 曹文. 帕森斯结构功能主义理论的道德教育价值研究［D］. 济南：山东师范大学，2015.

活中所发挥的功能，也是社会组织作为社会行动者在社会有机体中所作的贡献和价值。①

首先，社会功能包括社会系统的内部功能和外部功能两种视角。帕森斯的结构功能主义着眼于社会系统内部，其社会功能是指维持系统内部平衡的功能，而默顿的社会功能理论将视角转向社会系统外部，研究社会行动者与其他社会系统或者整个社会之间的关系。默顿的结构功能主义基于中层理论原则，着力于功能分析，分析不断出现的结构模式、功能模式和行动模式的经验后果。② 默顿将社会结构的功能分为显功能和潜功能，潜功能是指那些无意识的、未被认识到的后果。

其次，社会功能的不可或缺性（相对稳定）与社会结构的变异性。广告业在整个社会系统中承载着信息传播和商品营销的双重功能，但是实现功能的广告经营单位却不断更迭。根据国家工商总局的数据统计，1981 年广告业发展初期只有 1160 户广告经营单位，到 2019 年达到 163 万户。广告业的结构也发生了很大的变化，以广告公司为例，20 世纪 80 年代的广告公司以白马、黑马为代表，大部分广告人是美术专业出身，公司的核心竞争力是美工，广告的功能局限于单一的广告创作与设计；到 20 世纪 90 年代之后，品牌营销理论传入中国，广告公司的功能拓展到广告综合代理服务，除了广告创作之外，还承载媒介代理、市场调查、媒介策略等功能。

最后，将社会功能分析置于一定的时间框架内。我们在分析某一功能时，必须明确是在哪个时间段内的功能。同一社会行动，它在不同的时间段内，对于社会的主要功能是有区别的，甚至是截然相反的。短时间内具有正向价值的事件，在长时间内可能具有负面价值。对于社会行为功能价值的判断，必须将其置于一个相对较长的时间框架中去分析。

（二）结构功能主义的应用性研究

（1）大众传播媒介的结构功能分析

在传播学中，最早将结构功能主义引入传播学研究并奠定传播研究基石的人非拉斯韦尔莫属，他在《社会传播的结构与功能》中提出了 5W 线性传播的行为模式和大众传播的三项基本功能即环境监测、社会协调和文化传承。社会功能决定社会结构是典型的结构功能主义。广告传播作为大众传播的一种传播

① ［美］罗伯特·K. 默顿. 社会理论和社会结构［M］. 唐少杰，等译. 南京：译林出版社，2008：94.

② ［美］罗伯特·K. 默顿. 社会理论和社会结构［M］. 唐少杰，等译. 南京：译林出版社，2008：94.

方式和传播形态，同样具有大众传播的三项基本功能。

日本学者竹内郁郎对社会传播和大众传播的结构、功能进行比较分析后认为，大众传播也是社会传播的一种，传播体系不能自立于其他社会体系。大众传播受到大众生活、社会舆论、社会运动、大众文化、信息化社会等因素的影响。大众传播的产生是社会分化的结果，是生产力水平提高和技术发展的结果。大众传播作为一种社会传播行为，只有与受众互动才能发挥其功能。受众的参与和使用是影响信息传播的主要因素。[1]

《媒介经营与产业化研究》一书出版于 1997 年，当时中国大众传播事业正在进行一场迅速而剧烈的变革——媒介产业化，传媒业的功能和内部结构发生了深刻的变革。书中将大众传播媒介视为整个社会系统中的一个子系统，运用结构功能主义理论揭示了大众传播媒介发展规律，媒体系统为了实现自身的发展需求，追求新的结构体系而放弃现行体系。

蔡敏通过研究发现传媒结构的变化主要涉及两种视角，一是基于传播技术变迁的传播系统构成，分为纸质媒介、电子媒介以及互联网媒介三种类别；二是实现传播社会功能的传媒结构，1992 年为了顺应整个社会结构变迁的需求，中国媒体业进行集团化和产业化的体制改革，从单一意识形态权力话语功能结构转向以各级党政机关报为核心兼具守望、教育、娱乐、生活服务多方面多层次的传媒结构。[2]

郑为升通过对网络跟帖研究发现，网络传播拓展了大众传播的功能，在传播四功能之外增加了情感影响和社交互助，网络媒体在网民知识习得、事实获知、情感共鸣、社交互助等多个维度上发挥了效用。[3]

（2）广告的社会功能研究

晋艺涵、窦佳乐以广告业整体为研究对象，不囿于广告的经济功能，探析广告的社会功能，研究发现广告具有如下功能：社会镜像功能，广告内容是社会主流思潮的反映，广告传播是媒介技术应用最为灵敏的行业；民意呈现功能，广告注重意见互动，加强民意的呈现；思想协调功能，广告舆论引导受众不断向广告理念靠拢；社会关系建构功能，广告符号系统建构社会身份识别系统，建构人与社会的关系；产业链关系整合功能，数字媒体为广告产业链提供了新

① ［日］竹内郁郎. 大众传播社会学［M］. 张国良，译. 上海：复旦大学出版社，1989：32.

② 蔡敏. 二十世纪九十年代中国传媒文化转型研究［D］. 成都：四川大学，2003.

③ 郑为升. 功能延拓与价值重构：网络新闻跟帖演进研究［D］. 南昌：江西师范大学，2020.

的价值增长点，新的专业力量不断被凝聚和整合在广告业中。①

2006年张金海、廖秉宜研究发现，从传统媒体到网络媒体的转型期间，广告实现了从相对价值向绝对价值的转向。传统媒体时代广告的功能主要体现在消除信息的不对称，但是广告的工具属性导致其不断夸大诱导性功能，逐渐丧失广告公信力。数字媒体时代广告传播主体多元化，广告信息来源多样化，消费者可以获得接近完全的商品信息，广告的商品告知功能获得了一种更高层次的回归。②

哈贝马斯认为公共领域的结构发生了两次变迁，第一次是广告在报纸上占据独立版面，成为与新闻同等重要的报纸内容构成，并推动报纸、书籍的大众化，进而影响媒介生产、销售、消费的全面变化；第二次是电子媒介的兴起，广告被赋予了新的意义，资本以广告的形式进入公共领域，形成以大众传媒为中心的影响力经济。

第三节　研究对象、方法与研究框架

一、研究对象

本书的研究对象是广告与社会系统的互动关系，广告的价值受到制度环境、社会发展、行业实践等诸多方面的影响，将广告业视为社会系统的一个子系统，研究广告业与社会经济系统、文化系统的互动关系。本书所考察、描述、对比及分类的并不是任何实体，而是一种过程，即改革开放四十年中国广告业作为社会行动者与社会系统中的其他子系统之间的关系。广告社会史是广告学和社会学的交叉学科，随着网络社会的崛起，广告与消费者的关系越来越密切，广告对社会的影响越来越大，学者对广告社会学的关注也日益增多。本课题的研究内容主要集中在以下几个方面：

（一）广告业所面临的社会系统的演变

广告是一门与我们的日常生活密切相关的接地气的学问，广告业的产生、

---

① 晋艺涵，窦佳乐. 广告舆论社会功能的内涵新解［J］. 新闻大学，2017（12）：133-143，156.

② 张金海，廖秉宜. 网络与数字传播时代，广告告知功能的回归［J］. 广告大观（综合版），2006（7）：48-49.

发展与整个国家和社会的历史进程、政策导向、文化传统、时代特征等具有密切的关系。我们在谈论广告时，往往只看到其作为商品传播有效方式的工具理性价值，而忽视广告业作为社会系统的子系统对于整个国家和社会的价值。广告价值变迁既指一切广告社会现象的变化，又特指广告业所面临的社会系统结构的变化；既指社会系统变化的过程，又指社会系统变化的结果。

（二）广告业作为社会行动者内在结构的变迁

自1979年商品经济恢复以来，广告业从无到有，受到社会政治、经济、文化等多方面因素的影响，其内在结构不断地演变。从产业规模来讲，广告业不断发展壮大；从产业内部分工来看，正如帕森斯等结构功能学者所说，产业结构不断分化，而广告理论却趋于整合、融合。在社会学中，社会价值变迁是社会现象和社会结构的重大变化，隶属于历史发展的范畴，是一切社会现象发生变化的动态过程及其结果。①

（三）广告业与社会系统互动关系的变迁

本书采用史论结合的方式，将广告业放在改革开放后逐渐形成的社会网络结构之中，对1979—2020年间广告业与整个社会系统的互动机制进行考察，从结构功能主义的视角出发，以广告业发展四十年与中国改革开放四十年的社会整体发展变迁的相互影响、互动关系作为研究对象，希望通过研究，厘清广告业变迁的规律性，探析广告业未来的发展趋势。

二、研究方法

本文以广告业四十年的发展历史为依据，以广告业和社会系统的互动关系为研究对象，以帕森斯的结构功能主义为理论谱系，结合中国广告业典型案例或关键节点性事件，对广告在社会实践和社会观念方面所作的贡献进行分阶段的整理。根据研究问题和研究对象，以结构功能主义为理论基础，采用文献计量分析和文献内容分析相结合的方法展开研究。研究方法大致分为四大类：

（一）社会网络分析法

社会网络分析将行动者之间的"关系"视为分析单位，探讨行动者之间的交互关系，是一门解释社会现象的方法学。本书以Citespace可视化软件为分析工具，通过对CNKI中以"广告"为关键词的相关文献的分析，获得高频关键词，构建广告研究的知识图谱，探析我国广告行业与社会互动关系的演进趋势，

---

① 赵文飞.社会变迁视域下太原市徐沟背铁棍发展研究［D］.西安：西安体育学院，2019.

再进一步按图索骥有针对性地阅读文献，通过对文献和高频关键词的分析，梳理出在特定历史形态下广告业与多元社会主体的互动关系，并深入探析广告的价值。

本书将社会宏观历史背景与广告业发展的中观历史背景相结合，力图将广告业的发展历程放在中国改革开放历史进程的大背景中去考察，尽可能从宏观视角对广告业的社会价值作出相对客观的历史评价。广告是与社会生活密切相关的，在社会系统的网络中生成广告业与社会系统中多元主体、多层面的互动关系。广告的价值不仅体现在对宏观经济的推动，更渗透在社会生活和消费者的多种力量作用下，广告社会史就是广告业为了适应时代需要不断分化、整合的调试性的互动机制。

（二）历史分析法

历史分析法是运用发展、变化的观点分析客观事物和社会现象的方法。本书将广告业置于社会发展、技术变迁、产业实践和历史情境的多重视角下，以史实为基础，以广告历史变迁的"关键节点"为依据，通过分析广告业与整个社会系统的互动关系呈现出各个时期广告的价值。广告价值研究是对广告本源的探究，只有从广告业发展的整体视角切入，才有可能把握发展规律。历史分析法可以较清晰地反映广告业发展的历史脉络，探讨广告与多元主体之间相互作用的冲突与平衡，进而深入探讨冲突背后的价值隐喻和实现冲突平衡的基石。这些历史基础资料是分析当下广告价值的起点和经验参考。广告业是整个社会系统中的一个复杂的系统，因此对广告业进行历时性的分析考察是必要的。

（三）案例分析法

选取具有里程碑意义的广告案例，在案例选取上严格遵守典型性、发展性的原则。首先，选取的案例在中国广告史上必须具有典型代表性，不仅包括传统媒体的典型案例，如健力宝、南方黑芝麻糊、秦池等，还包括在移动互联网时代"诗歌 POS 机"这类基于新媒体技术，将公益广告与企业形象完美融合的典型案例。其次，选取的广告案例必须有利于整个社会发展，还要代表整个社会的发展方向。不仅表现为国民经济的增长，财富的积累，人民生活水平的提高，还表现在文化、科学、道德水平的提升，政治体制的进步，社会的和谐等。

（四）深度访谈法

为使本研究更为深入、全面，著者在分析文献资料的基础上，分别对广告从业人员、消费者、广告研究者进行深度访谈，目的是从不同的角度对广告价值进行考察，获得较为全面的理解。在访谈过程中，著者发现目前，消费者对广告行业的认知更为全面，之前消费者对广告的感知相对单一和片面，只看到广告为商业服务的一面，现在消费者开始感知到广告行业承担社会责任，具有社会协调功能的一面。

三、研究框架

经过改革开放四十年的发展，广告业已经成长为一个相对成熟的产业。广告在整个社会系统中的参与程度越高、影响范围越大，需要承担的社会责任也就越大，广告与多元社会主体之间的价值冲突也就日益频繁、多元、复杂。本研究的问题是广告业遭遇的合法性危机，具体表现为广告的主体性危机、有效性危机和合理性危机。① 本文将广告业置于宏观社会系统之中，以广告功能性价值为中心，研究广告在改革开放历程中、在中国社会发展的不同阶段的角色和功能，以深入探索广告的价值所在，其核心问题是分析广告业的结构、功能、稳定性及环境的变迁。以下是本文希望达成的主要目标：

（一）通过对广告形态变迁的研究回应广告的主体性危机

广告主体性危机主要来自广告核心概念和责任边界的界定问题，随着数字媒体的发展，涌现出内容营销、程序化广告、原生广告等新的广告形态，那么这些新兴的营销范式是否属于广告的范畴？通过对广告定义的历史变迁分析发现，广告作为一门应用型学科，它的定义从来不是一成不变的，而是随着社会结构、经济的发展不断演变的，因此广告的价值也在不断演变；通过对广告产业内涵和外延的研究发现，广告产业作为一个功能导向的集合概念，在不断地进化、融合、变迁。每次媒介的进化都会引起广告业系统结构的变迁，当然进化并不一定意味着进步，而只是形态的分化和复杂化。

（二）通过对广告社会经济文化价值的分析回应广告的有效性危机

在将信息传递功能作为广告本原价值的基础上，从需求与价值的角度分析广告业的价值根源，广告的价值在于满足社会主体的需求。本书在第三章中对广告的需求和价值进行论述，得出广告的价值体现在对社会经济发展、社会文化发展、广告主（企业）、消费者四个方面。在第四章到第六章，分别论述广告在不同的历史阶段对于社会经济和社会文化的价值，通过广告经济文化价值的分析回应广告的有效性危机。广告在不同的历史时期价值具有偏向性，商业价值并不是广告的唯一价值，因此本文对广告在不同历史时期的价值进行相对深入的考察。

---

① ［美］约翰·奈斯比特. 大趋势——改变我们生活的十个方面［M］. 梅艳译. 北京：中国社会科学出版社，1984：2.

（三）通过对广告的历史分析回应广告的合理性危机

广告的合理性危机是指广告业是否为社会蓬勃发展和人民幸福生活作出过贡献，是否值得被尊重。通过对广告业的结构要素与功能演进进行分阶段论述，并对其与社会的相互关系进行具体分析，梳理广告业与社会系统及其生存空间的关系，把握广告价值变迁的根本动因。研究发现广告业在不同历史时期的价值是有偏向性的，改革开放初期，广告业作为中国向西方学习的窗口和中国改革的符号，文化价值较为突出；媒介产业化时期，广告业推动民族经济的发展，经济价值较为突出；数字媒体时期，为用户赋能，加之企业日渐成熟，广告的社会价值突现。总之，在不同的历史阶段，广告肩负着不同的历史使命，虽然广告也带来了诸如消费主义盛行、虚假广告遍布等负面效应，但是对于整个社会发展而言，广告的贡献远远大于负面影响。

（四）立足于整个广告业系统的整体考察

立足于整个广告业系统的整体考察以此关照广告公司、广告媒体个体的生存与发展。本研究理论框架的构建需要将广告业的属性抽象定义为一种"社会系统"，一种"功能群体"，一种在变化中"稳定"存在的"功能"。在认同这些抽象属性的前提下，依据文献综述、理论建构、广告与社会系统的互动历程、广告深层价值分析的整体思路进行论文构思。作为技术经济变迁的产业化、数字化和作为政治、文化变迁的现代化，同时可以成为考察社会结构变迁的两个重要维度。[①] 广告产业化是伴随着宏观社会系统向产业化和现代化发展的社会结构变迁的一个片段。数字化不仅仅是媒介技术的变革，更是媒介经营和管理的变革，数字化虽然是通过计算机程序语言实现，但其本质是依靠管理思维找到解决问题的最优解。[②]

---

① 黄升民，丁俊杰. 媒介经营与产业化研究［M］. 北京：北京广播学院出版社，1997：24.

② 丁俊杰. 算法，是黑洞？［J］. 中国广告，2019（8）：102-103.

第四节　研究的创新与不足

一、创新点

（一）研究视野和研究角度的创新

本文将广告价值研究纳入社会变迁的大环境中，运用结构功能主义理论对广告业进行分阶段的历时性剖析。从整体上看，广告价值是与社会整体的需求平行发展的，在不同的历史阶段有不同的社会结构和社会功能。目前学界对历时性分析广告价值变迁的研究比较薄弱。中国广告业自改革开放以来四十年间经历了西方国家需要几百年才能走完的历程，并且在数字化媒体的助力下大有弯道超车之势，中国广告业的迅猛发展为历时性研究广告价值的变迁提供了很好的素材。①

（二）研究方法的创新

对于广告价值的研究，大多数学者采用定性研究的方法，本文采用定性和定量相结合的研究方法，以 Citespace 为研究工具，通过社会网络分析的方法，除了能够显示社会行动者的网络特征外，还能够了解许多社会现象。广告业的恢复、发展以及广告理论、方法的变革都与整个社会系统的发展息息相关，广告是一面时代镜像。广告研究是对广告现象的高度凝练和深度思考，通过对研究文献的梳理可以真切感觉到时代的烙印，本文对于广告价值的研究就是一部高度凝练的广告社会史。②

（三）研究观点的创新

（1）本书对于广告价值的探讨，并未着眼于广告现象、广告事实或广告活动，而是着眼于广告业。广告作为一种社会活动自原始社会便早已存在，最早的广告形式是社会广告，而非商业广告，广告按照不同的标准可以划分为社会广告、企业广告、服务广告、观念广告、商品广告、电视广告、网络广告等不同的类型。本课题认为广告作为一种社会现象和社会活动将伴随整个人类社会，

---

①　林升梁.台湾广告价值观的变迁（1988—2013）［M］.北京：中央编译出版社，2015：5.

②　何美林.《经济日报》广告中的消费文化变迁研究（1983—2018）［D］.重庆：重庆工商大学，2020.

因此单独探讨广告是否有价值是没有意义的，广告业随着时代的变迁，满足多元主体的不同需求，因此本课题着眼于广告业与社会系统的互动关系探讨广告价值的变迁并非泛泛而谈。

（2）本书对于广告业的内涵和外延做了相对清晰的界定，澄清了当下中国广告业在这个问题上的认识模糊和概念混用。广告业是一个相对宽泛的概念，既可以指广告事业也可以指广告产业或者广告行业。英文的 Industry 可以翻译为产业或者行业，没有严格的区分。在改革开放初期，我国使用广告事业一词，当时的广告业主导力量是国有企业，广告的产业属性不明晰，认为广告是社会主义宣传的一部分。1993 年第 208 号文件从国家政策层面明确了广告的产业化发展道路。2008 年媒体从单位转制为企业，从所有制属性上来看，广告业的事业属性弱化，产业属性增强。从广告业的外延来看，随着广告媒体的进化，广告业所管辖的范围越来越宽泛，特别是围绕移动互联网媒体产生了一整套的广告生产和运营体系。

（3）管理学家彼得·德鲁克说："当今企业之间的竞争，不是产品之间的竞争，而是商业模式之间的竞争。"通过对广告业整个发展历史的研究，著者发现广告对于人类社会最大的贡献在于推动了一种全新的非线性的商业模式——双边市场模式的形成和发展，这种商业模式在互联网时代进化为平台型经济将其优势发挥到极致。双边市场模式形成于"便士报"时期，以《纽约太阳报》为代表的"便士报纸"通过商业模式的创新，突破了传统的单边市场模式，报纸的利润不是直接来自读者，而是来自广告商。双边市场模式直接促成了 19 世纪到 20 世纪传媒产业的繁荣，进入 21 世纪，双边市场模式又广泛应用于互联网平台，无论是中国的 BAT 企业，还是美国的亚马逊、脸书、推特，都采取基于双边市场的经营模式，广告都是其重要的盈利方式。

（4）本书以结构功能主义理论为基础分析广告的价值变迁，研究发现，随着时代和技术的变迁，广告的本原价值信息传递的基本功能没有变化，但是广告业的内部结构和所面临的外部环境随着时代的变迁发生了很大的变化。也就是说，广告的价值并不是永恒不变的，而是因时、因地、因人而异，广告的价值变迁与整个社会系统、社会结构、社会需求的发展是同步的。在本书的第四至六章，运用社会网络分析的方法，分阶段论述广告业与整个社会系统的互动关系，并进一步分析广告对社会实践和社会文化的价值。

通过对商品经济下的广告价值研究，著者发现：首先，广告作为改革的风向标而存在，这是广告在中国的独特价值所在，从西单"民主墙"到上海外滩的外商广告，在不断的争论与辨析中，广告业伴随着中国经济逐渐发展起来；

其次，"广告诗""书刊广告"的盛行是 20 世纪 80 年代中国广告业的独特景观，饱含时代的烙印，是在中国改革开放初期独特的社会背景下产生的社会现象；再次，广告业从诞生之初就肩负着"西学东渐"和促进对外贸易的重要使命，广告业作为中国最早对外开放的行业引进了许多西方先进的营销理念，对于中国经济的腾飞起到重要的作用；最后，公共关系自广告业恢复之初已经成为广告业的重要组成部分。

通过对市场经济下的广告价值研究，著者发现：首先，广告媒体数量和种类增多，推动广告价值的创新，广告法律和广告管理机构也逐渐完善起来，有利于广告专业的规范化发展；其次，广告对国民经济的促进作用开始显现，对内刺激消费，对外促进民族品牌的国际化；再次，在社会观念方面，广告引导现代生活方式的建构和宣传现代身体健康的标准；最后，广告推动企业向知识经济转型，知识价值成为企业经济增长和获取利润的主要来源。

通过对数字化时期的广告价值研究，著者发现：首先，要建设与大国经济规模相匹配的广告业，当前广告业的发展严重滞后于中国经济的发展；其次，广告在消费社会中起到品位区隔的作用，消费者对品牌溢价的接受能力提高，社会区隔除了身份地位的区隔外，还有基于趣缘和品位的区隔；再次，数字媒体的崛起是对传播权力关系的重构，数字媒体对用户的赋能，使用户在传播链条上的地位得以提升；最后，数字媒体重构了社会信任机制，在传统媒体时代，品牌是消费者选择的主要依据，在移动互联网时代，网络直播、电商平台重构了消费者购买的社会信任机制。

二、研究不足

本书涉及面非常广，需要考察改革开放四十年广告业系统内部的广告媒体、广告公司、广告主、广告受众四个维度的变迁，以及政府对于广告业的相关政策制度，全书并未能全面论述选取时间范围内广告价值相关的所有问题，只是对广告业和宏观社会系统的互动关系做一些论述，其他与之关系不甚密切的只能割舍不论。

本书的研究对象主要讨论报纸、广播、电视、互联网，对于户外广告、展示广告、直邮广告等类型的广告涉及得较少，事实上这部分广告在我们的生活中占据了很大的比重。为了使本书的整体结构更为合理，论述过程基于传媒产业的双边市场结构展开探讨，抓住广告业的主要发展脉络，并不追求完整性。其次，本书对于广告价值的探讨特指广告的功能价值，并未涉及价值的其他含义。价值在不同的学科、不同的语境下有不同的含义，在政治学科中，政治价值即政治价值观念，认为"价值是事先的一种理解选择和决定"；管理学科中的价值是指营销体系中的顾客价值。本书所探讨的价值基于哲学价值理论中的"关系说"，认为广告价值是广告客体对一定的广告主体的有用性，价值是相对的，因人、因时、因地而异，不存在纯粹客观、独立自存、永恒不变的终极价值。

第二章 广告、广告业相关概念界定

第一节 广告定义的历史变迁

作为一门应用型学科，广告定义并不是一成不变的，而是与社会变迁、经济发展、制度变革以及广告业本身的发展紧密相关。本书研究的核心问题是广告的价值变迁，要探寻广告的本质，必然要考察不同历史阶段学者对广告的定义发生了怎样的变化，以及变化的根源。唐忠朴在《实用广告学》中提出，由于时代的变迁，广告方法不断革新，广告的含义也在演进，所以我们不必拘泥于文字上如何表述，而应从实质上搞清楚到底"什么是广告"。①

一、"广告"词源分析

我国现代意义上的"广告"一词源于日语"広告"或拉丁语而生成，1899至1900年，《湖北商务报》选用中文"广告"一词对译日语"记载""公告"，是我国在报刊上最早使用"广告"一词的记录。② 广告的诞生是西学东渐的现代性产物，梁启超及其创办的《清议报》也是早期"广告"的使用者。在1899年之前，报刊虽然设有广告栏目，但使用"告白"一词指代广告的含义，如1872年《申报》创刊号上申明"西人告白欲附刻本馆新报中者每五十字取洋一元"。《申报》在广告刊登方面注重公益性，"有名言谠论，实有系乎国计民生、地利水源之类者，上关皇朝经济之需，下知稼穑之苦，附登斯报，概不取酬"。1899年之后，"广告"一词逐渐取代"告白"被大量使用。梁启超对推进"广

---

① 唐忠朴. 实用广告学［M］. 北京：中国工商出版社，1981：7.

② 孙美玲. 社会、观念与实践：历史制度主义视野下新中国广告学研究70年（1949-2019）［J］. 新闻与传播研究，2019（11）：19-36，126.

告"一词的使用作出重要的贡献。①

　　"广告"一词的含义在中国古代经历了三次变迁。"广告"一词最早为宗教传播用语，道教中的"广告"具有"广而告之"之意，而佛教中的"广告"演化为"广而度之"。宋朝以后，"广告"成为与"布告"相对应的一组词，"广告"表示口口相传，"布告"表示媒介传播。直到1899年"广告"一词被纳入现代广告概念的范畴，并被赋予媒介性及现代性。② 广告概念的现代化是与广告理论、广告实务的现代化同步发展的。在"广告"一词被赋予媒介性和现代性的含义之前，虽然我国古代也有广告活动、广告现象，但是因其传播效果局限于人际传播的范围之内，并不具有大众传播的广泛影响力，所以并不能等同于现代意义的"广告"。

二、报纸媒体主导时期的广告定义

　　在漫长的人类发展史中，广告随着人类文明的发展而发展，但是在大规模工业化生产之前，广告只是零散的商业伴随行为，并未取得长足的发展。现代广告的诞生基于大规模的工业化生产，人类历史上第一次出现供大于求的现象，大量的工业产品涌入市场，消费者有了选择空间，广告帮助商家在竞争中脱颖而出，商家产生了广告的需求。大规模的生产基于大规模的销售，而大规模的销售就是广告的代名词。③ 大规模生产在提升生产效率的同时也增加了工人的工资，消费主义不再是富人的专属，大众消费的时代到来了。在媒体领域广泛应用印刷术，推动了文化知识走向大众传播，为广告的发展提供了传播渠道，广告在社会分工中开始作为一种独立的职业而存在。广告与大众媒体的发展是"鸡生蛋、蛋生鸡"的关系，没有广告就没有大众媒介，同样没有大众媒介也就不会有广告业的形成和发展。

　　现代广告受西方资本主义发展的影响，最早产生于欧洲。印刷术在欧洲的广泛应用，为报纸的大众化和广告业的发展创造了物质基础，成为广告业发展的重要推动力量。英国杂志 *The Weekly Account* 是最早开辟广告专栏，并使用

---

① 祝帅 ."advertising"为何是"广告"——现代"广告"概念在中国的诞生［J］. 新闻与传播研究，2009（5）：88-93，110.

② 桂世河，汤梅 . 我国"广告"概念现代化及其机制研究［J］. 新闻与传播研究，2019（11）：111-125，128.

③ 刘立丰 . 论广告研究中的"泛广告"问题［J］. 广告大观（理论版），2017（2）：14-21.

"Advertisement"一词命名"广告"的报刊。① 从报纸杂志开辟广告专栏到 1890 年以前，广告被定义为"有关商品或服务的新闻"。② 这一时期广告的功能和新闻一样是"告知"，即信息传递，广告公司的价值定位是"媒体掮客"。现代广告之父拉斯克尔为广告下定义，"广告就是新闻"。③

1833 年《纽约太阳报》作为第一份成功的"便士报"开启了大众传播的时代，它的诞生对于整个传媒产业甚至整个人类历史而言是一场革命性的变革。对于广告业而言，它是广告行业走向专业化和职业化的开端。广告突破时空的限制，实现了从人际传播向大众传播的转型。1905 年肯尼迪提出了一个崭新的广告观念："广告是纸上推销术（salesmanship in print）。"④ 广告定义的转变也意味着广告公司价值定位的转向，广告从以媒体为中心转向以客户为中心，肯尼迪对广告的定义开启了广告业发展的新阶段。从此，广告业真正从媒体中独立出来，设立市场调查部门，发展自己独立的专业价值。

20 世纪初，中国学者对于广告的认知更为深刻和全面。1926 年戈公振对广告定义如下："广告为商业发展之史乘，亦即文化进步之记录。广告不仅为工商界推销产品之一种手段，实负有宣传文化与教育群众之使命也。"⑤ 戈公振的广告定义综合了"广告是新闻"和"广告促进销售"的观点，又在此基础上从更深层次探索广告指导人生的教育功能。戈公振对广告的深刻见解与他所处的时代背景不可分割。京师民族资本主义兴办工厂，报业是诸多新兴产业中与文化联系最为密切的实业，广告作为报纸的重要组成部分自然肩负起"师夷长技以制夷"的历史重任，广告一方面促进销售，为民族资本注入活力，另一方面也将先进的生产技术和生活方式推广开来，发挥了开启民智的重要功能。中国广告事业同民族资本主义一样，经历了第一次世界大战期间的短暂繁荣之后再次陷入萧条。新中国成立后，在计划经济体制下，产品流通、资源配置占主导地位，广告活动虽然从未间断，但在整个社会发展中发挥的作用极其有限。

---

① 陈培爱. 广告学原理（第二版）[M]. 上海：复旦大学出版社，2008：5-6.

② 丁俊杰，康瑾. 现代广告通论 [M]. 北京：中国传媒大学出版社，2013：5.

③ 拉斯克尔. 拉斯克尔的广告历程 [M]. 焦向军、韩骏，译. 北京：新华出版社，1998：6-7，11，41.

④ 拉斯克尔. 拉斯克尔的广告历程 [M]. 焦向军、韩骏，译. 北京：新华出版社，1998：17-20.

⑤ 戈公振. 中国报学史 [M]. 北京：生活·读书·新知三联书店，1955：220.

三、电子媒体主导时期的广告定义

20 世纪 20 年代以后，随着广播、电视等电子设备的发明，广告业进入电子媒介主导时期，这是现代广告走向成熟的标志。广告行业的短暂繁荣，一是得益于第一次世界大战后世界经济的短暂复苏，二是广播作为一种大众媒介诞生，如 1920 年世界历史上第一家广播电台 KDKA 在美国诞生。广播的出现改变了人们的生活习惯，收听广播剧成为人们茶余饭后的休闲娱乐。广播作为最早的电子媒介，经济价值表现在两个方面：一是创造了一条由电器生产商—广播电台—广告商—消费者构成的全新的产业链模式；二是创造了一种完全由广告商付费的全新的商业模式。1932 年美国《广告时代周刊》对广告的界定首先明确广告主体多元化，可以是个人、商品、劳务、运动等，广告主可以是付费的任何主体；其次，广告媒介日趋多元化，可以是印刷、书写、口述或图画，而不仅仅局限于纸质媒介，只要是有利于信息传递的任何方式都可以；最后，广告的最终目的是广告主的利益，可以是销售、使用、投票或赞成。20 世纪 30 年代以后美国逐渐取代英国成为世界广告的中心。

在电子媒介主导的广告时代，美国广告业无论是在实践上还是在理论上都处于主导地位，对世界广告业的发展起到引领的作用。20 世纪四五十年代 USP 策略在广告活动中被广泛应用，广告公司的职能向着为客户提供全面服务的现代广告代理业过渡。1948 年美国营销协会将广告定义为："广告是由可确认的广告主，对其观念、商品或服务所做之任何方式的付款的非人员性的陈述与推广。"① 美国营销协会对广告的定义，拓宽了广告的业务范畴，"非人员性的陈述与推广"都可以是广告活动。在美国先进的广告产业化经营理念的带领下，广告在经营方式、专业技术、经营范围等方面不断革新，到 20 世纪 60 年代广告业成为最火热流行和人才云集的行业。

美国广告业不断实现广告理论和广告方法上的创新。20 世纪 60 年代，美国将"定位"理论广泛应用于广告业，并塑造了诸多经典案例，其中最为成功的有万宝路香烟的西部牛仔形象、大众甲壳虫"想象小的好处"等。定位理论的应用使得广告创意成为广告业的核心竞争力。广告业进入产品定位、为企业树立形象的"形象广告时代"。1961 年美国广告主协会将广告定义为："广告是付费的大众传播，其最终目的为传递情报，变化人们对广告之态度，诱发行动而使广告主得到利益。"这则广告定义与前述广告定义最大的不同是"诱发"一

---

① 丁俊杰. 现代广告通论［M］. 北京：中国物价出版社，1997：5.

词，在广告创意所呈现的诱惑与言说表象之下，隐藏的是对消费者心理的深刻洞察，消费心理学逐渐被引入广告学科。另外，这则广告定义中提出"变化人们之态度"，消费者首次出现在广告定义当中，虽然最终目的仍然是广告主得到利益，但是定位理论应用于广告业之后，广告运营由以产品为中心转向以消费者为中心。

进入20世纪90年代，整合营销传播成为广告界的一种新趋势。广告的核心价值从为企业塑造品牌形象转向处理协调消费者与品牌之间的关系。广告市场被进一步细化，整合营销传播理论在广告业中的应用，促使广告公司朝着专业化的方向转型，奥美提出了"360度品牌管家"的管理思想，达彼斯对品牌层级进行由表及里地归纳并发展出达彼斯模型——"品牌轮"，智威汤逊提出了"全方位品牌传播"理念，广告作业流程的精细化和复杂化都促使广告运营成为一项"极具专业化"的工作。整合营销传播理论在广告业的应用，推动了广告功能的拓展。

1979年是中国广告事业的破冰之年。① 中国广告事业的开端不同于英美国家的循序渐进，在报纸广告破冰的同时，电视广告也同时恢复。广告业在中国的发展，影响因素除了经济需求、媒介技术、消费者偏好之外，国家政策导向发挥了更为关键的作用。1980年《广告管理暂行条例》的颁布一方面促进广告业的规范化发展，另一方面标志着广告业合法性地位的确立。国家用社会主义的理论和话语，重构了大众对广告的认知，突出其宣传职能，广告研究也随之转向"宣传话语"，社会主义广告观逐渐形成。这一时期国内学界对广告的定义达成共识，唐忠朴对广告的定义获得广泛认同，他认为广义的广告包括非营利性广告，狭义的广告特指以盈利为目的的商业广告。

进入20世纪90年代，在社会主义市场经济制度的指导下，发展经济是当时的第一要务，广告业也偏向追求经济价值。现代广告的价值体现在帮助企业进行市场营销与商业推广，同时也推动社会良性需求的提高和文化消费的提升。② 丁俊杰教授在《广告学导论》中结合广告在中国的实践，给出如下定义："广告是一种有偿的、经由大众媒介传播的、目的在于劝服的商业传播活动。"③

---

① 许俊基. 中国广告史［M］. 北京：中国传媒大学出版社，2005：231.
② 杨效宏. 时代话语与历史叙事的互为——"中国故事"背景下中国现代广告业的价值逻辑［J］. 新闻与传播评论，2019（3）：75-86.
③ 丁俊杰. 广告学导论［M］. 长沙：中南大学出版社，2003：6.

同一时期，张金海①、倪宁②等学者也分别结合中国实践对广告进行界定。三位学者对广告的定义言简意赅，直接突出广告的"商业"属性，现代广告业恢复后首要责任就是振兴民族经济，事实证明在改革开放的四十年中，广告业对中国经济的发展确实发挥了重要的推进作用，并将继续助力中国经济走向世界。

改革开放前，广告业经历了从最初强调资社广告的差异性，转变为广告是资本主义的产物，逐渐丧失其存在的合法性。国家政策导向是影响广告知识生产的主要力量，意识形态和文化传统影响社会团体对自身经济利益和制度权利的定义，随着观念的变化，广告业结构也会发生相应改变。虽然关于广告的实践和话语一直存在，但广告教育和研究边缘化的问题始终存在。③ 1992 年邓小平的"南方谈话"终止了市场经济姓资姓社的争论，在市场逻辑的指导下，现代广告学整合发展（1992—2001）。中国改革的动力从观念突破转向制度创新。2001 年中国加入 WTO，广告市场全面开放，外资广告大举进入，对一线城市的大型广告公司造成较大冲击，引发外资广告公司本土化和中国广告公司的规模化发展。④

四、数字媒体主导时期的广告定义

2000 年前后互联网行业在经历了第一次泡沫后，开始进入相对理性的发展期，逐渐构建起一个全新的支配性的网络社会，引发社会结构的革命性变化。⑤广告业的兴起和发展一方面得益于大规模的工业化生产，另一方面得益于大众媒体的发展，而数字技术的应用，推动广告业模式的变革和核心竞争力的转移，对广告业而言是一场系统的整体革命。⑥ 数字技术在广告业的应用，改变了企业与消费者之间的沟通模式，由大众传播时代的单向沟通变为超级规模化的人际传播、组织传播，在原有效率优先、规模化工业生产的基础上实现了满足消费者的个性化需求。数字时代的大众传媒业日益趋向细分化，互联网媒体实现了企业与消费者的点对点连接，有学者认为"互联网媒体不再是大众传媒，甚至

① 张金海，姚曦. 广告学教程［M］. 上海：上海人民出版社，2003：3-6.
② 倪宁. 广告学教程（第四版）［M］. 北京：中国人民大学出版社，2014：4.
③ 桂世河，汤梅. 我国"广告"概念现代化及其机制研究［J］. 新闻与传播研究，2019（11）：111-125，128.
④ 孙有为. 广告学［M］. 北京：世界知识出版社，1991：3.
⑤ 陈刚，潘洪亮. 重新定义广告——数字传播时代的广告定义研究［J］. 新闻与写作，2016（4）：24-28.
⑥ ［美］菲利普·科特勒. 营销革命4.0：从传统到数字［M］. 王赛，译. 北京：机械工业出版社，2018：XVI.

不再是媒体"。① 著者整理了 1980—2020 年间知网收录的"重新定义广告"的研究文献共计 21 篇（如表 2-1 所示），其中 16 篇集中出现在 2015 年之后，倪宁、丁俊杰、陈刚、黄合水、姜智彬、顾明毅等多位学者提出"重新定义广告"。"重新定义广告"的前提是承认新的营销传播方式依然是广告，只是广告内涵和外延的演进；也有学者认为数字时代的商业传播不再是广告，应该使用新的定义——"创意传播管理"。②

表 2-1　2015—2020 年"重新定义广告"汇总

题目	作者	发表年份	数字时代广告定义
广告的演变及其本质——基于 1622 条教科书广告定义的语义网络分析	黄合水等	2019	广告是观念或广告主商品信息的传播。观念的传播是指公益广告，广告主商品信息的传播则指商业广告
基于"基础-工具-目的-本性"框架的智能广告定义探析	姜智彬等	2019	智能广告是以数据驱动为基础，利用人工智能技术实现广告内容的耦合生产、精准投放与互动反馈，从而个性化满足消费者生活信息需求的品牌传播活动
百年广告定义研究辨析	顾明毅等	2018	品牌主动介入到用户媒介行为或品牌相关的用户媒介行为意图产生联结与互动
广告的重新定义	刘海荣	2017	广告就是由可识别的品牌发起的、利用一切能接触到的消费者的媒介形式，向消费者提供有价值的信息服务，旨在影响消费者现在和将来的认知、情感和行为的互动传播方式
如何把握广告法中广告的概念	孙百昌	2017	2015 年《广告法》第二条规定"在中华人民共和国境内，商品经营者或者服务提供者通过一定媒介和形式直接或者间接地介绍自己所推销的商品或者所提供的服务的商业广告活动，使用本法"

① 刘立丰. 论广告研究中的"泛广告"问题［J］. 广告大观（理论版），2017（2）：14-21.
② 刘立丰. 论广告研究中的"泛广告"问题［J］. 广告大观（理论版），2017（2）：14-21.

续　表

题目	作者	发表年份	数字时代广告定义
重新定义广告——数字传播时代的广告定义研究	陈刚等	2016	广告是一个可确定的来源，通过生产和发布有沟通力的内容，与生活者进行交流互动，意图使生活者发生认知、情感和行为改变的传播活动
If advertising won't die, what will it be? Toward a working definition of advertising	Micael Dahlen & Sara Rosengren	2016	品牌发起的传播，旨在影响人们。（此定义将广告的边界拓宽到广告、公关、促销、直复营销、个人销售等营销传播工具的5个方面。品牌的内涵也更为宽泛，包括消费品牌、组织品牌、个人品牌等）
重新定义广告——从戛纳国际创意节主题的演变说起	倪宁等	2015	移动互联时代，产品、广告和媒介之间的界限不再泾渭分明，因情境的变化和消费场景的移动化而愈发相融，从各个方面渗透到生活中。广告不仅直接对市场和经济活动发生效用，而且还影响着人类观念的重塑和行为的变化，甚至成了人类生活方式的一种诠释

通过对数字时代广告定义的研究发现，数字时代广告定义主要面临着以下几个方面的挑战:①

（一）广告边界的重新定义

传统媒体时代广告与其他营销方式界限分明，广告与公关、促销、人员销售各自为政。传统广告建立在大众媒体线性传播的基础上，媒体、广告公司分工明确、各司其职。数字技术的应用使线性的大众媒体被网络媒体取而代之，广告产业链条上的各个元素之间相互联系。从广告主的角度来讲，在传统媒体时期，有明确的信息来源，通过付费的方式购买媒介版面或者时段；在数字媒体时代，付费不再是广告主的特征，2015 年新《广告法》中去掉"承担费用"四个字，而在其他学者的广告概念表述中也都不再提"付费"相关的字样。从广告内容的角度来看，广告从单一的"商品信息"扩大到"观念"，公益广告在数字媒体时代更多地出现在大众面前，广告内容的生产方式由广告人创意生产变为"利用人工智能技术实现广告内容的耦合生产"。从传播渠道的角度来看，广告形态越来越多样化，广告媒介从"印刷媒介"扩大到"报纸、广播、

---

① 吕文婷 . 移动互联网已经重新定义了广告——专访中国传媒大学博士生导师、国家广告研究院院长丁俊杰［J］. 中国广告，2015（6）：76-77.

电视等大众媒介"，到数字媒体时代发展为"可拥有的一切媒体"，广告媒介的范围越来越宽泛，广告形态也越来越多样化。广告的分发方式增加了精准投放与互动反馈，这是数字媒体时代广告的新特征。莱文森认为新媒介是对旧媒介的补救，传统广告存在效果难以量化和单向传播的缺陷，而数字化广告力图弥补传统广告的这些不足。

（二）广告的本质与核心的重新定义

传统广告观认为，需要将广告与其他促销方式做严格的区分，广告是营销的一个子类别，随着广播、电视媒介的发展，广告媒体"印刷品"被"大众媒介"所取代。由确认的赞助者通过大众媒介来劝服和影响受众的非人际传播活动。现代广告最初的定义是"商品或服务的新闻"，其功能是"告知"，广告公司的目的是帮助报纸销售版面，赚取差价；约翰·肯尼迪将广告定义为"纸上的推销术"，广告功能发生了第一次转向，广告从立足于媒介转向立足于广告主，广告的目的在于帮助广告主销售更多的商品，广告公司开始脱离报纸媒体具有了独立的专业价值，广告的功能从"告知"转向"劝服"；电子媒体时代，广告践行其"劝服"功能，广告公司的专业价值在于帮助广告主占领消费者的心智，劝服购买行为的发生；数字媒体时代，媒体不再是稀缺资源，由于互联网对消费者的赋权，消费者具有了和广告主同样的信息传播权，广告由相对价值转向绝对价值，重新回归"告知"功能。①

虽然广告功能从"告知"到"劝服"再到"连接"，但是其作为信息传播工具的本质并未发生变化。在传统媒体时代，传播渠道作为稀缺资源，广告主以付费的方式获得媒介信息发布权，消费者作为分散的个体通常不具有通过大众媒体传播信息的能力，或者不具有通过大众媒体传播产品使用体验的能力，消费者对产品和服务的认知通常来自"相对价值"，即通过广告塑造品牌形象。在互联网媒体时代，在大众点评、淘宝等购物网站上，消费者可以将自己的使用体验很轻易地发布出来，消费者之间不再是孤立的个体，而是基于共同的需求或者共同的兴趣形成社群经济的群体。在数字媒体时代，广告的核心价值不再是"广而告之"，而是"个人化信息定制与精准沟通"，在洞察消费者、顾客

---

① ［美］伊塔马尔·西蒙森，艾曼纽·罗森. 绝对价值：信息时代影响消费者下单的关键因素［M］. 钱峰，译. 北京：中国友谊出版公司，2014：4.
所谓绝对价值，并不是某个产品被普遍认可的事实，而是针对某个消费者的实际产品质量体验。

需求，预测其行为的基础上，实现千人千面的个性化营销。①

（三）广告与消费者关系的重新定义

互联网改变了传统的时空观念和社会连接方式，消费者在物理空间和网络空间随意切换，互联网对社会运行逻辑和社会理论的影响是根本性的。② 传统的广告定义站在广告主的立场，强调"推销""劝服"，广告与消费者之间是对立的关系，而在数字媒体时代的广告定义中使用较为中性的词汇"传播"。姜智彬教授认为广告"满足消费者信息需求"，刘海荣也认为广告"向消费者提供有价值的信息服务"，顾明毅的广告定义则彻底翻转了"品牌"和"用户"之间的主被动关系，认为广告是"品牌主动介入到用户的媒介行为"，广告的核心开始从广告主转向消费者。目前媒体数字化还处在初级阶段，"付费"依然是主流的广告传播方式。③

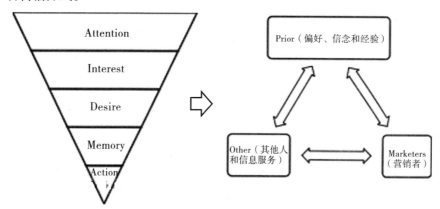

图 2-1　消费者决策模式从 AIDMA 法则转向影响力组合模型

消费者决策模式的变化从 AIDMA 法则到影响力组合模型。AIDMA 法则是传统媒体时代企业通过广告传播占领消费者心智的通用框架，广告主以付费的方式购买媒体版面，通过优质的广告创意和重复的广告播放诱发消费者的购买欲望。从吸引消费者注意到促成消费者购买的过程，呈漏斗型，其间会有很多消费者流失，从信息来源的角度看，该模式只体现了大众媒体一条路径。在数字媒体时代，影响消费者决策的信息来源增多，西蒙和罗森将影响消费者购买

---

① 薛敏芝. 广告边界的演变：建构、解构与开放——现代广告的终结与后广告时代的来临 [J]. 中国广告，2019（4）：80-84.

② ［英］尼克·库尔德利. 媒介、社会与世界：社会理论与数字媒介实践 [M]. 何道宽，译. 上海：复旦大学出版社，2014：2.

③ 唐·舒尔茨. 广告的未来及其可能性 [J]. 广告大观（理论版），2017（1）：4-13.

的因素总结为三项：Prior（消费者先前的态度、习惯和事先储备的信息）、Other（消费者购买时会参考其他朋友、评论者和专家的意见）、Marketers（营销者）。广告在电子传播时代的泛滥引发消费者对广告的反感，消费者往往对营销者的信息持怀疑的态度，这导致了传统广告营销效果的下降。影响消费者决策的三个因素在不同的情境下的所占比重是一场零和博弈，当某一因素的比重上升时，必然导致另一因素比重的下降，但是三者之间并不是非此即彼的关系，而是起到互补的功效，共同影响消费者的决策，在三者的协同作用下，消费者增强了购买信心。在数字媒体时代，O（Other）的影响力扩大化，在传统媒体时代，O（Other）的范围局限于身边的朋友，在互联网时代，O（Other）的边界扩大到超越时空界限的所有信息发布者。M（Marketers）的影响力相对传统媒体时代变小，这也是广告业遭遇合法性危机的原因所在，营销者 M（Marketers）与消费者既可以是价值共创的合作者和利益共享者的关系，也可以是利益相悖的关系，双方利益是此消彼长的博弈关系。

（四）广告产业组织架构的重新定义

算法和大数据在广告业的应用，重构了广告业的内部结构，并重新定义了广告，数字广告是以算法和大数据为基础，以关联分析为导向实现广告内容的耦合生产、精准投放与互动反馈，从而满足消费者个性化生活的信息需求。技术迭代更新促使广告模式变革与产业核心竞争力转移。人工智能时代的广告运作更侧重于广告发起的基础而不是广告的来源，更侧重技术工具的运用而不是广告传播渠道。①

表2-2 传统广告与智能广告的角色、流程比较

	传统广告	数字广告
传播路径	点对面	点对点
技术基础	市场调查、广告创意	算法、数据驱动
理论体系	原因分析为导向	关联分析为导向
信息来源	广告主、广告公司	信息来源多元化，广告主、用户、意见领袖、第三方等
广告主角色	信息主导者	信息服务者
传播渠道	大众媒体	网络空间

---

① 姜智彬，黄振石．基于"基础—工具—目的—本性"框架的智能广告定义探析［J］．中国广告，2019（11）：80-82.

续　表

	传统广告	数字广告
接收终端	确定的媒介设备	媒介化社会，无处不在
受众角色	消费者和信息接收者	生活者、信息需求者
广告目的	劝服，占领消费者心智	消费者生活信息的个性化满足
本质属性	创意驱动下的品牌传播	技术驱动下的品牌连接
企业与消费者关系	买卖双方二元对立	价值共创

　　移动互联网重构了社会结构和媒介生态系统，作为具有很强依附性的广告业在愈加开放且成熟的市场环境和数字媒体崛起的双重压力下，不得不从过去依赖传统媒体转向互联网传播平台。[①] 广告行业是动态变化的，因此对于广告的认知要加入对其阶段性边界的思考。从传统广告、PC 端广告到移动互联网广告、智能广告，技术变迁与进步始终是影响广告定义变迁的重要因素。[②]

　　2008 年是大众媒体广告的巅峰时期与社交媒体兴起的分水岭。随着互联网技术在广告中的应用，网络广告快速成长起来。移动化、社交化是互联网媒体时期广告技术的突破性发展，在移动技术的推动下，程序化交易广告彻底改变了广告的运行逻辑，广告实现了从面向消费者群体向面向消费者个体的转型；在社交媒体上，消费者被赋予社会传播的能力，人际传播逐渐取代大众传媒，成为消费者信息的主要来源。[③] 新媒体环境下，传统大众媒体优势不再，许多新媒体传播范式，已不再适合传统广告的定义范围。互联网社交媒体正在以爆炸式增长超越传统大众媒体，成为新的人人可参与的媒体聚合。

---

① 孙美玲．社会、观念与实践：历史制度主义视野下新中国广告学研究 70 年（1949—2019）[J]．新闻与传播研究，2019（11）：19-36，126.

② 姜智彬，黄振石．基于"基础—工具—目的—本性"框架的智能广告定义探析 [J]．中国广告，2019（11）：80-82.

③ 顾明毅，姜智彬，李海容．百年广告定义研究辨析 [J]．现代传播，2018（4）：122-129.

第二节 广告业属性及边界的界定

一、行业属性之变：从广告事业到广告产业

改革开放四十年，广告行业属性经历了从事业到产业的变迁，这是中国特色社会主义发展到一定阶段的必然产物。广告业作为社会系统中的一个子系统，其行业属性的变迁必然是由国家的社会制度决定的，行业的制度属性是与整个国家的社会制度一脉相承的。① 改革开放四十年来广告行业逐步实现从广告事业向广告产业的转型。

（一）改革开放初期：办好社会主义广告事业

1981 年，钱慧德在《中国广告》发表文章《试论社会主义广告事业发展的客观依据以及作用》，1982 年在《人民日报》发表评论员文章《办好社会主义广告事业》，经过改革开放初期广告姓资姓社的大讨论之后，对于广告行业的属性问题达成一致，即广告宣传是社会主义宣传的一部分，要对社会负责，要对人民负责，要对消费者负责，不能为了赚钱放弃社会主义广告的真实性原则。1985 年国务院办公厅在《关于加强广告宣传管理的通知》（简称《通知》）中肯定了广告业取得的成绩并指出广告业发展中的问题，《通知》指出，中国广告事业有很大发展，在传播信息、促进生产、扩大流通、指导消费、活跃经济、方便人民生活和发展国际经济贸易等方面，发挥了重要作用。但是广告业在发展过程中出现了某些混乱的现象，比如虚假广告增多，未经批准擅自经营，吃"回扣"等，广告业应该做好广告宣传的清理、整顿工作。

（二）20 世纪 90 年代：广告产业化经营道路探索

广告业体制改革是与政治、经济、文化体制改革同步进行的。工商广字 [1993] 第 208 号文件发布《关于加快广告业发展的规划纲要》从国家政策层面明确了广告的产业化发展道路。首先，在国家产业政策的指导下，广告业拓宽改革开放的广度和深度，国有企业、集体企业、个体私营和中外合营、合作企业等不同所有制、不同成分的广告组织进入广告市场；其次，《纲要》明确广告业属于知识密集、技术密集、人才密集的高新技术产业，对于有实力的广告公

---

① 刘艳娥. 文化体制改革背景下中国传媒改革的制度安排与改革路径研究［D］. 武汉：武汉大学，2013.

司，鼓励其扩大经营范围，推动企业的规模化发展，壮大其竞争实力。

在改革开放初期的很长一段时间内，广告业被当作特种行业，个体经营广告受到了严格的政策限制。1993 年 1 月 12 日，国家工商行政管理局广告司宣布私人可以办广告公司，这一政策推动私营广告公司的数量由 1992 年的 79 家一举增长到 573 家。1993 年中国广告营业额首次突破 100 亿大关，与此同时专业广告公司营业额首次超过报纸广告和电视广告，广告业"强媒体，弱广告"的局面开始有了一丝转变，专业广告公司的主旋律地位开始提升。① 从广告媒体方面来看，在广告产业化政策的指导下，各媒体闻风而动，纷纷扩版、增时、上调广告刊播费；从广告公司方面来看，广告代理制度的实施，为广告业全方位、多元化的发展提供了持续动力，推动广告业向专业化、科学化、国际化方向发展。

（三）2008—2013 年：经营性文化事业单位转制为企业

在国发办［2008］第 114 号文件的指导下，报刊、广播、电视等经营性文化事业单位转制为企业，广告媒体隶属于经营性文化事业单位，也在此次改革范围之内。此次改革将广告媒体从"事业单位，企业管理"的束缚中解脱出来，为广告市场活动的合法性提供了政策和制度保障。② 此次制度改革，从权利属性上明确了广告经营单位的企业属性，从收入分配、财政税收、社会保障等产业政策上对媒体单位提供产业政策支持。③ 广告业作为一个独立的产业，它的产业化程度决定了它的科学性和规律性，广告业的科学性是规律性的基础。

二、产业经济学视角下的广告业

产业是按照供给需求关系划分的集合概念。按照不同的分类标准有不同的划分方式，第一，对于需求方而言，具有相互替代或者竞争的关系，比如报纸广告与电视广告，在广告主预算不变的情况下，电视广告费用的增加会引起报纸广告费用的减少，同理移动互联网媒体与传统媒体也形成了竞争和替代的关系；第二，对于供给方而言，以《国民经济行业》为依据，将生产工艺相近或者服务性质相同的行业划分为一类；第三，以体系化的架构特征比如产业价值链进行产业分类。④

① 范鲁彬. 中国广告业 30 年的 200 个第一［J］. 中国广告，2007（12）：129-137.
② 刘艳娥. 文化体制改革背景下中国传媒改革的制度安排与改革路径研究［D］. 武汉：武汉大学，2013：48.
③ 甘险峰. 行业属性之变：从事业到产业［J］. 青年记者，2010（19）：11-12.
④ 苏东水. 产业经济学（第四版）［M］. 北京：高等教育出版社，2015：5.

（一）广告产业是功能导向的集合概念

广义的产业除了包含企业之外，还包括非营利性组织，以广告产业为例，除了广告公司、创意公司等企业之外，还包括广告行业协会和其他非营利性机构。狭义的产业是指衡量产业投入、产出的经济指标。① 产业经济的研究范畴是将具有"同一属性"或者"竞争关系"的诸多企业聚集在一起，广告产业是指从事广告产品生产或提供广告相关服务的、以营利为目的的单位和企业的集合。从产业经济学的角度来看，产业以生产（供给）为特征，广告公司为广告主提供创意设计、媒介策略、市场调查等服务，广告媒体为广告主提供媒介发布渠道。因此，从产业经济学的角度来看，广告产业包括广告公司和广告媒体这两个大的类别，而广告主、广告受众是广告产业的服务对象（需求方），不应将其纳入广告产业。②

这一观点与2012年《广告业统计报表制度》的统计一致，经工商行政管理机关核准，专营和兼营广告业务的市场主体属于广告产业，具体包括广播电台、电视台、报社、杂志社等广告传播媒体机构，从事广告设计、制作、发布、代理服务与其他广告服务的企事业单位与个体工商户，互联网媒体、生活圈媒体等都属于广告媒体的统计范畴。③ 整合营销传播理念在广告传播中的应用，使广告的外延有所延伸，原本不属于广告业的公关、营销咨询公司也被纳入广告产业，而新兴的互联网媒体更是异军突起，吞并了传统媒体的大半市场。

（二）广告产业的外延不仅限于商业服务业

本节对广告业的监管对象进行分类，以此倒推广告业的外延界定。根据深圳市2020年市场监督管理局的广告业统计抽样名单和国民经济行业分类（GB/T 4754-2011），广告业的监管对象包括以下行业：65软件和信息服务业；86广播、电视、电影、录像制作业；85新闻和出版业；64互联网和相关服务业；72商务服务业；80机动车、电子产品和日用产品修理业；88体育。在以上作为广告业监管对象的七大行业中，只有72商务服务业中的广告业以广告业务为主营业务，其他广告经营单位的主营业务分属不同的行业，广告只是公司的兼营业务。广告产业是功能导向的集合概念，只要经营广告业务，无论主营业务是什

① 简予繁.中国广告产业统计分类标准与统计调查方案研究［D］.武汉：武汉大学，2017.
② 刘传红.广告产业研究的几个基本问题［J］.武汉大学学报（人文科学版），2007（2）：259-263.
③ 简予繁.中国广告产业统计分类标准与统计调查方案研究［D］.武汉：武汉大学，2017：49.

么，都属于广告业的监管对象。广告经营单位除了我们传统认知的广告媒体、广告公司之外，还包括新兴的软件、信息服务业以及互联网和相关服务业，广告业之外的商务服务业，甚至体育、机动车、电子产品和日用产品修理业。

表 2-3　深圳市市场监管局广告经营单位抽样①

所属行业	单位名称	成立时间	注册资本	主营业务
软件和信息技术服务业	深圳市腾讯计算机系统有限公司	1998	6 500 万（元）	计算机硬件服务；计算机软件服务；广告业务；信息服务业务；网络游戏出版运营；互联网新闻信息转载服务；网络文化产品的展览、比赛活动；互联网视听节目服务；电脑动画等视觉艺术设计
	深圳今日头条科技有限公司	2017	120 000 万（元）	
	百度国际科技（深圳）有限公司	2010	2 000 万（美元）	
	深圳市亿科数字科技有限公司	2005	323 万（元）	
	深圳市东信时代信息技术有限公司	2006	1 030 万（元）	
	丝路视觉科技股份有限公司	2000	11 772 万（元）	
	深圳掌酷软件有限公司	2014	180 万（元）	
	深圳市互联在线信息技术有限公司	2013	100 万（元）	
广播、电视、电影、录音制作业	深圳广播电影电视集团	2017	248 184 万（元）	节目制作播放；广告业务；有线传输网络建设；数字电视规划；会展业务；国内贸易；电影院经营
	深圳证券时报传媒有限公司	2001	10 000 万（元）	
	深圳市怡亚通传媒有限公司	2015	3 000 万（元）	
	广东大地影院建设有限公司	2006	234 642 万（元）	

① 深圳市市场监督管理局. 市市场监督管理局关于开展 2020 年第一、二季度广告业统计工作的通知［EB/OL］.（2020-07-10）［2020-11-20］. http：//www. sz. gov. cn/cn/xxgk/zfxxgj/tzgg/content/post_ 7877686. html.

所属行业	单位名称	成立时间	注册资本	主营业务
新闻和出版业	深圳报业集团	2016	121 380 万（元）	报纸及网络版出版；相关出版物印刷·发行·广告·新闻研究
互联网和相关服务	深圳市速点网络科技有限公司	2018	192 万（元）	新媒体技术的研发和技术服务；网页设计与开发；网络营销；动画设计；广告业务；企业管理咨询
	深圳市雷鸟网络传媒有限公司	2017	1 500 万（元）	
	深圳市易平方网络科技有限公司	2015	2 017 万（元）	
商务服务业	深圳市志合传媒股份有限公司	2011	5 575 万（元）	广告业务；文化活动策划；企业管理咨询；展览展示设计；摄影；国内贸易；互联网信息技术咨询；信息系统集成服务；计算机软硬件；网络设备；互联网信息技术服务
	深圳市华语传媒股份有限公司	2003	4 213 万（元）	
	深圳市丰巢互动媒体有限公司	2016	1 000 万（元）	
	深圳百计千方文化传播有限公司	2012	100 万（元）	
	深圳市联动精准科技有限公司	2012	1 000 万（元）	
	深圳之光传媒科技有限公司	2013	5 000 万（元）	
	深圳市海川广告有限公司	2002	1 000 万（元）	
	星橙文化传播（深圳）有限公司	2016	1 000 万（元）	
	深圳报业地铁传媒有限公司	2017	7 000 万（元）	
机动车、电子产品和日用产品修理业	深圳机场雅仕维传媒有限公司	2013	3 000 万（元）	从事广告发布和代理国内外广告业务
体育	深圳市足球俱乐部有限公司	1994	11 000 万（元）	足球培训；广告业务；足球赛事；体育经纪；足球周边及百货零售

（三）广告公司的业务向上下游扩展

通过对深圳广告经营单位的业务分析发现，虽然这些企业因主营业务不同而分属不同的行业，但是业务存在重合现象，只是在企业中的重要性或者说营业额比重不同。比如深圳市东信时代信息技术有限公司属于软件和信息技术服务业，主营业务包括软件设计、网络技术咨询、国内贸易、广告业务、进出口贸易、信息服务业务；互联网和相关服务行业的深圳市易平方网络科技有限公司同样经营计算机软硬件产品开发、广告业务、货物及技术进出口、互联网信息服务；商务服务业的深圳市华语传媒股份有限公司同样经营广告业务、信息咨询、网上贸易、计算机软硬件等项目。三家企业虽然隶属于不同的行业，但是业务项目却是相似的，由此可见，广告产业价值链上的不同企业在经营项目上相互渗透，有趋同的倾向，也加剧了企业之间的竞争。

（四）数字媒体时代广告产业的价值提升

数字媒体时代广告产业与传统媒体时代相比，其价值提升主要通过分化、适应力提升、涵摄、价值的概念化和合法化四个步骤。首先，广告产业在数字技术的赋能下，分化出新的产品样态。在传统媒体时代，广告的产品形态主要有纸媒的平面广告、电子媒体的音视频广告，随着电视媒体的发展，逐渐演化出植入广告；到了网络经济时代，广告产品形态演化出基于互联网技术的信息流广告、程序化广告、原生广告、直播带货等全新的广告样态。随着广告产品形态的分化，广告产业的核心竞争力、组织结构和行业构成发生了很大的变化。其次，广告产业的分化也直接促使广告产业适应力的提升。广告产业对于广告主、消费者而言，其功能不仅仅限于4P当中的促销工具，而是上升到企业战略的层面。广告渗透到企业生产、销售、售后的各个环节，企业形象不只是通过媒体塑造，而是发展为全员广告、全程广告、全息广告、全效广告的全媒体营销。再次，涵摄（包容）。对于这些全新的营销方式，其价值归属问题是广告学科当前面临的最为严峻的课题。最后，价值的概括化和合法化。厘清新的营销方式是否属于广告产业的范畴，我们就要对照广告定义的内涵和外延来分析。广告定义的核心概念有：可确认的广告主；广告主付费；非人员性的传播。以直播带货为例，无论是大品牌还是不知名品牌的商品都有明确的广告主，主播的收费模式主要分为佣金和坑位费两种模式，无论采用哪种模式，主播都是要收费的，同面对面促销不同，直播带货虽然有互动性，但是主播和消费者之间并不是人际传播模式，更确切地说应该是属于具有交互性的大众传播。数字媒体时代，广告产业的外延不断扩大，涌现出更多广告的形态，广告的功能也随之提升，在传播功能之外增加了销售功能。总体而言，广告产业在整个社会系统中的角色更为多样，广告产业的价值在互联网时代非但没有衰减，反而提升了。

表2-4　传统媒体时期和网络经济下广告产业的价值网络对比

		传统媒体时期广告产业	网络经济下广告产业
内部价值网络	核心能力	创意策划、整合营销传播等基于大众传播的影响力经济	基于大数据和算法的精准连接，媒体广告向着公共服务型广告转型
	产品形态	平面广告、音视频广告、植入广告等形式较为单一	信息流广告、原生广告、直播带货、借势营销、程序化广告等层出不穷
	组织结构	以大众媒体为中心构成广告产业价值链	以去中心化的网络平台为中心构成广告产业价值网络
	产业构成	商业服务业、广播、电视、电影、录音制作业、新闻和出版业	软件和信息技术服务业、商业服务业、广播、电视、电影、录音制作业、新闻和出版业、互联网和相关服务、机动车、电子产品和日用产品修理业、体育
	企业角色	单一，以产业价值链为核心创造价值，各司其职	多重角色，企业业务多元化，并不断向上下游扩展
外部价值网络	相关构成	读者受众、广告主（大型企业为主）、报摊	网络用户、通信企业、广告主（大中小微型企业）
	广告与用户的关系	以广告主为中心，受众被动接受广告	以用户为中心，广告主和网络平台共同为用户提供适切的服务
	广告主角色	购买广告服务的顾客	广告产业参与者，更多地参与其中
	广告与企业的关系	只是4P营销策略中的一个环节	广告上升为企业战略，全媒体营销：全程广告、全息广告、全员广告、全效广告

三、广告业系统结构

广告业发展的驱动力不仅仅来自政策的转向，经济、社会发展的需求与产业化、现代化的升级同样是重要推力。数字媒体时代，虽然广告业面临的外部环境和内部结构都发生了很大的变化，但是广告作为信息沟通媒介的基本功能没有变化，社会功能决定社会结构，虽然广告业内部结构不断分化但是广告业的基本盘并未发生大的变化，只是随着数字化技术在广告产业中的应用以及媒介化社会的到来，广告业不断分化出现新的传播样态。① 以广告业的生产分支系统为例，从业人员数量不断增多、专业类别不断分化，从20世纪80年代的工艺美术创作、文案写作；到20世纪90年代整合营销传播，出现市场调查、广告策划，从单纯的平面广告发展到音视频广告；再到互联网媒体时期出现了千人千面的精准营销，广告公司纷纷向数字化转型。2018年处于广告业神坛地位、塑造过无数经典品牌的智威汤逊被伟门合并，成立了一家新的公司"伟门·汤逊"，智威汤逊被合并标志着基于传统媒体的4A时代被新的数字广告作业方式所取代，但是这并不意味着广告功能的变迁，只是在新的消费环境和媒介技术下广告业生产方式的分化和进化。数字化媒体时期涌现出许多新的内容生产方式，比如基于社交媒体的信息流广告、H5广告以及GQ实验室的自媒体内容创作广告，但是传统的平面广告、影视频广告并未退出历史舞台，而是与新的广告形态共同服务品牌建设。广告的信息服务系统、发布系统随着数字技术的应用发生了很大的变化，但是广告业基于信息传播功能，作为信息生产分支系统这一属性始终未变。

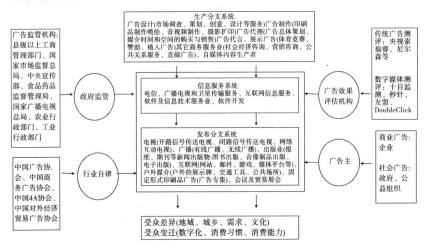

图2-2　广告业系统结构图

① ［美］塔尔科特·帕森斯，尼尔·斯梅尔瑟. 经济与社会——对经济与社会的理论统一的研究［M］. 刘进，等译. 北京：华夏出版社，1989：ii.

表 2-5　广告业系统结构汇总整理①

产业机构		具体职能
广告产业供给侧	广告生产分支	广告设计（市场调查、策划、创意、设计等服务） 广告制作（印刷品制作喷绘、音视频制作、摄影扩印） 广告代理（广告总体策划、媒介时间和空间的购买与销售） 广告代言、展示广告（体育竞赛、赞助、植入广告） 其他商务服务业（社会经济咨询、营销咨询、公共关系服务、直邮广告）
	广告信息服务	电信、广播电视和卫星传输服务 互联网信息服务 软件及信息技术服务业 软件开发
	广告发布媒介	电视（开路信号传送电视、闭路信号传送电视、网络互动电视） 广播（有线广播、无线广播） 出版业（报纸、期刊等新闻出版物；图书出版、音像制品出版、电子出版） 互联网（网站、邮件、游戏等） 户外媒介（户外的展示牌、交通工具、公共场所） 固定形式印刷品广告（广告专集） 会议及贸易展会 其他
广告产业需求侧	广告受众	受众差异（地域、城乡、需求、文化） 受众变迁（数字化、消费习惯、消费能力）
	广告主	商业广告：企业、个人 社会广告：政府、公益组织
广告产业的监管机构	广告管理机构	广告监管机构：县级以上工商管理部门，国家市场监管总局、中央宣传部、食品药品监督管理局、国家广播电视总局、农业行政部门
	广告效果评估机构	传统广告效果评估机构：央视索福睿、艾瑞咨询等 数字媒体效果测评机构：十目监测、秒针、友盟、DoubleClick
	行业自律	中国广告协会、中国商务广告协会、中国 4A 协会广告社团、其他非营利性单位

广告业作为一种服务于生产领域的知识产业，主要由信息生产系统、信息服务系统、信息分发系统三个部分组成，在传统媒体时代，广告业的信息生产系统主要提供广告设计、广告制作的功能，唐·舒尔茨将整合营销传播的理念

---

① 中华人民共和国国家工商行政管理总局．广告业统计报表制度［S］．2012 年 8 月．

引入广告业，广告的功能拓展至营销咨询、公共关系等其他商业服务，这是广告产业的第一次价值升级，广告产业将与企业市场营销有关的广告、促销、公关、包装等系统化地整合在一起，实现传播活动一元化，广告产业的社会适应功能得到提升。数字媒体的应用是广告产业的第二次价值升级，广告作为互联网媒体的主要商业模式，对推动整个社会的数字化进程做作出了重要的贡献。2019 年，中国互联网巨头阿里巴巴的广告年收入为 1745.74 亿元，业务占比38.00%；百度广告年收入为 781.00 亿元，业务占比 72.70%；腾讯广告年收入为 683.77 亿元，业务占比 18.00%。通过以上数据的分析不难看出，广告收入在互联网行业中占有很大的比重，虽然在互联网媒体时代，广告的内容生产方式、信息发布形式、效果评估方式发生了很大的变化，但是广告作为互联网公司的重要盈利模式之一，对推动中国整个社会的数字化进程发挥了不可取代的重要作用。

表 2-6 中国互联网公司 2019 年全年广告营收情况①

序号	公司名	广告总收入（亿元）	同比	业务占比	备注
1	阿里巴巴	1745.74	26.14%	38.00%	含第三方佣金
2	字节跳动	1500.00	—	—	未上市，该数据为市场报告
3	百度	781.00	-4.64%	72.70%	—
4	腾讯	683.77	17.73%	18.00%	—
5	京东	426.80	27.32%	7.40%	含第三方佣金
6	拼多多	268.14	132.45%	76.83%	—
7	美团	158.40	68.70%	16.20%	—
8	新浪	123.23	2.69%	80.55%	含微博与门户的广告营收
9	58 同城	101.59	22.66%	53.16%	—
10	搜狐	84.82	0.98%	64.49%	—

① Morketing. 中国 22 大互联网公司广告收入榜（2019 年全年）［EB/OL］. （2020-03-21）［2020－06－26］. https：//baijiahao. baidu. com/s？ id = 1661718027837789120&wfr = spider&for=pc.

广告业是一个对外部环境非常敏感的行业，它是一个在时间和空间上都呈现出开放性的系统，在共时的空间中，与整个社会的政治、经济、文化系统共同构成整个社会的产业系统。① 在不同的历史阶段，广告业在整个社会系统中的重要性及所扮演的角色呈现出巨大的差异，社会结构的变迁通常需要经历漫长的时间，但是中国在改革开放短短的四十年中完成了西方国家需要几百年完成的现代化道路，在此期间社会结构的变迁引发了广告业功能的价值变迁。

四、广告业是服务于生产领域的知识产业

广告业是伴随着整个社会的产业化和现代化而产生的，对广告业的考察必然要放在整个社会结构当中，厘清广告业在整个社会结构当中的角色与贡献，梳理产业内部的结构与功能是广告价值变迁研究的重要维度。

表 2-7　按贡献范围的产业分类表

领域 货品	生活领域	生产领域	社会领域
物资产业	农业、制造业	生产资料、资本资料	公共设施建设
位置产业	运输、流通、金融	面向本企业	公共事业、军事运输
时间产业	娱乐、观光、医疗	安全、警卫、代理业	公务、警察、公共卫生
知识产业	教育、新闻	广告设计	公共信息、军事技术

堺屋太一将产业按其所生产的"财富"（价值）的形态分为物资产业（从事物资生产加工）、位置产业（改变财富物理性、法律或社会性位置）、时间产业（对消费者时间进行"加工"的产业）和知识产业（给人带来知识和信息的产业）四种。堺屋太一将广告业同教育、新闻、技术研发等从事知识生产的企业共同列入知识产业，广告业所创造的"知识价值"与其他产业有所不同，律师、教育产业可以作为单个知识价值在市场上流通，但是广告业所创造的"知识价值"，必须依附于传统产业生产的物质产品或服务才能实现其价值。以女装为例，香奈儿、爱马仕这些世界名牌动辄几万元甚至几十万元，但是同样质地的无品牌的女装售价只是它的十分之一，甚至百分之一。在物资的价值构成中，

---

① 黄升民，丁俊杰. 媒介经营与产业化研究［M］. 北京：北京广播学院出版社，1997：32.

"知识价值"所占的比重正在迅速扩大。① 按照堺屋太一的产业划分方式，同一家企业可以按照对社会的贡献划分为不同的产业。比如一家生产洗发水的企业，它的生产部分属于物品产业，而它的物流部门属于位置产业，它的广告宣传、技术研发部分属于知识产业。按照"财富"对"人"的贡献"领域"分为生活、生产和社会三个不同的领域，由于广告产业直接服务于广告主，因此将其归于生产领域。

---

① ［日］堺屋太一. 知识价值革命［M］. 黄晓勇，等译. 北京：生活·读书·新知三联书店，1987：45.

第三章　广告的价值构成体系

第一节　广告的本原价值与衍生价值

一、广告的本原价值

对于广告价值的探究事实上就是对广告内涵和外延的界定，以此建构广告、广告产业以及广告学科的边界。一个产业能否长久存在取决于其能否持续为社会创造价值。在工业社会中，广告促进物质财富的销售，市场需求的扩大，推动商品的规模化生产和大范围流通，进而降低单个商品的生产成本，也就是说，广告信息价值是通过依附于物资流通领域而实现的。在后工业社会中，广告信息价值的实现通过形成社会主观意识来提高物质财富或服务的主观价值。创意成为广告的核心竞争力，这一转向拓宽了广告价值实现的无限可能性，在没有规模效益的地方也能实现。以奢侈品牌为例，它并不是通过降低成本、扩大销售来谋取利润，而是以品牌的形式追求自身的"知识价值"，广告和技术、设计一样凝聚在物质的容器中。① 在数字化社会中，在大数据和算法技术的冲击下，广告信息价值的实现转向以技术手段实现对消费者需求的洞察并为之提供精准服务，算法和数据成为广告的核心竞争力，这一转向使用户成为一种价值形式，并作为评价企业竞争力的重要维度。

针对广告的所有可能价值项，将其分为两大类型或板块，广告的本原价值与广告的派生或衍生价值。② 从工业社会到后工业社会再到数字社会，基于传播

---

① ［日］堺屋太一. 知识价值革命［M］. 黄晓勇，等译. 北京：生活·读书·新知三联书店，1987：194.

② 杨保军. 论新闻的价值根源、构成序列和实现条件［J］. 新闻记者，2020（3）：3-10.

和营销功能的信息价值一直是广告的本原价值。在工业社会中广告依附于物资流通领域降低产品生产成本，在后工业社会中广告寄存于商品之中成为商品知识价值的维度之一，在数字化社会中广告寄存于信息技术之中成为企业为用户提供精准服务的工具。在探讨广告价值时，应该把广告的本原价值——信息价值放在首位，然后合理追求广告的其他价值，切不可本末倒置。

二、广告的衍生价值

（一）广告衍生价值的特征分析

价值的本质是什么？余栋华[1]、陈新汉[2]、王玉樑[3]等学者将其概述为"效用性"，即在特定关系中某物（社会实践客体）对他物（社会实践主体）需要的满足。李德顺进一步提出，价值具有因主体而异的本性，具体表现为：同一客体对于不同的主体有不同的价值；同一客体对同一主体的不同方面有不同的价值；同一客体对同一主体的同一方面，在不同的时间也有不同的价值。[4] 因此，本节考察广告产业对于多元主体在不同时间、不同维度的效用性。

（1）广告价值的个体性与多元化

价值的个体性和多元化是指由于主体的差异性，同一客体对不同主体价值的大小存在差异，甚至截然相反。以广告为例，它对广告主的价值与对受众的价值是不同的，对于广告主而言它是促销的工具，对受众而言它是获取信息的来源。广告、广告主、受众三者之间是相互关联的利益共同体，不能割裂地或武断地评判广告是"好"或者"不好"，"有用"或者"无用"。即使对于受众而言，彼此之间也存在地域、需要、阶级和生活上的个性差异，同一广告对不同受众主体产生的价值也具有差异性。广告总是在特定情境中，对特定的主体产生价值。

（2）广告价值的多维性与全面性

价值的多维性是指个体或个体组织基于不同的目的和过程对客体产生不同的需求，并形成特定的价值关系。以消费者与广告的关系而言，如果消费者此时希望购买一款手机，适时的广告推荐对于消费者而言是有价值的，但是从另一方面来讲，又意味着消费者个人信息的暴露；如果此时消费者没有购买手机

① 余栋华．论价值本质的二重性［J］．唯实，1997（9）：21-24．

② 陈新汉．评价论导论——认识论的一个新领域［M］．上海：上海社会科学院出版社，1995：81．

③ 王玉樑．价值哲学新探［M］．西安：陕西人民教育出版社，1993：163．

④ 李德顺．价值论：一种主体性的研究［M］．北京：中国人民大学出版社，2013：57．

的计划，或者正在工作，广告对于消费者而言就是一种骚扰。广告与政府的关系同样是多维的，当传播国家形象、政策新规的时候，广告是政府的宣传工具；当广告作为监管对象时，政府与广告是监管与被监管的关系。

（3）广告价值的时效性和历时态

首先，作为一种商业传播行为，广告同其他信息一样也具有时效性。广告价值的时效性是指广告在不同的时间对同一主体价值的大小存在差异。以程序化广告为例，如果广告在消费者购买之前投放，信息具有较高的价值；如果消费者已经做出购买行动，再接收到广告其信息价值就大打折扣。其次，广告的价值具有历时态和延迟性，广告的价值有时并不是当时显现的，而是过了很长的时间之后才显现出来。以海尔兄弟广告为例，广告的主要对象是小朋友，但是小朋友并不是家用电器的购买决策人，若干年之后海尔的品牌价值才显现出来。最后，同一媒体的广告价值在不同的时间也是有差异的。以报纸广告为例，报纸曾经是人们最便捷、最具时效性的信息来源，随着移动互联网的发展，报纸的这些优势已然消失，但是报纸信息的权威性和公信力又成为其新的价值点。

（二）广告衍生价值的四个层级

广告是复杂的综合体，广告的价值应涵盖主体性、文化性、经济性、社会性四个方面，广告价值综合表现为经济价值、信息价值、文化价值、娱乐价值、政治价值、社会价值等多个方面。本节根据帕森斯的 AGIL 模型将广告的衍生价值分为行为有机系统（经济价值）、人格系统（专业价值）、社会系统（社会价值）、文化系统（文化价值）四个层级。

广告价值首先表现为文化价值，广告隶属于文化产业，广告的文化价值基于广告的本原价值——信息价值，广告作为信息传播的工具，基本的分析单位是"意义"或者"符号系统"，社会群体的文化关系、文化向往会导致其消费行为。[1] 广告通过与社会成员分享共同的价值观，品牌文化被社会成员内化形成品牌强大的凝聚力。对广告专业本身的发展而言，从奥格威的品牌形象理论到舒尔茨的整合营销传播，都是广告为适应社会发展而进行的深刻的文化革命。因此著者认为在广告的所有衍生价值中，文化价值是第一优先序位。

广告价值的第二优先序位是社会价值。该系统的基本分析单位是"角色互动"，消费者个体存在于一定的社会情境中，并按"满足最优化"的价值取向做出选择和行动。在消费社会中，人们通过消费行为与他人交往形成社会自我，比如在现代社会中人们通过购房形成邻里关系，并进一步影响孩子的受教育权。

---

① 刘泓 . 广告社会学［M］. 武汉：武汉大学出版社，2006：2.

广告是人类发展到丰裕社会的产物，经济的发展是与社会的演进相关联的，也是对社会文化的召唤。①

广告价值的第三优先级是经济价值，基本的分析单位是理性的社会行动者。在广告的双边市场结构中，广告主、媒体、消费者产生直接互动，广告主既是广告的直接服务对象，又是广告经济价值的直接来源；消费者是广告的间接服务对象和广告经济价值的最终来源。虽然广告是"印在纸上的推销术"，但是广告经济价值只有在满足了文化价值和社会价值的基础上才可能实现，这不仅是某一则广告成功与否的决定性因素，也是整个广告产业价值实现的基础。

广告价值的第四优先级是专业价值。广告为了实现文化价值、社会价值、经济价值，必须要有独特的专业核心价值。在工业社会中，基于信息资源的稀缺性，广告通过大众传播消除了社会信息的不对称，创造了独特的专业价值。但是在后工业社会中，随着网络技术的发展，信息泛滥成为新的社会特征。广告的价值在于实现商品和消费者的有效连接，为消费者提供适切的服务。

在广告的所有衍生价值中，文化价值是第一优先序位，广告业作为文化产业的重要组成部分，其社会价值、经济价值的实现主要以文化价值为基础。强调广告的文化价值并不意味着只强调广告的文化价值，而是均衡广告的文化价值、社会价值、经济价值和专业价值。其次，在广告的所有衍生价值中，尽管有些价值项会比另一些价值项更为优先，但在具体的社会情境中，对价值的判断主要依赖于具体情境中主体的需要而定，主体是广告的价值根源。②

第二节　广告的价值根源

一、需求与价值

判断一个产业在社会系统中是否有价值的唯一标准就是看其能否满足顾客需求，为顾客创造价值。基于双边市场的广告业，顾客需求不同于一般的商品，广告面向的直接顾客是广告主，广告业要为广告主创造价值，促进生产效率的提升；广告业面向的最终顾客是消费者，能否为广告主创造价值最终取决于广告能否满足消费者的需求。

---

① 刘泓. 广告社会学［M］. 武汉：武汉大学出版社，2006：2.
② 杨保军. 论新闻的价值根源、构成序列和实现条件［J］. 新闻记者，2020（3）：3-10.

（一）社会需求与广告价值

在计划经济体制下，广告更多是为社会需求服务，是宣传社会主义思想的重要工具，突现社会主义广告为生产、为人民服务的特点。① 从新中国成立到改革开放之前的30年间，由于中国的物资极度匮乏，"凭票购物"是普遍现象，生产与消费之间的信息沟通由国家计划调控，广告沟通产、供、销的信息职能失去其存在的必要性。1956至1966年间，政治广告在上山下乡运动中扮演了重要的角色，政治广告在形式上不断地推陈出新，从大字报、标语牌到忠字舞、语录歌、知青谣、样板戏，可谓百花齐放。广告沉寂的深层原因是生产力的不足和经济体制的制约，计划经济体制下企业失去了发展的动力。②

改革开放之后，中国经济迅速发展，无论是生产领域还是消费领域都对商品流通有着空前的需求，压抑已久的广告也悄然回到人们的生活中，随着社会重心转向经济发展，生产的规模化发展导致商品信息的需求增加，广告的信息价值得以突现。在高度分工的现代社会，由于生产、购买、消费之间的异地性，产供销之间形成产业链条，广告成为沟通产供销的有力武器，成为引导消费和推动社会总资本运转的重要引擎。社会总生产的发展是广告业产生和发展的根本原因。③

（二）消费者需求与广告价值

在商品日益丰富、媒介传播手段日益多样的同时，消费者需求也发生了变化，在物质丰裕和同质化的时代，消费者需求逐渐从物质本身转向价值追求，从需求的满足转向附着在商品上的符号价值。④ 广告不仅要满足人们物质层面的消费需求，更要满足消费者日益丰富和时刻发展的审美需求、观念需求。⑤ 需求结构的调整带来市场规模以及市场结构的深层次变化。社会发展是一个由低级需求到高级需求的演变过程，是一个由物质需求到精神需求、从占有到体验、从共性到个性、从真实到虚拟的过程。技术的发展在满足人的现有需求之后，也带给我们无限遐想；而广告作为一门探索人类需求的学问，在人类发展的不同历史阶段也承担了不同的历史使命。

---

① 陈培爱．中外广告史新编［M］．北京：高等教育出版社，2009：93．

② 寇非．广告·中国（1979-2003）［M］．北京：中国工商出版社，2003：6．

③ 寇非．广告·中国（1979-2003）［M］．北京：中国工商出版社，2003：6．

④ ［法］让·鲍德里亚．消费社会［M］．刘成富，等译．南京：南京大学出版社，2001：58．

⑤ 卜希霆，王宇．整合还是独立——网络时代的广告生存［J］．现代传播，2000（3）：5-10．

　　按照急迫递减规律，消费者需求可以分为必要需求和非必要需求，广告对于这两类需求所发挥的功能是不同的。① 广告对于必要需求发挥告知功能，比如某人身患重疾，如果某医药公司研发出特效药，那么广告对于消费者而言就发挥告知的功能。但是对于超过基本生理需求，有多项选择的消费者而言，广告就会发挥其劝导的功能，比如某人生病，但是对症的药品琳琅满目，面对诸多厂家生产的药品，这时的广告对于消费者就不仅仅是告知的功能，而是起到劝服的功效，帮助消费者在众多的产品中作出选择；在物质丰裕的时代，生产能力大于消费能力，广告具有改变消费者购买行为的作用，并对社会资源的配置和消耗产生重要影响。从消费者需求的角度来看，广告只能劝诱、催化需求，并不能够制造需求。②

　　（三）广告主需求与广告价值

　　广告主对广告的需求主要体现为品牌建设的需要。品牌对企业的重要性不言而喻。首先，品牌可以提升企业的知名度。企业知名度的提高一方面可以带来产品销量的提升，提高企业的竞争力；另一方面，对于企业内部员工而言，品牌知名度高的企业可以增强企业凝聚力，而作为企业的一员可以获得归属感和自豪感。其次，品牌是企业的社会资本。当企业遇到发展瓶颈的时候，企业的社会资本帮助其获得更多的外力帮助，助力企业走出困境。最后，品牌是企业与消费者建立关系的工具。在机器复制的年代，商品工艺的差异性已经微乎其微。品牌成为制造商品文化差异的工具，品牌的价值在于帮助广告主在激烈的市场竞争中，占领消费者的心智。

二、广告推动社会经济发展

（一）广告推动知识价值革命

　　在后工业社会，知识价值的创造已经成为经济增长和企业利润的主要来源，以科技变化为动因，人们的价值观发生变化，社会结构也发生了变化。在生产力水平尚不发达且信息不对称的工业社会初期，广告的价值表现在沟通产销和促进商品流通。但是随着社会生产力水平的提高和互联网的应用，广告的价值发生了变迁，广告成为将文化劳动与物质生产融为一体的奇特的力量，价格也

---

① ［美］哈罗德·拉斯韦尔. 社会传播的结构与功能 ［M］. 何道宽，译. 北京：中国传媒大学出版社，2015：50.

② ［美］加耳布雷思. 丰裕社会 ［M］. 徐世平，译. 上海：上海人民出版社，1965：129
　　−136.

可以通过品牌价值的增加而提升，这部分品牌价值似乎跟劳动没有关系，但是它已经成为商品生产的重要环节。以咖啡为例，它不仅是一杯饮料，作为我们日常生活的一部分，它还具有象征意义，与喝咖啡相关的仪式通常比喝咖啡更为重要。①

广告业正在将知识封闭化、私有化，或将其转变为商品。② 文化劳动属于生产力的范畴，它物化于生产过程中，并在某种程度上影响着生产关系的变化。知识无疑是有价格的，知识产权的兴起是当代资本主义的重要特征。在后工业社会，一方面，知识生产活动具有高社会收益，鼓励广告应用于知识价值创造；另一方面，在以知识为基础的资本主义社会中，劳动转变为认知能力，外在于工业生产线的劳动（例如设计和市场营销）变成了资本内部最为核心且充满张力的要素，知识价值成为资本主义不断创新的力量源泉。③

（二）广告是电子信息产业的先导性产业

广告业蕴藏着新产业的诞生，是电子信息产业形成与发展的驱动力量。除了信息价值和文化价值，广告对现代社会的更大价值是推动电子信息产业的发展。产业创新的基础是在原有技术的基础上扩张性的技术创新，为消费者提供创新的产品和服务。广播、电视媒体等电子信息产业以广告为主要收入来源，将赚取的广告费用于提高电子设备的便携性和电视媒体的硬件质量，奠定了电子信息产业的基础。④ 技术创新催生出新的产品和服务，数字电视、车载广播、网络电视应运而生，更多性能好、价格低的新产品利用互联网平台发展出各种创新的业务空间。⑤ 在双边市场下，广告作为大众传媒的主要经济来源，同时也是互联网企业的重要商业模式，对电子信息产业的发展具有重要的推动作用。

---

① ［英］安东尼·吉登斯，菲利普·萨顿. 社会学（第七版）［M］，赵旭东，等译. 北京：北京大学出版社，2015：4.

② ［美］大卫·哈维. 马克思与《资本论》［M］，周大昕，译. 北京：中信出版集团，2018：151.

③ 黄玮杰. 一般智力、价值形式与激进辩证法［J］. 贵州师范大学学报（社会科学版），2018（2）：34-40.

④ 刘戈. 广播在美国的崛起［EB/OL］.（2010-12-25）［2020-06-07］. https：//www.tmtpost. com/496577. html.

⑤ 单元媛. 高技术产业融合成长研究［D］. 武汉：武汉理工大学，2010.

三、广告推动社会文化发展

（一）广告在不同历史阶段倡导不同社会准则和行为规范

生产力发展水平决定社会结构的变革，广告以其特有的文化张力，在不同历史阶段倡导不同的社会准则和行为规范，全面参与社会生活的建构，引领时尚潮流，改变人们的生活方式与价值判断标准，指导消费者自我认同。1978—2008 年间，中国依靠高投资、快出口推动经济高速发展，在此期间《节约用水》公益广告成为广告史上的经典之作，这则广告的成功并不在于它的制作多么精美，而是它所倡导的行为规范符合我国当时的国情。改革开放使一部分人先富起来，但是整个国家还没有摆脱贫困，因此在这种情况下，广告倡导节约的行为规范。这一时期的商业广告从品类来看，日化用品、食品饮料、家用电器占据较高的市场份额，广告多强调产品质量。2008 年全球金融危机，投资出口主导、消费短板的增长模式严重制约了中国经济的发展，"十三五"期间确定了消费驱动型经济发展模式。广告宣传也由倡导节约转向指导消费，广告引诱女生购买昂贵的奢侈品牌，也倡导女性要独立自强；广告向人们宣示拥有汽车是梦想实现的出发点，拥有房子是家庭幸福的标志；广告还让人们了解到碳酸饮料能带给人快乐，而果蔬饮品则更为健康。广告将源源不断的新发明带进人们的生活，像电动牙刷、智能手机、破壁机，广告告诉人们拥有这些产品能够获得更多的健康和幸福。

（二）广告对消费行为与社会礼仪的强化与构建

消费行为是与社会礼仪密切相关的，亚当·史密斯在《国富论》中曾写道，如果出席公众场合没穿亚麻衬衫，即便是一位劳工也会觉得丢脸。[①] 在中国传统文化中衣着得体也是重要的礼仪，《礼记·冠义》中记载："冠者，礼之始也。"孔子的弟子子路在生命的最后一刻整理好自己的冠缨，说："君子死，冠不免。"子路即使在生命的最后一刻也表现出儒家的风范，冠在儒家文化中是风骨和身份的象征。广告对于消费礼仪起到强化的作用，比如脑白金广告强化了中国文化中过年送礼的消费行为和春节拜年的社会礼仪，虽然这则广告受到的批判很多，但是从广告效果的角度讲它确实抓住了消费者的心理。

在现代的社交礼仪中，女性出席重要场合要化淡妆，不化妆会被认为是不合礼仪的行为，女明星甚至不能穿同一件礼服出席不同的场合，而这种社交礼

---

① ［美］朱丽叶·斯格尔. 过度消费的美国人［M］. 尹雪姣，等译. 重庆：重庆大学出版社，2010：8

仪正在慢慢地向普通民众蔓延。在社会交往中，需要把握好消费主义和社交礼仪之间的度，当消费超越个人的承担能力，一味追求炫富和毫无节制的物质享受，在消费中迷失自我，抛弃个人的价值理想，将拥有物质财富当作成功的唯一标准和终极追求时，社交礼仪便成为消费主义。鲍德里亚认为，广告的出现导致消费主义的盛行，消费的目的不再是商品本身而是商品背后的象征性符码意义。① 随着人们生活水平的提高，区别消费主义和社交礼仪的标准并不在于是否以符号为消费对象，而更应该关注消费者的心态，看是否能够正视消费与个人价值的关系。

（三）广告对社会区隔的重构

在消费社会，人们通过品牌附着于商品之上的符号来获得身份的认同，品牌符号直接彰显社会身份，引领社会风尚和审美潮流。人们的审美取向、审美趣味受到电视、潮流杂志的影响。在传统媒介中电视对消费者的感官刺激性最强，因此是最为有效的社会区隔构建途径。电视时代的这种社会区隔建构一直延续至互联网视频中。电视剧中男女主角所使用的物品、明星代言的产品，往往会成为消费者争相拥有的同款。通过电视广告中的视觉符号、声音符号赋予商品以审美内涵，消费者获知、认同进而购买商品，通过商品消费形成趣缘群体。

在消费社会中，人们的身份并非与生俱来或者终生不变的，人们通过消费具有象征意义上的商品获取身份想象，寻求自我身份认同，完成社会区隔。② 广告在构建商品象征意义方面发挥了很大的功效，商品成为消费者个人身份表达和形成社会差异的重要工具。凡勃仑指出，消费是富有阶层的人们确立社会地位的一种手段，他们通过消费彰显安逸、炫耀财富。在传统社会中，社会阶层以个人在生产关系中所处的地位为划分标准，在消费社会中，广告成为划分新的社会格局、整合社会秩序的力量。广告劝诱消费者商品是有品质差异的，购买行为可以增加幸福感，赢得别人的尊重。③ 广告从深层对人的意识进行麻醉，劝导人们通过消费掩盖或补偿生活中遭遇的不愉快的事情。这从深层本质上揭示了广告的意识形态性及广告对人的精神麻醉作用。

---

① ［法］让·鲍德里亚. 消费社会［M］. 刘成富，等译. 南京：南京大学出版社，2014：7.

② 张殿元. 阶层区隔：广告传播的社会学批判［J］. 山西大学学报（哲学社会科学版），2005（6）：101-106.

③ 刘泓. 广告社会学［M］. 武汉：武汉大学出版社，2006：1-2.

（四）广告对家庭伦理的强化与重构

广告在商品拜物教中起布道的作用，赋予商品象征性价值，使商品获得神奇的文化力量，正如星巴克成为都市生活的象征，钻石成为爱情的符码。① 广告通过建构幸福的生活范式，从更深层影响消费者的行为方式。在电影《琼斯一家人》中，某公司的销售团队组成人们理想中的中产阶级生活样板，丈夫擅长各种运动、多金潇洒，妻子保养得当、出入各种高级会所，女儿知书达理、长相漂亮，儿子成绩优秀、拥有令同伴羡慕的最酷的电子产品。琼斯一家人很快成为镇上的明星家庭，他们通过派对的方式以朋友的身份向人们推广他们的"幸福生活"，小镇居民纷纷仿效，琼斯一家人的销售业绩节节攀升。广告的示范效应所产生的文化价值对消费者的影响比直接的降价促销更为深刻和有力。广告通过对社会生活方式、价值观念的建构从更深层上改变人们的社会观念，进而影响人们的消费行为。②

近年来，随着女性社会地位的提高和学界对广告中性别的批判性思考，广告中的男性角色发生了很大的变化。以立白洗衣粉1997年和2016年的两则广告为例，立白作为家庭清洁用品，其广告语为"不伤手的立白"。在1997年的广告中，陈佩斯在出海关时因为带了太多的立白洗衣粉险些被抓，广告语是"这是我老婆让我带的"。在传统认知中，人们习惯认为女性是家务的主要承担者，甚至男性购买洗衣粉都是一种偷偷摸摸的搞笑行为。在2016年的广告中，陈佩斯在把老婆的衣服弄脏之后，亲自动手把衣服洗干净，男性大大方方地参与家务劳动。广告是社会的一面镜子，虽然广告在男女家庭角色的重构中发挥的功效是有限的，但是不可否认，广告已经对家庭角色的重构贡献了自己的一份力量。

广告所传递的消费文化正在重塑人们的婚恋价值观。中国传统价值观认为，在家庭结构中男主外女主内，男性是家庭经济的主要来源，女性必须选择好的伴侣才会幸福，但是随着女性社会地位的提高，这种观点正在被摒弃。在台湾Pay Easy购物网站的广告中，女主在男友三番五次"下次买给你喽"之后，毅然自己买单，并将男友删除，打出"期待下一次，不如靠自己——新女性、新价值"的广告语。2016年SK-Ⅱ打破传统观点，未婚独立女性收入可观、颜值在线，是高端化妆品的目标用户，婚姻不再是她们的唯一生活方式，她们可以为自己买单，品牌倡导女性勇敢活出自己，以此赢得她们对品牌的忠诚。广告

---

① 吴辉. 广告学研究：从文化的角度向深层掘进［J］. 新闻记者，2009（2）：92-94.

② 吴辉. 广告学研究：从文化的角度向深层掘进［J］. 新闻记者，2009（2）：92-94.

播出后，广告中的女生泪眼婆娑地讲述自己的故事，被网友评价卖惨、博取同情，不符合独立的女性人设，但是 SK-Ⅱ敢于在广告中对传统婚恋观提出挑战，这本身就是一种进步，而广告作为热门话题引发关注也在情理之中。

广告对幸福生活的定义，对青年的择偶标准也产生了很大的影响。广告中幸福生活的标准是俊男靓女，但是现实生活中往往很难遇到完美恋人，广告以及与之相关的影视娱乐产业的兴盛是导致青年择偶困难的重要原因。男性观众在观看漂亮的模特后，普通女性对他们的吸引力就会降低。换句话说，具有高度吸引力的个人的图像会导致观看者将其他普通人的吸引力评比为更低的等级。此外，暴露于极具吸引力的图像会对受试者的自我形象认知产生负面影响，导致其自信心的下降。

（五）广告对于社会结构的重构

广告鼓励消费者通过购物的方式实现内心的渴望，同时广告还是新的生活方式的推广者。① 广告已经获得同作家、教师同等地位的人类灵魂工程师的称号。② 广告传播提供"社会模特"供人模仿，它不仅引领时代潮流，还倡导健康的生活观念。在移动互联网时代，广告通过信息传递，将全球文化和时尚潮流无差异地传递给各个角落的人，改变了传统的城乡二元结构。③ 在传统媒体时代，人们基于地缘形成共同的生活群体，大众传播和人际传播是人们获取信息的主要来源，由于受到圈层的局限，人们接触到的往往是与自己有相同背景的群体，城乡二元差异不仅仅表现在经济方面，更表现为信息差异，传播学的知沟理论对此有着深入的研究和论述。在移动互联网时代，人们的社交半径扩大，相识相知不仅局限于地缘，还通过移动互联网将品牌信息传递给用户，鼓励他们参与互动。

四、广告与企业的相互成就

现代意义上的广告，无论从广告定义的角度还是广告活动价值的角度，都是围绕着广告主的需求进行理解和调整的，而广告主的需求又是随着传播环境和市场环境的变化而变化的。产业链中最重要的环节并非剩余价值的生产，而

---

① ［美］杰克逊·李尔斯. 丰裕的寓言：美国广告文化史［M］. 任海龙，译. 上海：上海人民出版社，2005：1.

② 陶东风. 广告的文化解读［J］. 首都师范大学学报（社会科学版），2001（6）：68-85.

③ 吕文婷. 移动互联网已经重新定义了广告——专访中国传媒大学博士生导师、国家广告研究院院长丁俊杰［J］. 中国广告，2015（6）：76-77.

是剩余价值的实现。非物质劳动是协助企业加速剩余价值实现的手段。①

广告无国界。广告业的发展与民族品牌的成功是相辅相成的。品牌走出去的前提是本土市场的成功，相当多的民族企业已经在国内站稳脚跟，品牌全球化将是中国经济发展的下一个目标，广告业正在协助民族企业走向国际，与他们共同完成品牌全球化的过程。② 在品牌全球化的过程中，广告先行、文化先行，这是日本企业带给我们的启示。改革开放初期，日本的索尼、东芝、富士等品牌来到中国，日本电通广告公司是早期进入中国的外资广告公司。

（一）广告塑造品牌，助力企业成长

广告国际化是推动品牌全球化的重要力量。改革开放初期，稚嫩的中国广告业为经济发展及对外贸易作出了有益的贡献。一条广告救活一个企业绝不是神话，1981 年广西柳州牙膏厂扭转乾坤，广告使"两面针"成为妇孺皆知的品牌，销量节节攀升。1984 年洛杉矶奥运会成就中国女排和许海峰、李宁等运动员的同时，中国魔水"健力宝"也成为奥运会的超级明星。③ 20 世纪 80 年代初，中国广告业尚未成熟，"点子公司"成为广告公司的代名词，广告作品存在粗制滥造等问题，甚至在广告姓资还是姓社的问题上争论不休，但是不得不说，广告在中国经济恢复、引进国外先进营销理论、拓展中国企业国际化视野等方面意义重大。

（二）助力企业引进先进的营销传播理念

进入 20 世纪 90 年代后，中国广告业逐渐成熟，在跨国广告公司侵入中国市场的同时，也为中国带来先进的广告理论，定位、市场调查、市场细分、整合营销传播等广告专业术语开始进入中国。本土广告公司助力中国企业塑造了太阳神、维维豆奶、中国联通、浪潮电脑等民族品牌。但是这一时期的广告仍然处在传统广告时期，具体表现为广告并未深度参与企业经营，广告只是企业扩大销售的工具，人们对广告的认知还局限于单一的广告设计，当时的广告人大多是美术专业出身，比如当时最著名的黑马广告公司创始人张小平和白马广告公司的创始人韩子定都是美术专业出身。

（三）广告肩负着孵化商业创意的使命

进 21 世纪以后，逆向营销思维广泛应用。逆向营销简单来说就是先做营

①　HARVEY D. Class-monopoly Rent, Finance Capital and the Urban Revolution ［J］. *Regional Studies*, 1974, 8（3-4）：239.

②　宋秩铭. 中国企业品牌与广告公司的全球化［J］. 国际广告，2010（2）：18-20.

③　寇非. 广告·中国（1979-2003）［M］. 北京：中国工商出版社，2003：15-31.

销，赢得市场，再进行生产，广告业肩负起孵化商业创意的新使命。2017 年热播剧《三生三世十里桃花》带火了白酒品牌"桃花醉"，事实上这是编剧杜撰的一款酒，并无现实产品，但是泸州老窖与剧组达成了内容营销的合作，并结合桃花醉的品牌调性专门打造一款新的产品——桃花醉酒。这款产品从产品设计到包装都是以年轻女性为目标消费群体，首先从产品设计来看，是一款果汁型白酒，果汁含量超过 50%；其次从包装设计来看，采用白底粉色系列，完全打破了传统白酒的形象。

（四）广告通过提升品牌竞争力，确保品牌为客户创造价值的能力

在激烈的市场竞争下，竞争品牌不断地涌入市场，从理论上来讲，竞争品牌的进入会分割原有市场，造成产品销量下降，但是广告可以延缓这一过程，并说服消费者支付更高的价格来购买广告品牌。保持产品价格是品牌营销的价值所在，是提升品牌持久竞争力的重要因素。约翰·琼斯在《广告何时有效》中对比了 142 个品牌（80 种有广告，62 种没有广告），研究发现大部分品牌的销量从长期来看没有明显波动，但是有广告的品牌市场占有率明显高于无广告的品牌，也就是说，有广告的品牌更容易通过规模经济获取较大的利润；其次，有广告的品牌单价会高于无广告的品牌，有广告的品牌相较于没有广告的品牌价格高出 14%,① 无广告的品牌更多的是通过促销来推进销售，这对品牌的品质而言是一种极大的伤害。②

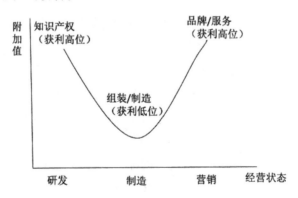

图 3-1　企业微笑曲线模型

在科技日新月异的今天，创新能力无论对新进企业还是老牌企业都有非常

---

① ［美］约翰·菲利普·琼斯 . 广告何时有效 ［M］. 杨忠川，译 . 呼和浩特：内蒙古人民出版社，1998：54.

② 施振荣 . 微笑曲线——缔造永续企业的王道 ［M］. 上海：复旦大学出版社，2014：17.

重要的价值和现实意义，但是创新需要企业付出巨大的创新成本。对于企业而言，保持强劲的竞争能力是企业为顾客持续创造价值的前提。广告对于企业而言，首先有利于企业保持盈利能力，为后续的创新提供坚实的后盾；其次，广告市场调查辅助企业创新，有助于企业把握正确的创新方向；第三，创新产品扩散离不开广告宣传。无论是新进企业还是老牌企业，广告都是企业竞争的有力工具，广告可以产生正外部效应。因为广告对品牌的效果是长期的且有质化的影响，所以广告影响消费者对品牌价格的预期。广告对品牌形象具有积累性，对创新产品的扩散取决于品牌已经积累的知名度和美誉度，品牌被传播的范围越广，产生的网络正外部性也就越强。

（五）广告投放是一种避险思维

（1）品牌的新角色是信用机制

信用机制在本质上就是为了长远利益放弃眼前的诱惑。在竞争的市场上，为他人创造价值，是实现自己利益的最好手段。[①] 在信息泛滥的互联网时代，品牌的信用机制对于消费者而言可以降低交易成本，减少信息搜寻成本，解决商家和消费者之间的质量信息不对称等问题。信用机制对企业而言是重要的无形资产，它并不能独立存在，只能依附于企业、品牌等载体。信用并不是与生俱来的，而是通过广告等信息传播方式累积形成的。在双边市场上信用具有网络外部性，平台的信用会对企业形成背书效应，而企业的信用也同样会对平台产生影响，平台、企业之间相互监督、相互作用，进而带动整个交易环境的良性循环。以京东、唯品会等网络平台为例，通过打造自营网络，以平台信誉为产品背书，在淘宝短视频直播平台上，利用网红的素人身份与用户之间建立了朋友般的天然信任关系，这种信任便会转移到商品上，如李子柒独具特色的田园生活通过短视频内容营销的方式，树立了返璞归真的品牌形象，赢得了消费者的信任。

（2）品牌故事是一种避险思维

通过广告讲述品牌故事事实上就是一种避险思维。以1989年的希望工程项目为例，如果我们直接去跟受众讲大道理，受众会认为你说的是对的，但是这件事离我很遥远；但是当一双明亮的充满求知欲的大眼睛出现在受众面前的时候，公益就变成与我们每个人都息息相关。再比如提到褚橙，我们想到的不是褚橙有多么甘甜，而是它背后的故事励志、感人。品牌故事是一种避险思维，避免品牌与消费者站在对立的两侧，它通过讲故事的方式让受众自己得出结论，

---

① 张维迎．经济学原理［M］．西安：西北大学出版社，2015：345．

受众虽然不喜欢被说教，但是人人都喜欢听故事。通过品牌故事所传递的品牌价值，将消费者与品牌的情感联系在一起。互联网时代基于算法和大数据的程序化投放广告以其时效性、精准性优势对传统广告范式提出挑战，甚至直言传统广告将死，然而互联网巨头在侵蚀了传统媒体大量市场份额的同时，自己却成为传统媒体重要的广告来源。自 2015 年微信摇一摇与春晚深度合作并大获全胜之后，春晚成为互联网巨头的必争之地。2017 年支付宝花费 2.69 亿元的巨资夺取春晚的合作权。① 无独有偶，美国的苹果公司作为一家互联网企业最擅长的就是讲述品牌故事，通过 1984、不同凡响、Get a Mac 等一系列品牌故事输出品牌理念。

（3）品牌力降低市场周期性衰落给企业带来的影响

在 2020 年世界经济遭遇危机的时刻，企业不得不重新认识品牌力对企业的重要性。在危机来临时，消费者需求下降导致广告转化率大打折扣，因而在此情况下广告主会削减广告预算，根据尼尔森网联发布的数据显示，2020 年第一季度，中国整体广告市场投放总量同比下降 25.5%。然而 2008 年金融危机之后，保罗·戴森经过研究发现，在萧条期缩减广告预算的企业，要想恢复之前的销售水平需要将广告预算提高 60% 左右。②

根据美国《商业周刊》公布的品牌价值排行榜，可口可乐曾经多年蝉联榜首，虽然最近几年互联网企业强势发展壮大，可口可乐依然在世界品牌价值排行榜中名列前茅。企业的品牌价值与股市价格相比更具稳定性，这也再次证明了一个强劲的品牌及其内在品质是企业的重要资产，能够提高企业的收益，为企业带来强劲的推动力，降低市场周期性衰退带来的影响。越来越多的企业开始形成共识，品牌建设在为企业带来销量增长的同时也能在危机时刻体现企业的避险思维。

（六）广告主对广告业的反塑造功能

（1）广告主对广告公司的反塑造

广告主与广告公司最直接的关系是服务与被服务，通常我们认为广告公司是企业的外脑，它在以专业的身份帮助企业解决问题甚至化解危机。广告公司成就广告主的案例比比皆是，从白加黑到舒肤佳，从农夫山泉到动感地带，广告塑造了无数脍炙人口的品牌。然而在广告行业内，却把广告主称为"甲方爸

---

① 数据来源：每年的春晚广告有多贵？每秒 572 万广告主们也觉得值［EB/OL］. （2019-01-30）［2020-07-21］. https://www. sohu. com/a/292215363_ 100079948.

② 寻空. 疫情期间该不该缩减广告预算？不该！［EB/OL］. （2020-02-20）［2020-10-20］. http://finance. sina. com. cn/review/jcgc/2020-02-20/doc-iimxxstf2971007. shtml

爸"，事实上广告主对广告公司有着很强的反塑造能力，甚至有些广告公司本身就是广告主创办的，比如成立于 1899 年的灵狮广告公司是英国 Lever Brothers 香皂公司（联合利华的前身）的 In-house 广告公司。在数字媒体时代随着广告在企业竞争中重要性的提升和广告费用的增长，宝洁、苹果、丰田、麦当劳、万豪国际酒店、联合利华、百事、花旗等大品牌纷纷成立了自己的 In-house 团队。一方面可以为广告主节省费用，更好地为品牌服务，另一方面，数字媒体时代对广告时效的要求更高，In-house 模式可以降低沟通成本，及时应对市场的瞬息万变。

广告主对广告公司的反塑造还表现为广告公司为了满足客户的需求而不断提升自己的技能。以群邑旗下的数据驱动型广告公司 Essence 为例，它是一家完全颠覆我们对传统广告认知的广告公司。Essence 中国区策略副总裁赵晨说，Essence 在很大程度上是被客户 Google 塑造出来的。① 谷歌本身就是全球最大的数字网络广告平台，Essence 为谷歌提供自有网络之外的推广服务，在实践中 Essence 基于谷歌产品高度智能化的特征形成自己的产品、方法论，并将之运用于其他客户服务，帮助客户运用数据驱动的解决方案实现业务增长。正是谷歌这样的客户将 Essence 塑造为一家在整体数据和测量方面具有独特服务优势的广告公司。

（2）广告主对传播媒介的反塑造

在新媒体环境下，媒介根据受众的兴趣和生活轨迹将其分成不同的细分群体并贴上标签，通过媒体内容发展用户独特的观看、阅读和收听习惯。起初我们认为媒介细分是媒介迎合受众需求的结果，但是约瑟夫·塔洛通过研究发现广告主对美国人口的思考塑造了现代媒介，这种现象不仅局限于美国，而是一种全球媒介发展的趋向。媒体的这种运作方式将社会生活形态的隔离推向深入，敦促个人留在他们自己构筑的世界中而远离他人的生活。在市场的驱动下，以各式各样的标签将社会不断细分，其后果是个人被媒介社区所控制，失去了了解其他人的机会。社会系统的平衡与和谐相处是社会演进的动力，而媒介市场的日益分化加剧了群体间的隔离和分化。② 广告主的所作所为赋予了他们对媒介系统结构的控制力。广告主通过赞助新型媒介工具达到控制的目的。媒体在推出一本新杂志、一个新有线电视频道和一个新的网站的时候，必须考虑广告主

---

① 林莹. Essence：在影响世界格局的市场发挥重要价值［J］. 中国广告，2020（1）：86-87.

② ［美］约瑟夫·塔洛. 分割美国：广告与新媒介世界［M］. 洪兵，译. 北京：华夏出版社，2003：7.

的需求。广告主的赞助行为对于消费者而言也并非完全无益，能够让消费者免费使用微信、微博、Facebook、谷歌等很多东西。

（七）广告促进企业承担社会责任

企业作为社会系统中的子系统，要获得持久的发展需要与社会和谐相处，保持与社会系统中其他子系统的良好关系。公益广告是企业承担社会责任、提升企业形象、赢得公众信任、获得良好社会声誉的重要方式，公益传播越来越成为企业践行公共关系和广告宣传的重要方式。公益广告是企业参与公益事业的方式之一，企业围绕人们共同关注的热点问题以广告的方式向社会发出倡议，比如蒙牛提出"每天一斤奶，强壮中国人"的广告语，并向贫困小学免费提供新鲜牛奶，在倡导健康生活方式的同时又支持公益。企业在承担社会责任的同时既推广了产品，又树立了良好的企业形象，可谓一举两得。

五、广告满足个人消费需求

产品和服务的吸引力是理性和情感因素的融合，单纯关注"物有所值"的价值结构过于狭窄，价格和质量以外的其他维度在消费决策中发挥着越来越重要的作用。Sheth 等认为消费者的选择受到多种消费函数价值维度的影响，并且这些函数在不同情境中有不同的比重，影响消费者感知的五个价值维度分别是社交、情感、功能、认知价值和条件价值。[①] 本节结合消费者的需求特征分析广告对于消费者的价值。

（一）消费需求的情景化

消费者在不同的历史阶段，需求结构也有所差异，对于需求结构的分析通常有两个维度，一是微观角度，即对某个消费者需求状况的分析；二是宏观角度，即分析整个社会需求结构的特征及变化趋势。以消费者对服装的需求为例，消费者需求结构呈现从粗放到细分的特征。改革开放初期，消费者的需求是穿得暖，布料结实，甚至要求衣服颜色统一为低调的灰、蓝、黑色。进入20世纪80年代，人们开始追求服装的样式，喇叭裤、高跟鞋成为时尚的标准。随着时代的变迁，服饰成为重要的日常礼仪。在工作日，消费者穿西服等正装上班，社交礼仪要求在一周内不重复穿同一件衣服，否则就会被认为不讲卫生；下班之后人们会换上休闲服饰；回家之后，人们会换上舒服的家居服。而基于不同的兴趣爱好，消费者还会有不同的装备的需求，户外运动的消费者会购买舒适、

---

① SHETH J N, NEWMAN B I, GNSS B L. Why We Buy What We Buy: A Theory of Consumption Values [J]. *Journal of Business Research*, 1991, 22（March）: 159-170.

耐磨、速干、保温的户外运动装备，跳舞的人会购买全套的舞蹈装备和表演服饰。

这些基于情境的消费需求既是微观的个体需求差异，也是社会发展带来的宏观市场结构的变化。广告业的价值在于关注消费需求的演变并为消费者提供价值关切。营销创新的核心是超越顾客的需求。广告业帮助企业洞察市场需求并提前进入市场，获取率先的时间（速度）收益。① 以李子柒品牌为例，在满目皆是工业化、现代化的今天，品牌定位回归田园生活、慢生活，具有很强的文化价值，这是一种消费者可望而不可即的生活，消费者虽然向往诗和远方，但是很少愿意真的放弃现在的生活回归田园。食品安全问题是工业化之后社会普遍关注的问题，每年媒体都会曝光与食品安全相关的事件，而食品安全问题涉及每个个体的健康，李子柒的品牌事实上进入了一个人们普遍关注但是最容易被忽视的细分市场，具有很大的市场开拓空间。广告的价值是基于消费者的需求结构为他们提供适当的信息，满足消费者在不同情境下的消费需求。② 广告功能的发展经历了从告知到劝服再到告知的阶段，后两个阶段都是基于情境来满足消费者的需求。广告业发展早期，告知式广告主要解决供给侧和需求侧信息不对称的问题；劝服式广告为商品设置某种使用情境，构筑商品的意义价值，促使消费者从单纯对商品功能价值的追求转向对商品情感价值的考量，消费者开始追求商品的精神内涵和文化价值。③

（二）消费者需求的 VUCA

随着商品经济的发展，消费者的选择越来越多元化。当商品越来越丰富、消费者的可选择性越来越多的时候，消费者对于自己需求的认知并没有随之清晰，而是呈现出 VUCA 的特征。需求的满足不仅限于物质层面，而是涉及情感价值、社交价值等多个层面，消费者有时会在无意识的状态下接受某种流行的社会风尚。④ 广告的价值在于帮助消费者厘清需求，实现生产、传播、消费的重构与创新整合，最终达到企业生产和消费需求的最优配置。具体而言，需要做到以下几点：一是以互联网对消费者的赋能为切入点，实现企业与消费者关系

---

① 施炜. 连接——顾客价值时代的营销战略［M］. 北京：中国人民大学出版社，2018：29.

② 施炜. 连接——顾客价值时代的营销战略［M］. 北京：中国人民大学出版社，2018：8.

③ 张殿元. 阶层区隔：广告传播的社会学批判［J］. 山西大学学报（哲学社会科学版），2005（6）：101-106.

④ ［法］鲍德里亚. 消费社会［M］. 刘成富，全志钢，译. 南京：南京大学出版社，2000：59.

的转变，从单向传播到双向沟通；二是以满足消费者需求为终点，拓展顾客参与价值创造的空间。①

（1）消费者需求的易变性（Volatile）

消费者需求受到宏观经济环境和信息环境的影响，既容易被塑造和影响，又容易转移和变形。在传统媒体时期，企业通过整合营销的方式，在不同的传播渠道发出同一个声音，塑造统一的品牌形象，占领消费者的心智。广告对消费者具有很强的影响力，甚至消费者在大众媒体的驱动下可以不假思索地选择广告品牌。当品牌的宣传力度下降之后，消费的愿望和冲动就会下降，甚至品牌很快就会淡出人们的视野，受众就会被新的广告宣传吸引去追逐新的产品。在移动互联网时代，原本分离的传播链和流通链融合为顾客的交互链，② 营销链路变短，品牌通过与网红合作，掀起全民热潮。在短视频时代品牌传播不仅限于信息传递，而是通过一些老少皆宜的活动，让用户参与到品牌 UGC 的互动中，实现传播链的价值共创。营销链路越短，受众就越会无意识地受到广告信息的影响，丧失对信息的理性思考。

（2）消费者需求的不确定性（Uncertainty）

需求是一个动态的过程，受到多重因素的影响，需求会随着个体经验、媒介环境、社会影响、与他人的相互作用而改变。③ 消费需求具有偶然性，在一定的外部刺激下，消费者才能感知到自己的需求，这种需求不会显示出来，我们也无从把握。消费需求具有流动性，它会随着时代不断变化，在 20 世纪 90 年代，楼上楼下电视电话是现代化标志，到现在已经很少有家庭安装固定电话了，传统电视被数字电视所取代。消费者需求最吊诡的是，从过去的事实往往不能判断未来的发展趋势。消费者从广告中看到某品牌的手机性能优越、外观时尚，当他去到卖场时，恰好遇到竞争品牌在打折促销，这时消费者可能会放弃广告品牌而转向打折商品。但是当广告品牌和竞争品牌同时打折时，消费者可能会坚持选择广告品牌。消费需求的不确定性还表现为消费行为的模仿性和从众性。当看到朋友购买了名牌包包时，自己内心会渴望同样的甚至更贵的包包，很多人在潮流面前缺乏独立清晰的判断能力，反而成为物欲的奴隶，逐渐迷失自我。

---

① 武晓丽．价值共创机制下出版产业的非线性转型［J］．出版科学，2023（1）：50-56.

② 施炜．连接——顾客价值时代的营销战略［M］．北京：中国人民大学出版社，2018：7.

③ ［美］利昂·G．希夫曼，莱斯利·拉扎尔·卡纽克，约瑟夫·维森布利特．消费者行为学［M］．江林，等译．北京：中国人民大学出版社，2011：91.

（3）消费者需求的复杂性（Complexity）

需求是一个结构，每个消费者对产品、服务都有自己的判断标准和选择优先级，通常消费者并不会单一考量商品的某一属性，他们对商品的需求呈现结构化的特征。[①] 自营销理论创立以来，消费者的需求变量一直在不断丰富：从产品的功能价值（质量、性能、款式、质地、味道、审美），到产品的社交价值（身份象征、结交朋友、价值认同、炫耀、修身养性、陶冶情操），乃至消费的情感价值（怀旧情怀、企业精神、风俗习惯、传统文化），甚至系统价值（性价比、感知利得、感知利失）。同样的产品，它的使用功能是一样的，但是会给消费者带来截然不同的使用体验，品牌带来的意义远大于产品本身。对顾客需求结构细分的过程，每增加一个价值维度，就意味着增加了一个顾客关注点和趣缘群体，也意味着顾客人群和需求集合倍增，需求结构变得更加复杂。[②] 随着产品结构和社会结构的变迁，消费者分类变量一直在不断丰富，根据消费者的个体属性（感性→理性）和社会阶层（低→高），可以将消费需求分为九种基本类型。[③]

表 3-1 消费需求九种基本类型

冲动型：收入较低，但是对于消费没有节制和规划，有很强的购物欲，甚至会将信用卡刷爆	消费者主义：对品牌象征意义的关注超过实用价值。相信品牌能为自己带来社会地位的提升和情感的支持	女主型：有很高的收入，像明星一样消费，并借此获得他人的关注
勤俭型：收入较低，合理安排收入，注重商品的性价比	平衡型：能很好地平衡工作、婚姻和家庭，能很好地支配收入与消费，凭借较高的收入允许决策偶尔失误	鼓励型：信赖传统品牌，并乐于尝试新的品牌和产品
挣扎型：收入较低，为了生存可能会拒绝很多需求，对自己的生活有很多负面情绪	禁欲主义者：通常与社会或文化相关，禁止物质享受	保护型：拥有较高的收入和受教育水平，是十分理智和从容的决策者，自我保护意识强，抵制媒体和市场信息的影响

[①] 施炜. 连接——顾客价值时代的营销战略［M］. 北京：中国人民大学出版社，2018：17.

[②] 施炜. 连接——顾客价值时代的营销战略［M］. 北京：中国人民大学出版社，2018：23.

[③] ［美］利昂·G. 希夫曼，莱斯利·拉扎尔·卡纽克，约瑟夫·维森布利特. 消费者行为学［M］. 江林，等译. 北京：中国人民大学出版社，2011：276.

（4）消费者需求的模糊性（Ambiguity）

需求是模糊的。消费者有时候也不知道自己究竟需要什么，顾客对自身需求和外部供给缺乏审视、分析和判断能力。[①] 信息环境混沌、嘈杂或生疏，使之无法辨认哪些供给契合自己的需求，甚至消费者的需求本身存在矛盾，工业化生产代表高精度和标准化，手工生产代表着个性化和独特性，但是消费者既希望商品有机器生产的高精度又希望有手工生产的独特性；奢侈品牌将受众定位为社会地位较高的人群，通常社会地位需要资历的积累，但是随着中国市场的崛起，越来越多的年轻人加入到奢侈品消费的行列，他们既希望彰显大气、端庄的格调，又希望富有青春气息，内敛中透出激情，为了占领市场，奢侈品牌也在迎合年轻人的需求；内在价值是指产品的质量、性能等物质层面的价值，外在价值是指附着在产品上的情感、审美、社交等因素，新兴的中产阶层希望产品既物有所值，又体现自己的品位和格调。营销链路越短，消费者的理性程度越低，可以将消费者的冲动型消费视为主体性的丧失。

工业化浪潮下，我们从一个物质匮乏的时代走向一个产能过剩的时代，移动互联网浪潮袭来，我们从一个信息匮乏的时代走向了一个信息过剩的时代。信息过剩并不意味着消费者可以摆脱选择的易变性、模糊性和不确定性，而是意味着信息选择和信息处理的成本越来越高，有价值的信息被淹没在海量的信息当中，广告的价值就在于帮助消费者甄别信息，降低选择成本。具体表现为以下三种方式：

（1）从隐性到显性

广告将消费者原本隐性的需求显性化。广告将产品复杂的价值概念、价值逻辑做显性化处理，消费者需求不仅指物质层面的质量、价格的需求，更包括精神层面的情感需求和价值认同。广告的出发点是消费者的价值取向，以小米为例，网络文化强调协作和创新精神，企业基于消费者的价值取向，形成自身的核心价值观念，这种价值观念具有很好的说服力和良好的市场基础。在协作、创新价值观的引导下，企业投入研发力量并进行文化包装，将企业核心价值观物化为蕴含文化的产品，并辅之以相应的服务和宣传，以求达到与消费者的价值共振。[②] 广告的价值就在于发现消费者隐性的需求，并通过产品设计或者文化宣传将之显性化。

---

① 施炜．连接——顾客价值时代的营销战略［M］．北京：中国人民大学出版社，2018：15.

② 周朝琦，侯龙文，邢红平．品牌文化——商品文化意蕴、哲学理念与表现［M］．北京：经济管理出版社，2002：51.

（2）从模糊到清晰

在信息过载的时代，消费者虽然接触到很多信息，但是大多数消费者对于自己的需求无法用语言准确、清晰地描绘出来，广告的价值是帮助消费者把模糊的关心点变得清晰、明确、集中、强烈、鲜明起来。① 首先，消费者作为理性经济人具有一定的媒介素养，能够收集足够的信息并对信息进行筛选。广告在政府监管、社会监督下，为消费者提供大量的商品信息和品牌价值，帮助消费者做出理性的判断。其次，顾客需求类似黑箱，消费者需求很多时候是模糊的，往往在需求特征浮出水面、蔚然成风之后，大家才恍然大悟，觉得符合情理。广告的价值在于以简化和消费者容易理解的方式，将产品卖点传达给消费者。

（3）从抽象到具体

需求是不可言状的，有时候顾客有很多意向、愿望和需求，但是没有办法用清晰、准确的语言表达出来。比如找对象，脑子里翻来覆去地想，各种想象一大堆，但是你问他到底要找什么样的人，他可能说一般就行，合适就行，但是什么是一般，什么是合适，这就太抽象了。当然可以用一种外部对应物来描述，比如某明星那样的，但这不一定准确，因为外部的标志物和他的想象会有差距。② 消费者并不会一味追求低价，他们对于自身需求有着清晰的认知。定位理论在广告营销中的应用，使我们对消费者需求产生了片面的认知，以洗发水为例，海飞丝定位去屑，霸王定位防脱生发，飘柔定位柔顺，但是顾客对产品的需求往往不是单一的，而是方方面面价值的综合，消费者会希望洗发水兼具以上多重功效。产品价值的多维性对于一些单价较高的产品，如手机、汽车、家用电器等更为重要。

第三节　广告业的价值实现

一、广告业的适应功能

广告业作为生产服务性行业不能离开其他社会系统而单独存在，它通过与宏观社会系统的互动为整个社会系统更好地运作发挥自身功能，创造社会价值。

---

① 唐仁承. 消费心理漫话之廿八——讯之反馈［J］. 中国广告，1991（1）：43.
② 施炜. 连接——顾客价值时代的营销战略［M］. 北京：中国人民大学出版社，2018：33.

在激烈的市场竞争中，广告业必须具备适应能力才能持续地创造价值。广告业为了维持自身的正常运作必然要从系统外部获取必要的资源，它需要为广告主创造价值，获取经济资源；为政府创造价值，获取政策支持；为消费者创造价值，获取注意力；积极探索最先进的媒介技术，强大自身发展。广告业是适应市场经济发展的产物，对促进大规模工业生产作出过巨大的贡献，因此对于广告价值的探讨绝对不能脱离社会大环境，广告业也必须积极利用现有的环境和资源来适应目前社会发展的需求。

二、广告业的目标获取功能

广告业必须确定在各个阶段的发展目标，并对行业进行规范管理，通过优化整合系统内部各类资源，确保其达成最终的系统目标。传统广告业内部主要包括广告公司和广告媒介两大主体，结构较为简单。随着互联网技术的应用和广告业的进化，广告业内部演化出多种多样的媒介形式，广告公司朝着多样化发展，根据布朗的社会进化理论，社会进化遵从趋异和趋"复杂"的规律，复杂社会结构通常是从简单社会形式发展而来的，但是进化并不意味着进步，只是结构的复杂化和功能的拓展。广告业的目标获取功能是指对系统内部各个组成元素进行规范和协调，使其作为一个整体发挥功能。广告业是一个复杂的系统，包括人力、物力、资源、文化、法律法规等各个方面，广告业的发展需要各个方面协调与配合，最终促进行业的有序发展。目前广告业正在转型，可概括为服务化。人际传播是一种互动性的传播方式，传播模式演进成为推动企业变化和广告价值转向的驱动力，人际传播方式的应用使得企业必须成为服务者，并向服务化转型。

三、广告业的社会整合功能

广告业作为社会系统中的一个子系统，通过不断地输出价值观形成社会影响力。广告业的社会整合功能主要体现在经济和文化两个方面。首先，从经济系统来讲，广告业在市场经济体制下，承担着沟通产供销的重要职能。广告业通过引入市场调查、定位、USP、整合营销传播等理论逐渐形成专业核心价值，成为最了解消费者的行业；通过洞察受众需求，帮助广告主拓展市场、创新产品、引起人们的注意和兴趣、传播新的产品和技术、树立企业在消费者心中的信誉……其次，从社会文化系统的角度来看，广告业宣传新的生活方式，引导社会潮流，加强个人、集体和社会之间的密切交往，使社会在经济和文化方面发展更加秩序化。广告业的文化整合功能是比经济整合功能更为深刻、更为根本的功能。通过对社会文化、生活方式、价值观念乃至人生幸福标准的建构，从更深层影响消费者的消费行为。①

四、广告业的潜在模式维持功能

为了使广告系统顺利运行，必须协调广告业与社会系统内部要素和外部环境的关系。维持广告系统的顺利运行并不是一成不变的，而是与时俱进的，具体表现为以下几个方面：

（一）广告监管的与时俱进

自广告业恢复以来，1982 年制定了《广告业管理条例》，加强政府对广告行业的监督；1995 年《广告法》开始施行，为了适应时代的变迁，2015 年对《广告法》进行修订；2016 年为了规范互联网广告活动，国家工商行政管理总局制定了《互联网广告管理条例》。广告作为一项与时俱进的社会活动，对于广告业的管理也随着时代的变迁而不断变化。

（二）广告专业技能的与时俱进

广告业诞生初期只是作为媒介捃客的角色，顺便提供一些文案和绘画的附加服务。进入 20 世纪 90 年代之后，广告业通过市场调查成为最了解消费者的行业，并将市场营销等经济管理理论引入广告学科，拓展了广告行业的专业价值。随着大数据技术的发展，广告业成为最早运用大数据技术的行业之一，广告业通过程序化技术，实现广告与消费者的一对一连接，提高了生产效率。

广告业是功能导向的集合概念，为了实现潜在模式维持功能，广告业不断地拓展专业技能的外延，加强对行业的监督管理，将原本不属于广告业的公关业、咨询业、互联网行业纳入广告行业监管。广告专业技能的与时俱进和广告业外延的不断拓展，为广告业应对不断变化的市场环境，维持广告业的持久竞争力奠定了坚实的基础。

---

① 吴辉. 广告学研究：从文化的角度向深层掘进［J］. 新闻记者，2009（2）：92-94.

第四章　改革开放初期广告的价值分析

　　1979 年被认为是中国广告业的复苏元年，这一年创造了中国广告史上的多个第一。1978 年之前，商业广告被认为是资本主义的产物，报纸、广播、电视等媒体由国家财政全额拨款，但是改革之前的中国经济严重赤字，继续由国家财政支付严重阻碍了中国媒体事业的发展，加之对外开放政策的实行，意味着外商需要广告来宣传他们的商品和服务。1978 年 6 月，以王庆元为组长的恢复广告五人小组，向上海市政府提交了《关于恢复商品宣传服务的报告》，他们认为："从商品生活销售来讲，我们需要广告。"① 从广告政策层面来看，1978 年财政部批准《人民日报》等 8 家新闻单位试行"事业单位、企业管理"，允许其接受商业广告；1979 年 11 月，中共中央宣传部发出《关于报纸、广播、电视台刊登或播放外国商品广告的通知》。从广告实践层面来看，1979 年 1 月 4 日，《天津日报》率先刊登商业广告；1979 年 4 月 17 日，《人民日报》拉开了党报刊登商业广告的大幕。《光明日报》《人民日报》作为有影响力的大报，不仅刊登广告，还率先刊登外商广告，《光明日报》为日本电器产品刊登广告，《人民日报》为日本三菱汽车刊登广告。这些主流媒体的广告探索行为，折射出中国主流意识形态从封闭走向开放的伟大变迁，广告的恢复不仅是一种商业行为，更是中国政治思想意识转型的标志。②

---

① 周果. 1979：中国广告业复苏元年［J］. 新闻前哨，2011（10）：96-99.
② 丁俊杰，赵子忠. 中国广告观念三十年变化［C］. 见：2008 年中国广告协会学术委员年度会议论文《中国广告理论探索三十年》. 厦门：厦门大学出版社，2009：2-18.

第一节　商业广告合法性地位的获得

一、商品经济下的广告宣传

本节的研究问题是广告的价值探索，价值产生于主客体的互动关系之中，学术研究反映广告作为一种社会现象与整个社会系统的互动关系，虽然可能不够全面和完整，但是也可以客观地反映当时的学者对于广告价值的解读。本研究的文献来源是中国知网 CNKI，以"广告"为主题词，以发表年度为分组，检索到 1979—1992 年的中文文献共计 2373 篇，手工剔除重复和与主题相关性较差的"索引""封面广告说明""简介"之类的文献，最终获得 1710 个有效样本。选择信息可视化软件 Citespace V 作为文献分析工具，在软件中设置的参数为 Top 50 per slice，时间跨度为 1979—1992 年，时间切片为 1 年，对广告研究的相关文献进行信息挖掘，分析 1979—1992 年间广告的知识基础、研究主题和研究前沿，以探析广告的演化路径和发展趋势。

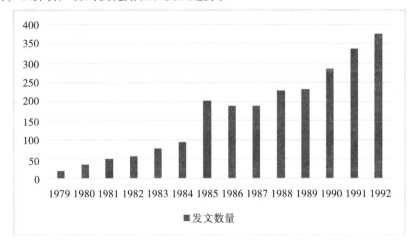

图 4-1　1979—1992 年"广告"主题发文数量

将 1979—1992 年间广告研究的关键词利用 Citespace 进行聚类分析，选择 LLR（对数似然比）算法，可以获得 19 个聚类（如图 4-2），分别是美利坚合众国、服务设施、广告宣传、鲁迅、社会主义等（如表 4-1）。聚类模块值 Q = 0.8315，聚类结构显著；聚类平均轮廓值 S = 0.9375，聚类合理。为了深入研究聚类内容，将每个聚类大小、S 值和热点主题词进行罗列，得到表 4-1。

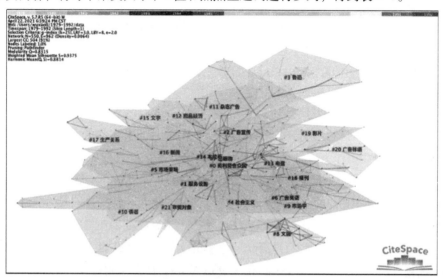

图 4-2　1979—1992 年广告研究关键词聚类图

表 4-1　1979—1992 年广告研究关键词聚类分析表

序号	聚类名称	聚类大小	Silhouettle	年份	关键词（按照出现频率由高到低）
1	美利坚合众国	46	0.896	1983	企业、企业管理、北美洲、电视节目、电视广告、广告费用、资本主义、销售量、专栏、广告报、电子、外商、情报传递、赞助对象
2	服务设施	41	0.923	1985	商店、广告主、功能、用户、经营者、生产者、广告信息、广东、市场营销、消费品、消费资料、民事责任、广告协会
3	广告宣传	35	0.954	1983	消费者、日本、报社、新闻组织机构、出版、编辑、新闻界、广播广告、购买动机、产品寿命、心理学、产品生命周期
4	鲁迅	34	0.990	1983	中华人民共和国、包装、佚文、出版界、三个世界理论、进出口商品、第三世界、《未名丛刊》《故乡》、留学日本

续 表

序号	聚类名称	聚类大小	Silhouettle	年份	关键词（按照出现频率由高到低）
5	社会主义	31	0.928	1985	思想体系、商业广告、上海、社会主义、可口可乐、质量、台湾、长城、药品广告、钟表、可行性分析、物质载体
6	市场策略	27	0.933	1987	观众、广告策略、经济效益、广告效果、广告创作、画面、销售额、电影广告、逆向广告、心理特点
7	广告英语	27	0.910	1986	广告词、商标、汽车、商业心理学、广告主题、外贸、商品包装、贸易、三九胃泰、美国
8	出版物	24	0.954	1986	编辑部、图书、文化机构、限制、书店、科技期刊、封面设计、发行机构、《书讯》《消息报》
9	文摘	24	0.953	1985	检索工具、书籍结构、工商、广告管理暂行条例、封面、电视接收机、对外、太阳神、封底、广告图画
10	市场学	23	0.912	1985	报纸广告、日报、投资、广告策划、广告学、市场经济、受众、传播工具、市场学、贸易经济学、广告经营单位
11	读者	23	0.920	1986	文章、关键词检索、关键词广告、数据库、书名、党报、数据库系统、情报检索、检索标志、逻辑处理
12	杂志广告	22	0.934	1985	广告牌、书刊广告、广告商、图书馆、情报传递、信息传递、《新闻战线》
13	商品经济	19	0.878	1986	经济体制、广告意识、事业、综合经济、文化性、国民经济、广告事业、无形财产、商品美学
14	电信	19	0.953	1987	电视、广告设计、刊物、大不列颠及北爱尔兰联合王国、广告用语、英国、地位、万宝路、杂志社、暂行办法

序号	聚类名称	聚类大小	Silhouettle	年份	关键词（按照出现频率由高到低）
15	本位币	16	0.925	1986	出口、美元、公共关系、日元、乡镇企业、外商广告、公关广告、报纸版面、轻工业、《文汇报》《解放日报》《新民晚报》
16	文字	16	0.978	1989	广告文字、商业、征婚广告、广告表现、地名、地理名称、《亚太经济时报》、中国西南航空公司
17	新闻	15	0.961	1986	日用电气器具、橱窗、新闻媒介、修辞、电冰箱、制药厂、李默然、报告文学、消费资料、百货商店、洗衣机
18	生产关系	15	0.969	1986	广告媒介、广告经营单位、财政管理、工商行政管理、消费、收入、上海市、百货、利润、权威性、工具书、企业管理
19	报刊	14	0.977	1982	商品、东西、工商行政管理、进口、《文汇报》、民间文学、连续出版物、《经济生活报》、情报传递、严宝礼
20	影片	13	0.936	1987	香烟广告、广播、南欧、意大利、烟草、烟草广告、电视业、苏维埃社会主义、公共场所、禁烟运动
21	广告标语	12	0.964	1988	广告标题、广告口号、广告标语、广告片、广告文稿、广告正文、注册商标、《大公报》、艺术手法、电视广告创意、创意主题
22	审美对象	8	0.976	1989	艺术性、产品广告、定义、浙江、广告展、公益广告、广告审美

通过对1979—1992年间的关键词聚类分析可知，广告研究围绕着广告与商品经济发展、广告推动对外贸易蓬勃发展、广告与出版业发展三个大类。

（一）广告与商品经济发展

中国广告业复苏始于20世纪80年代，1984年"发展有计划的商品经济"

成为改革开放初期中国经济体制改革的发展方向，直到 1992 年党的十四大确定
了社会主义市场经济体制。在市场经济体制尚未建立时，广告业是发展商品经
济的重要手段，但是这一时期受到经济体制和社会观念的制约，广告的经济价
值有限，更多是作为体制改革的符号和学习西方文化的窗口存在。在表 4-1 的
关键词聚类中，"美利坚合众国（1983）""服务设施（1985）""广告宣传
（1983）""社会主义（1985）"成为 20 世纪 80 年代中国广告研究的聚类热
点。这些聚类标签构建了 1979—1992 年间广告与商品经济的互动关系。商业广
告的恢复标志着市场和商业力量开始成为影响媒体生产经营的重要力量。然而
媒体的事业单位属性依然没有发生改变，在 1992 年媒体产业化改革之前，作为
与广告发展最为密切的媒体，角色相对单一，作为党和政府的喉舌，宣传是其
承担的主要职能，而广告也被打上了"广告宣传"的标签。[1] 广告延续了新中
国成立以来作为社会主义经济、政治和社会发展的宣传工具的职能。[2]

　　1979 年 3 月，中宣部新闻工作座谈会上确定了将新闻工作的中心转移到社
会主义经济建设上来的改革目标。[3]《人民日报》等八家媒体经营单位被批准实
行企业化管理和商业广告。20 世纪 80 年代中后期，"商品经济（1986）""市
场学（1985）""生产关系（1986）""市场策略（1987）""报刊（1982）"
"影片（1987）"成为这一时期广告研究的聚类标签，广告成功塑造出太阳神、
健力宝等品牌。俞振伟对 1985—1988 年上海报纸广告内容进行定量分析，研究
发现公关广告在此期间异军突起，原因是当时相当多的一部分生产资料广告从
1985 年开始转向公关广告。[4] 在 20 世纪 80 年代诸多公关广告中，最为成功的当
属"健力宝"，企业凭借强大的公关推广能力，将健力宝这个品牌与国家体育事
业的振兴完美结合。在 1984 年洛杉矶奥运会期间，还处在草创期的健力宝倾囊
赞助，在中国体育健儿大放异彩的同时，健力宝成为享誉世界的"中国魔水"。
之后健力宝又成功赞助了广州全运会、汉城奥运会、北京亚运会等体育运动，

---

① 张国涛. 广播电视公共服务的基本内涵［J］. 现代传播（中国传媒大学学报），2008
　（1）：119-121.

② 孙美玲. 社会、观念与实践：历史制度主义视野下新中国广告学研究 70 年（1949-
　2019）［J］. 新闻与传播研究，2019（11）：19-36，126.

③ 童兵. 改革实践与理论创新的互动——纪念中国新闻改革与新闻学研究 30 周年［J］.
　新闻大学，2008（2）：1-8.

④ 俞振伟. 报纸广告：趋势、模式与特征——1985—1988 上海报纸广告内容分析［J］.
　上海大学学报（社科版），1989（6）：103-108.

时至2004年世界品牌价值评估，健力宝仍然以102.15亿元居同行业之首。① 健力宝的成功既是产品的成功研制也是中国广告实践的成功探索，虽然健力宝在后续的市场竞争中面临企业经营不善、品牌老化、传播渠道狭窄等问题，但是这些并不能抹掉品牌曾经的辉煌。

（二）广告释放对外贸易的发展活力

改革开放初期，随着党和国家将工作重心转向经济建设，广告的重要性日益明显起来，但是当时国内消费领域还处于凭票购买的计划经济时代，广告对于消费的刺激作用依然非常有限。中国广告业的发展始于其作为生产性服务业沟通产供销职能和进行对外贸易，"服务设施（1985）""广告英语（1986）""本位币（1986）"等成为这一时期的研究重点，广告为对外贸易和发展商品经济服务。中国最早开展广告业务的领域是对外贸易，丁允朋在回忆《为广告正名》的写作时说，文章的写作目的是因为当时作者从事外贸广告，他认为广告是一门可以促进内外贸易、改善经营管理的学科。② 事实上，以广交会为代表的对外贸易广告即便在相对封闭的20世纪六七十年代也从未完全中断，当时的进出口公司以"贸易合同项下的宣传费"的名义，委托海外经销商在当地进行广告宣传。③ 随着改革开放政策的实行，广告的合法性地位进一步确立，1981年中国对外贸易广告协会成立，外贸广告迎来了黄金时期，与此同时上海、北京、广东、天津、山东、浙江等地先后成立外贸广告公司承担外商来华广告的业务。

（三）广告与出版业发展

与广告业发展关系最为密切的是出版业，出版业包括图书出版、报纸出版、期刊出版、音像制品出版、电子出版物出版及其他出版。在表4-1中"出版物（1986）""报社（1981）""电视广告（1984）""鲁迅（1983）""书籍结构（1982）"等成为这一时期的关键词聚类。20世纪80年代中国广告业除了追求经济增长之外，商业广告与书刊、诗歌的"联姻"，也形成别具一格的时代特色。先锋文学、朦胧诗歌、伤痕文学是20世纪80年代别具一格的时代象征符号，如果说网络社会中人们用鲜花、豪宅、名表彰显自身的浪漫，那么在二十世纪八十年代，中国整个社会则处于更纯粹、更简单、更少物质诱惑的精神浪

---

① 新浪财经.《健力宝沉浮》下篇：管理批判［EB/OL］.（2005-04-30）［2020-08-20］.http：//finance.sina.com.cn/roll/20050430/20521565855.shtml.

② 现代广告.丁允朋：时代为广告正名［EB/OL］.（2019-02-12）［2020-08-20］.https：//www.sohu.com/a/294191883_120088046.

③ 姜弘.广告人生［M］.北京：中信出版社，2012：33-34.

漫的氛围中。人们对于诗歌、小说等文学的追捧不亚于今天大众对任何网红的追捧。

在中国社会的转型期，到处充满激情与憧憬，人们将鲁迅的广告实践视为"为广告正名"的有力支持，"鲁迅"的广告实践在一定程度上成为传统社会向现代社会转型、传统文学向现代文学转型的代表。① 出版业不仅可以作为刊登广告的载体存在，亦可作为广告主存在，商业广告使出版业立足于文化传播、文化提升，具有重要的进步意义。20 世纪 80 年代，优秀诗人闻捷、公刘等创作的广告诗被读者称颂。② 书刊、诗歌这些高雅的艺术形式与广告结合赋予广告业异乎寻常的艺术感染力，广告不再囿于俗气的叫卖。广告诗的流传对于美化报刊、银幕环境，净化社会风气具有不可替代的作用，而诗歌与广告的结合也有利于诗歌这种高雅艺术的流传和普及。

二、广告业复苏的演进趋势

关键词浓缩了一篇文章的核心观点，高频关键词可以折射出一段时间内某某领域的研究热点。Citespace 共词分析可以体现学科研究热点的演变，"关键词突现"可以反映出某学科在一段时间内学者研究兴趣的转向，本章对 1979—1992 年间广告业的研究关键词运用 Citation History 功能分析，得到 24 个突现主题。

（一）是否可以做广告——广告社会主义性质的认定

改革开放初期，广告在不知不觉中成为中国政治、经济改革的风向标而出现在社会舞台上，成为"改革、开放"的一个符号。③ 1979 年广告研究的关键词"思想体系""鲁迅""报刊""社会主义""美国"，以及随后 1981 年的关键词"资本主义"，影响期限大致到 1985 年前后。报纸是当时人们获取信息最主要的途径，当时报业改革的几件大事分别是：1979 年《天津日报》率先恢复报纸广告经营，拉开报社经营广告的序幕；同年，《文汇报》发表了丁允朋的文章《为广告正名》引发强烈的社会反响，被认为是商业广告恢复的历史标志。报纸是改革的先行者和当时最强势的媒体，因此报纸成为当时学者研究的重要主题。

对于广告意识形态的探讨是这一时期的研究热点，"社会主义""资本主

---

① 杨益斌.鲁迅广告：别样的呐喊［M］.长沙：湖南大学出版社，2015：10.

② 赵捷.诗与广告［J］.大理师专学报（哲学社会科学版），1988（2）：82-84.

③ 黄升民.广告观［M］.北京：中国三峡出版社，1996：51.

Top 24 Keywords with the Strongest Citation Bursts

Keywords	Year	Strength	Begin	End	1979 - 1992
思想体系	1979	5.18	**1979**	1983	
鲁迅	1979	4.73	**1979**	1983	
报刊	1979	4.41	**1979**	1984	
社会主义	1979	4.31	**1979**	1986	
美国	1979	3.16	**1979**	1983	
北美洲	1979	2.97	**1979**	1983	
资本主义	1979	4.19	**1981**	1982	
读者	1979	3.63	**1981**	1984	
文化机构	1979	2.80	**1982**	1988	
检索工具	1979	3.32	**1983**	1987	
顾客	1979	4.84	**1984**	1985	
销售量	1979	3.10	**1984**	1986	
财政管理	1979	2.74	**1984**	1987	
汽车	1979	3.57	**1985**	1987	
编辑	1979	3.46	**1985**	1986	
出版	1979	2.84	**1986**	1987	
广告媒介	1979	2.71	**1986**	1988	
出口	1979	4.09	**1987**	1989	
本位币	1979	3.82	**1987**	1989	
广东	1979	2.87	**1988**	1990	
广告词	1979	8.02	**1989**	1992	
广告口号	1979	3.34	**1989**	1992	
广告标语	1979	3.34	**1989**	1992	
台湾	1979	2.73	**1990**	1992	

图 4-3　1979—1992 年广告研究关键词突现

义"成为这一时期的突现主题。1979 年创造了中国广告史上的多个第一，除了报纸广告，电视广告和广告公司业务也在有序恢复中，只是经过长期意识形态熏染的人民群众对于广告始终存在意识偏差，认为广告是资本主义的产物。西单"民主墙"与"广告墙"之争便是意识形态领域的争论在广告领域的折射。①外商广告的投放难以被群众接受，"社会主义报纸不该为外国资本家作宣传"，甚至上海高楼上的日本霓虹灯广告招致"投降主义、卖国主义"的声讨。②

　　改革开放初期，无论是人民群众还是广告从业人员以及国家领导人对于广告的发展都是持摸着石头过河的态度，对于广告合法性的探讨是这一时期研究

① 寇非. 广告·中国（1979-2003）［M］. 北京：中国工商出版社，2003：10.
② 现代广告. 丁允朋：时代为广告正名［EB/OL］.（2019-02-12）［2020-08-13］
　. https：//www. sohu. com/a/294191883_ 120088046.

的重点。虽然广告在实践中确实是推动经济发展、对外贸易的利器，但是在意识形态领域对广告的合法性仍持怀疑的态度，广告到底姓"资"还是姓"社"，能不能既姓"资"又姓"社"？陈良、胡祖源、刘增杰等多位学者发表了《中国古代广告探源》《外贸广告浅谈》《广告和出口贸易》等文章从直接论述、历史引证、群众需求、对外贸易等多个角度论证了广告的合法性地位。经历了社会主义广告与资本主义广告之辩的中国广告业，并没有建立起具有学理价值的社会主义广告业，改革的深入发展和广告实践的成功，使人们的思想观念逐渐转变，不再执着于广告姓资还是姓社的问题，而是将注意力转移到对广告功能与效果的研究。①

（二）广告是否有效——广告是企业管理的重要组成

经历了广告意识形态的论证之后，人们开始将关注点转向对广告经济效益的探讨。广告业发展之初，对广告功能的认知停留在广告工具论阶段。1984 年突现的关键词"顾客""销售量""财政管理"成为 20 世纪 80 年代中期广告研究的关注重点。广告对于企业来讲是促进销售的工具，企业要利用好广告这个工具，用做广告的有限费用换取无限收入。刘家栋、李世义、王世界等学者发表了《做广告要讲究效果》《出口广告的效果管理》《广告效果的物理因素》《广告的经济效果评价》《影响产品销售量的因素》《影响广告效果的几个因素》《对提高广告效果的探讨》《如何使老厂保持优势》等文章，探讨如何发挥广告促进销售的工具作用。

广告对于报纸、杂志、广播、电视等媒体和出版业而言是增加收入的重要工具。对于媒体而言，以广告为收入来源有着非比寻常的意义，它意味着除了政府力量的支持之外，媒体还获得了新的资金来源，资本成为一种新的力量，在以更隐蔽的方式控制媒体。② 在对广告与新闻的探讨中，广告的属性和边界的问题成为重要的论题，《新闻乎？广告乎？》《"广告新闻"论辩》《广告与新闻不容混淆》等文章对广告与新闻进行严格区分，区分点主要集中在是否付费的问题。广告从新闻中脱离出来使广告专业、广告职业、广告产业的形成成为可能，更为重要的是，它使得广告业作为社会系统中的一个独立子系统具有了独特的功能和价值。③

1983 年广告研究的突现关键词是"检索工具"，从检索两个字可见消费者

---

① 黄艳秋，杨梅杰. 中国当代商业广告史［M］. 郑州：河南大学出版社，2006：9.

② 寇非. 广告·中国（1979—2003）［M］. 北京：中国工商出版社，2003：12.

③ 杨保军. 新闻内容的历史变迁及实质［J］. 当代传播，2018（6）：18-21.

会主动收集和搜索广告信息，这个关键词一直持续到 1987 年。广告业发展初期，它对于消费者而言是同新闻一样获取信息的重要渠道，消费者对于广告的态度相对积极，广告不仅出现在广播、电视等媒体上，还出现了专门的《广告报》《中国广告信息报》等报刊。广告作为重要的信息资料，一方面是沟通信息、开阔视野的重要工具，另一方面，具有重要的情报价值，企业可以透过广告了解同行的生产情况和技术创新，青年可以通过广告获取函授、短训等最新的进修信息。

1982—1986 年的广告研究中"文化机构""编辑""出版"是重要的关键词突现。20 世 80 年代中期，对于广告发展过程中出现的各种问题的探讨主要集中在以下几个方面：一、广告语言的规范性。《积极、稳妥地纠正混乱用字》《人民日报广告栏语病》等文章对广告用语的规范性进行探讨。二、虚假广告问题的探讨。隐波等学者发表文章《真实是广告的生命》《虚假广告中的刑事责任》《不实的广告登不得》《广告也当珍惜信誉》。三、广告经营问题。王安在《新闻机构何以立世》中提出，广告在搞活媒体经营的同时也为媒体经营带来记者吃请收礼、报纸出卖版面等新的经营问题。

（三）如何做广告——广告的实践问题

经过 20 世纪 80 年代中期对广告是否有效的问题充分探讨，社会各界对于广告的有效性已经形成了相对一致的看法。广告研究也进入一个新的阶段即如何做好广告的问题。这一时期涉及的关键词包括广告设计、广告标语、广告口号、出口、本位币等，主要涉及三类问题：一是广告专业问题，即如何做好广告设计、写好广告文案；二是如何做好对外贸易，利用好广告这个工具提高出口、赚取更多外汇；三是广告如何促进行业发展的问题，比如广告与汽车行业发展的关系问题。

第二节　与改革开放同步：广告业与社会系统的互动关系

以关键词 Keyword 为节点类型，时间跨度为 1979—1992 年，选取每 1 年为一个时间切片，得到 550 个节点和 962 条节点连线，密度为 0.0064，网络整体相关性较好。本节通过 332 个关键词构建出广告业发展初期的结构概况。

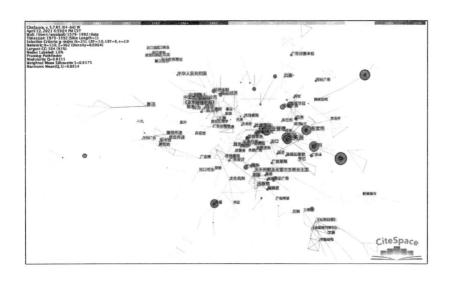

图 4-4　1979—1992 年广告研究 Top90 关键词共现图

表 4-2　1979—1992 年广告研究 Top90 关键词共现表

序号	Freq	Keyword	序号	Freq	Keyword	序号	Freq	Keyword	序号	Freq	Keyword
1	218	商品	31	28	电信	61	15	标题	91	8	功能
2	186	消费者	32	28	广告标题	62	15	书刊广告	92	8	用户
3	172	企业	33	27	商业	63	14	图书	93	8	质量
4	172	企业管理	34	27	广告客户	64	14	刊物	94	8	日报
5	161	广告宣传	35	27	广告题目	65	14	广告文字	95	8	台湾
6	123	美国	36	26	报纸广告	66	13	广告口号	96	8	经营者
7	119	美利坚合众国	37	26	广告媒介	67	13	文化机构	97	7	编辑
8	119	北美洲	38	26	市场策略	68	13	商品广告	98	7	读者对象
9	116	报刊	39	25	连续出版物	69	13	杂志广告	99	7	广告用语
10	96	报纸	40	24	中华人民共和国	70	13	广告商	100	7	书籍结构

续　表

序号	Freq	Keyword	序号	Freq	Keyword	序号	Freq	Keyword	序号	Freq	Keyword
11	79	电视节目	41	24	出版物	71	13	广告标语	101	7	包装
12	79	读者	42	24	经济	72	13	商标	102	7	英国
13	74	电视广告	43	22	财政管理	73	12	编辑部	103	7	关键词检索
14	66	顾客	44	22	本位币	74	12	广告主	104	7	香烟广告
15	64	新闻	45	21	广告媒体	75	12	可口可乐	105	7	投资
16	47	思想体系	46	21	出口	76	12	鲁迅	106	7	关键词广告
17	46	广告词	47	20	广告设计	77	11	检索工具	107	7	书刊
18	46	商品经济	48	20	广告牌	78	11	出版	108	7	新闻界
19	46	广告语	49	19	新闻组织机构	79	11	大不列颠及北爱尔兰联合王国	109	7	销售量
20	45	日本	50	19	服务设施	80	10	资本主义	110	7	广告信息
21	44	广告业	51	18	报社	81	10	艺术	111	7	广东
22	43	经济体制	52	18	商业广告	82	10	企业家	112	6	商业心理学
23	37	观众	53	17	经济效益	83	9	图书馆	113	6	广告诗
24	36	广告费	54	17	广告费用	84	9	汽车	114	6	广播
25	32	上海	55	16	出版社	85	9	商人	115	6	限制
26	31	广告语言	56	16	商店	86	9	广告效果	116	6	市场营销
27	30	广告业务	57	16	节目	87	9	文章	117	6	书店
28	29	社会主义	58	16	广告策略	88	9	建筑物	118	6	广告主题

序号	Freq	Keyword	序号	Freq	Keyword	序号	Freq	Keyword	序号	Freq	Keyword
29	28	电视	59	16	美元	89	9	杂志	119	6	广告策划
30	28	广告经营单位	60	15	广告英语	90	8	文字	120	6	工商

1979—1992 年是我国现代广告意识启蒙和觉醒的时期，也是我国广告观念的雏形期。通过对关键词的梳理，从广告专业的成长、广告与社会经济、广告与社会文化三个维度对广告业与社会系统的互动关系进行分析。

一、商品经济下广告业的快速成长

（一）实践中精进：中国广告业的成长

中国的改革不是一蹴而就的，而是在实践中逐渐推进的。改革开放初期，并没有贸然进行经济体制转型，而是将市场机制逐步引入计划经济中，确立了"有计划的商品经济"。广告业在不同历史阶段，其专业价值有所不同，对广告专业价值的不同认知反映了不同阶段广告观的差异。"广告设计"成为 20 世纪80 年代广告研究的关键词，1979—1985 年间，中国广告业对广告的认知停留在简单告白阶段。当时的广告从业人员大多出身于美术专业，这与老上海广告的传承相关，老上海最著名的广告人杭稺英、谢之光、胡伯翔、庞亦鹏等都是画家出身，20 世纪 80 年代的广告公司也是从美术公司发展而来。事实上，在物资短缺的年代，广告的价值主要体现为商业资料的传达，1979 年生产资料广告占据 80% 以上的市场份额，直到 1983 年面向消费者的广告首次超过面向企业的广告，广告业才开始意识到消费者在整个流通环节中的重要性，"顾客"也逐渐成为广告研究的关键词。

表4-3　广告对象的变化（%）①

	1979 年	1980 年	1981 年	1982 年	1983 年	1984 年
面向企业的广告	80.8	85.7	70.5	64.9	48.3	54.9
面向消费者的广告	19.2	14.3	29.5	35.1	51.7	45.1

---

① 黄升民．广告观——一个广告学者的视点［M］．北京：中国三峡出版社，1996：52.

在 20 世纪 80 年代后期，"广告口号""广告标语"相继成为广告研究的关键词，随着西方广告作品的大量展示，一些经典的广告语不仅使品牌广为人知，而且也促使外国产品迅速占领中国市场。企业和广告业界都开始意识到广告要想打动消费者，必须了解消费者的需求，而不是简单的"叫卖式广告"——"广告画"加"世界销量第一"。广告业在一个开放的现代世界背景下，接受和引进世界先进国家的现代广告启示，并逐渐形成以顾客为中心的广告策划、广告创意、广告投放的完整理论体系和广告代理制度的运营模式。①

（二）广告知识的引介：学习和成长中的中国广告业

改革开放初期，中国企业管理和广告经验不足，"美国"作为广告业最为发达的国家成为中国的学习对象。周立方、邬京芳等学者将美国的广告业发展情况介绍给中国，当时中国的电视广告还是叫卖广告的延续，而美国广告已经是企业管理的一部分，这些文章对中国的广告实践具有很强的指导性。在广告研究的关键词中，"美国""北美洲"是高频词汇，美国是现代广告业最发达的国家，也是对中国广告业影响最为深远的国家。在知网 1979 年以广告为关键词的20 篇文章中，有 5 篇是介绍美国广告业的情况，分别是《美国报业表》《美国的广告》《思想操纵和意识定型》《报纸广告与电视广告的起落》《美国经济入门（续）在广告上花费 370 亿美元》。广告业伴随着改革开放发展起来，广告对内推动产品向商品转化，有利于市场经济体制的形成和完善；对外有利于中国市场与国际接轨，增强民族品牌的国际竞争力。1987 年第三世界广告大会在北京举行，外交部副部长王品清在会上总结了中国在对外贸易中取得的成就，并强调中国对外贸易的发展同广告的作用是分不开的。② 品牌出海能否成功取决于能否正确成功地将商品本土化，商品本土化不仅包括产品包装设计、材质选择，也同样包括广告宣传的本土化，要想成功抓住消费者的需求，广告宣传与对外贸易息息相关，不可分割。

（三）行业自律是良性竞争的重要保证

从广告业恢复之初，国家针对广告业在发展过程中出现的问题及时制定法律、法规以促进广告业的规范化发展。广告合同是这一阶段学者研究的关键词之一，广告作为一种信用机制，根据《经济合同法》的规定，商业广告具有合同法律效力，商业广告为合同要约，广告一旦发布就发生了要约广告的实质效

---

① 余虹，邓正强. 中国当代广告史［M］. 长沙：湖南科学技术出版社，2000：29.

② 王品清. 中国对外贸易的发展——"北京八七"第三世界广告大会发言［J］. 国际贸易，1987（8）：7-9.

力，广告人与受广告人要承受由于合同成立所产生的权利和义务。① 在实践中，如果商家出售的商品或服务与广告承诺不符则视为违反买卖合同，消费者有权利要求撤销交易并请求赔偿损失。

广告业自恢复以来，就注重行业自律，以保证行业良性竞争。1979—1992年期间是中国广告业的艰难探索时期，也是中国改革开放道路的探索时期。1981年中国广告协会成立，加强了对广告专业人员及机构的监督和控制，并负责制定广告法规，监督法规执行。1982年制定了《广告业管理条例》，通过法律手段，加强政府对广告行业的监督。20世纪90年代之后，广告业逐渐被社会认同和接受，广告行业逐渐走上专业化道路。

二、西学东渐：广告与经济系统的互动关系

（一）广告是沟通产供销的重要工具

广告研究中出现频率最高的关键词是"商品"，20世纪80年代中国广告业不遗余力地让企业认识到广告和品牌的重要性，实现企业从产品生产向商品生产的转变。改革开放初期，可口可乐、万宝路香烟、松下电器等一批实力雄厚的跨国企业最早进入中国并迅速占领中国市场，外商广告给中国企业上了生动的市场营销启蒙课，中国企业朦胧地意识到要在市场经济中发挥自己的主观能动性，就要模仿外商在户外和大众媒体投放广告。

由于长期受计划经济影响，民营企业和乡镇企业秉持的小生产经济观念给他们留下的印象根深蒂固，他们推销商品的方法是派供销员四处活动，通过给回扣、好处费，带来直接经济效益。而对广告，一是了解甚微，再则他们认为广告对产品销售没什么作用，产品卖不出去才会做广告。② 广告公司作为产销渠道畅通的开拓者，在民营企业和乡镇企业由计划经济向有计划的商品经济转变的过程中发挥了很大的影响力。③ 以洛阳市广告公司为例，最早为洛阳市饮食产品采购供应站，它通过做市场调查拓展市场，之后还为广州鼎湖啤酒、亚洲饮料、济南轻骑摩托、金星电视、广州珠江音响等产品做推广，都取得了很好的效果。

广告对于打破闭关锁国的局面和推动出口贸易有巨大的作用。在国际市场上，美国每年的海外广告费约占出口额的14%，日本的海外广告费占全国广告

---

① 周林彬．我国商业广告的合同法律效力［J］．现代法学，1985（3）：45-48.
② 谢明．广告与乡镇企业［J］．中国广告，1992（3）：5.
③ 李涌泉．广告公司应是产销渠道畅通的开拓者［J］．中国广告，1991（1）：34.

费的 3% 左右，广告对这些国家出口贸易影响较大。① 广告对促进中国商品出口贸易也发挥了很大的作用，乌龙茶是中国福建地区的特产，拥有几百年的历史，之所以最近在日本走红，是因为广告的功劳。乌龙茶原先在日本鲜为人知，20世纪 80 年代日本商人来华时听说乌龙茶具有强身健体、降醇减肥之功效，认为乌龙茶很适合现代日本人、特别是日本女人的需要，于是利用报纸、电视等各种媒体做广告推出乌龙茶，使乌龙茶变成走红商品。

（二）外商广告为中国企业提供改革范本

外商广告经验丰富、制作精良，将其在中国媒体上大量投放，已成为中国企业商品经济观念转型最直接的参照样本。改革开放之初中国企业广告仍然处在产品推销观念的指导下，广告内容以产品介绍为主，而外商广告已经以全新的商品营销观念作为指导思想，不仅起到产品告知的功能，而且承担着刺激需求、指导消费、劝导目标市场的重要职能。外商来华广告，商品未到广告先行，以塑造品牌形象为目的，在中国商品市场尚未成熟的情况下，日本三洋、日立等品牌在中国已经家喻户晓。当时稚嫩的中国企业被迫与外商同台竞技，外商来华广告对中国企业形成强大的冲击，他们先进的营销理念迅速征服了中国消费者，显示出品牌强大的市场号召力。在竞争中民族企业透过广告学习外商的营销策略，虽然在最初的几年，外商品牌占领了中国的市场，但是在 2000 年以后，中国企业在品牌塑造和广告手法上奋起直追，广告在转变中国企业商品经济观念的同时，也为中国经济后期腾飞积蓄力量。

（三）广告情报交流的功能

1979 年，中国经济面临的最严峻的挑战是工业发展结构性失调的问题。新中国成立初期，中国学习苏联工业模式，优先发展以钢铁工业为中心的重工业，由此造成了"高积累、低消费"的社会状况。在计划经济体制下，商品由商务部门统购统销，高度集中，企业无须考虑产品的流通和销售。党的十一届三中全会后，中国导入市场调节机制，赋予企业自主经营权，工业产品实行自产自销。长期处于计划经济体制下的中国企业面临着艰难的转型，旧的统购统销的制度已经失效，新的市场调节机制尚未形成，企业陷入产品滞销的混乱之中。广告的价值在此时得以突现，一方面，广告是促销的利器，"一条广告救活一个工厂"的神话在 20 世纪 80 年代时有发生；另一方面，广告肩负着情报交流的功能，在信息极度缺乏的年代，广告成为企业重要的情报来源，产品的性能、用途在传达给消费者的同时也传达给了竞争对手。另外，由于当时生产资料的

---

① 石章楚. 广告在现代经济中的作用 [J]. 中国广告，1986（2）：6.

广告占据较大的比重，广告在刺激消费方面的功能不太明显，作为企业之间商业情报交流的功能得以强化。①

广告的情报交流功能具体体现为三个方面：一、增强企业的辐射力。企业以广告为媒介，在行业内树立企业形象，传递产品特性，架起产供销桥梁；提高企业声誉，扩大企业名气。二、增强企业竞争力。企业树立了良好的形象，有助于企业发挥开拓、占领市场的作用。三、增强企业凝聚力。激发员工对企业的认同感和自豪感，培养厂兴我荣的思想，增强员工自信心，培养虽挫不馁的士气；弘扬企业精神，培养员工热爱企业的精神。

（四）广告倡导企业人格化发展

企业经营的核心是利益最大化，但是企业要在社会之中长久生存，在追求经济利益的同时，还必须考虑到企业的社会声誉、社会影响力，承担企业应负的社会责任。企业走上品牌化道路就是企业人格化的开端，品牌就是企业的名字，广告业就是企业的形象设计师，甚至是企业的灵魂导师。从企业的形象设计师到企业的灵魂导师，事实上也是广告产业自我成长和自我价值的实现过程。20 世纪 80 年代初期，广告的业务范围局限于广告口号、广告文化和产品包装设计。20 世纪 80 年代中期以后，广告参与企业的经营策划，倡导企业人格化发展，承担社会责任，树立良好的社会形象。以宝洁公司为例，进入中国市场后，便对中国的公益事业十分关心，从 1988 年到 1991 年的三年间，宝洁捐出 120 万元用于公益事业。② 企业人格化之后，除了创造经济利益以外，还可以从社会、文化等更多方面承担社会责任。企业创造更多社会价值，有益于实现企业长远的经营目标。

三、大变局下的小窗口：广告与文化系统的互动关系

（一）广告是思想解放的产物

1979 年之前，广告被认为是资本主义的产物，完全依靠政府财政的报纸、广播、电视等，严重制约了广告业的发展。党的十一届三中全会使人们从左的错误中解放出来，认为广告经营符合"事业单位应该创造条件增加收入"的精神。③ 第一条电视广告在党的十一届三中全会后的第 37 天播出，广告一经播出

---

①　黄升民. 广告观［M］. 北京：中国三峡出版社，1996：53-54.

②　［美］西蒙·洛本特. 宝洁 160 年营销策略［M］. MIC 企管研究所，译. 呼和浩特：内蒙古人民出版社，1998：217.

③　中国广告协会. 我国广告业蓬勃发展，十年来十大成就［J］. 中国广告，1991（4）：3.

便引起国内外舆论的关注，英国报纸为此发表评论，认为播放广告是中国"开放的信号"。① 正是党的十一届三中全会倡导的解放思想实事求是，引导中国广告业走上了独立发展的道路。

随着改革的深入发展，广告主、广告媒体、消费者的广告意识都在提高。广告主的视野和思维空前拓展，20世纪80年代初期生产资料广告和日用品广告占据较大的比重，20世纪90年代之后广告品类增多，食品、旅游、保险、航空的商业广告逐渐增多。尤其突出的变化是各类企业意识到企业拥有的财富不仅仅是产品，更重要的是企业形象。企业形象决定着产品的命运，实际上也是企业的命运。改革开放的15年间，广告业作为社会分工和专业化的产物，对促进社会生产效率的提高具有重要的价值。中共"七五"计划提出实现新的经济体制转变的目标，其实质是实现从产品经济向有计划的商品经济的转变。② 这种转变带来的最直接的影响是社会资源配置的力量发生变化。在计划经济体制下，依靠行政力量形成了自上而下的、纵向的区域封锁、部门分割的资源调配方式。在新的经济体制下，转向开放式的横向协调，社会对于信息的需求增大，由此作为信息产业的广告在社会发展中的作用增强。③

（二）广告成为介绍外来文化的窗口

改革开放后，外国品牌源源不断地进入中国市场，品牌是企业文化的载体，文化是品牌的灵魂，与外商品牌一起进入中国的还有国外的生活方式和消费文化。④ 20世纪80年代，日本家用电器广告在我国城乡随处可见，东芝、松下、夏普、日立等品牌的商品以最快的速度进入千家万户，改变着人们的生活方式。与日本电器一起进入中国的还有日本企业严谨的风格、周到的服务、居安思危的精神，这些对中国企业后来的发展产生了很大的影响。

20世纪90年代，美国的肯德基、麦当劳等快餐品牌相继进入中国，与这些品牌一起进入中国的还有美国的快餐文化，倡导餐饮的本土化、品类创新和标准化生产。中国的传统餐饮具有很强的地域性，对厨师的依赖性强，不容易品牌化和扩张。在美国快餐文化与中国餐饮结合后，发展出海底捞、永和豆浆等连锁餐厅，这些企业学习美国快餐文化，将餐饮生产和服务流程化、标准化，

① 汪志诚. 中国第一条电视广告诞生记 [J]. 电视研究，1999（10）：62-63.
② 孙立平. 转型与断裂：改革以来中国社会结构的变迁 [M]. 北京：清华大学出版社，2004：4.
③ 何异煌. 论广西经济的转型与新的发展格局 [J]. 广西社会科学，1986（2）：94-110.
④ 周朝琦，侯龙文，邢红平. 品牌文化：商品文化意蕴、哲学理念与表现 [M]. 北京：经济管理出版社，2002：24.

在不同的区域根据当地人的饮食习惯调试口味，并从供应链端严格把关，确保口感的稳定性。快餐品牌除了对中国餐饮管理和餐饮文化的影响外，也将美国追求速度和效率的管理文化带到中国，对中国人的生活方式产生了很大的影响。中国人开始追求速度和效率，生活节奏越来越快，大有赶超美国之势。广告引导消费，影响人们的生活方式，形成新的消费文化，促使人们去追求更高水平的现代生活。①

（三）理想主义的建构：广告成就了一批有使命的知识青年

判断一个产业是否成功的重要标准之一就是看这个产业成就了多少人才。20 世纪 80 年代初期大批知识青年落实回城政策，也造成了知识青年就业困境，据统计 1981—1990 年我国待业青年的数量高达 5000 多万。广告业恢复的 15 年间，为超过 31 万人提供了就业岗位，广告业提供的岗位不是被动的行业，而是一个新兴的、充满挑战的行业。1981—1993 年间，广告从业者人均营业额是人均 GDP 的十倍（如表 4-4 所示），广告业为喜爱文学、艺术的知识青年提供舞台，让他们依靠自己所热爱的事业实现自我价值。"不做总统就做广告人"，广告业恢复至今，吸引了无数有梦想的青年，他们相信自己作为社会工程师的能力，他们中的一些人在广告的舞台上大放异彩，实现自我价值，另一些人则将广告视为谋生的手段，在纯艺术领域有所建树。

表 4-4　广告经营单位及广告从业人员统计②

	全国广告经营单位	全国广告从业人员	从业人员人均营业额	人均 GDP
1981	1160	16160	7302	496.62
1982	1623	18000	8333	532.74
1983	2340	34853	6716	588.38
1984	4077	47259	7729	702.00
1985	6052	63819	9483	865.71
1986	6944	81130	104121	972.65

① 何宝庆．广告与消费文化［J］．中国广告，1992（3）：15.
② 数据来源：中国历年 GDP 一览表（1952-2018）生产总值和人均 GDP 增长飞速［EB/OL］．（2019-09-25）［2020-08-24］．https：//www．phb123．com/city/GDP/37736．html.
　范鲁彬．中国广告 30 年全数据［M］．北京：中国市场出版社，2009：3-9.

续　表

	全国广告经营单位	全国广告从业人员	从业人员人均营业额	人均 GDP
1987	8225	92279	12050	1123.08
1988	10677	112139	13313	1377.99
1989	11142	128203	15592	1535.76
1990	11123	131970	18957	1662.54
1991	11769	134506	26088	1912.24
1992	16683	185428	36600	2334.35
1993	31770	311967	42981	3027.16

广告从业人员与艺术从业者的不同之处在于他们自愿接受广告行业管理组织的制约。团队合作是现代广告公司的基本作业模式，互相依赖和职业分工是广告系统的主要特征。[1] 广告从业者在广告行业的管理体系下牺牲自己的主权，不让自己的名字出现在广告作品上，让消费者将注意力集中于广告本身。广告人穿梭在不同社会群体、不同领域之间，成功消除了很多界限，将商品与消费者，艺术界与产业界，社会公益与商业文化巧妙地融合在一起。无论这些人成绩如何，我们都需要对他们认真审视，他们的体验代表了广告业与改革中的中国历史文化长久的矛盾冲突和左右为难。[2]

（四）广告诗的盛行

20世纪80年代商业广告与书刊、建筑、摄影、诗歌"联姻"，形成中国广告业在追求经济增长之外别具一格的时代特色。书刊、建筑、摄影、诗歌这些高雅的艺术形式与广告的结合赋予广告业以异乎寻常的艺术感染力，广告不再囿于俗气的叫卖。20世纪80年代的中国产生了北岛、舒婷、顾城等著名的诗人，当时他们受青年人追捧的程度不亚于今天的任何明星，其中优秀诗人闻捷、公刘等创作的广告诗被读者称颂。广告诗不仅在国内广为流传，在国外也不乏其例，苏维埃著名广告诗人马雅可夫斯基创作了三百多首广告诗，将建设社会

---

[1]　［美］杰克逊·李尔斯.丰裕的寓言：美国广告文化史［M］.任海龙，译.上海：上海人民出版社，2005：146.

[2]　［美］杰克逊·李尔斯.丰裕的寓言：美国广告文化史［M］.任海龙，译.上海：上海人民出版社，2005：193.

主义事业的时代责任凝聚成一行行诗歌。当人们在街头的广告牌上、电视的屏幕上看到的不是市侩的叫卖，而是充满创新活力的广告诗，生活也会变得风趣盎然。广告诗的流传对于美化报刊、银幕环境，净化社会风气具有不可替代的作用，而诗歌与广告的结合也有利于诗歌这种高雅艺术的流传和普及。

第三节　个体意识的觉醒：广告业复归日常生活

一、广告在整个社会系统中的重要性不断攀升

（一）广告业结构功能系统不断完善

中国广告业的基本经营格局是在 20 世纪 80 年代形成的，经济系统主要是指广告业为了自身的发展从外界获取资源的能力，即广告业的适应功能。1979—1992 年的广告研究关键词中与经济系统相关的占有较大的比重，如商品、消费者、企业、企业管理、报刊、电视节目、读者、经济效益、市场经济、广告商等词，根据关键词可见双边市场在改革开放初期已经形成。报刊、电视作为双边市场的平台方，企业和消费者作为双边市场中截然不同的两种用户类型，他们相互作用，各自获得价值。在 1979—1993 年间，广告媒介除了报纸和电视之外，还包括杂志、书刊等连续出版物，以及商店、展销会、广告牌等。基于双边市场的广告业服务对象包括广告商和消费者两个主体。

广告业在系统功能的建设上取得了长足的进步：一是广告经营部门的功能成长，主要体现在经营主体数量的增加，随着人员素质和技术手段的提高，广告产品的质量和广告效果都有明显的提高，并塑造出诸多优秀品牌；二是消费者功能的成长，消费者开始有自己的喜好，决策行为趋于理性，不再盲目崇尚集体主义和统一，这也对广告生产者提出了更高的要求；三是广告主对广告作品质量的要求提高，广告行为的目的性明确，开始追求长期广告效果，不再止步于短期化行为。广告业在系统结构的建设上出现了两个好势头：一是广告系统结构趋向合理，经过 1988 年的市场波动和三年治理整顿，淘汰了一些功能不健全的行为要素，有效地调整了曾经出现的功能错位与功能多余并存的不合理结构；二是广告秩序需求稳定，广告主、广告经营部门和媒体部门的分工协作关系得到加强，在实践中不断修正和充实广告行为规范，从无到有，从粗到细，从软约束到硬约束，广告系统运行的规律已被人们所认识，为广告法的诞生打

下了基础。①

（二）广告专业技术向纵深发展

尽管广告业从经营额到从业人数，再到专业技能都在持续高速地增长，但是广告公司经营分散、规模化程度不高、服务能力有限的问题始终存在。一方面，广告业是国际化程度较高的行业，广告业从发展之初就受到国外发达广告业的冲击，对于蹒跚学步的广告业而言压力大于动力。1994 年中国广告公司的平均营业额为 108 万，而同年美国广告公司的平均营业额高达 8 亿元，国内广告公司与国际广告公司在实力上可谓相去甚远。② 另一方面，传统四大媒体的事业单位属性，并未完全市场化，因此在广告时间、版面等方面受到一定的限制，且作为党和政府的喉舌，具有极强的权威性和垄断性，由此造成"强媒介、弱广告"的格局。③ 因此广告呈现"国外制作、国内播出"和"花大钱播广告、花小钱制广告"的现象。广告业内部的结构性失衡是制约广告业制作水平和竞争力提升的关键性因素。

广告业的价值，不是比企业更懂产品和技术，而是比企业更懂消费者和市场。"巧传真实"四个字概括了广告的专业性，真实性是广告业的基本特征，是广告业的底线，而一个"巧"字传达出广告的专业价值所在。为了做到巧传真实，20 世纪 80 年代中期以后广告业将心理学、营销学等专业知识引入广告实践当中。心理学和营销学的引入，一方面，促进了广告的专业化，广告不再局限于写写画画，而是上升到基于消费者心理的营销行为，广告从以生产为中心转向以消费者为中心；另一方面，标志着广告业向纵深发展，具体体现为广告策划的思路开阔。④ 广告策划的发展体现为传播手段与表现形式的突破，广告宣传不断向纵深发展，广告媒体日益丰富，不再拘泥于报刊、电视、广播，而是兴起了路牌、橱窗、霓虹灯、招贴画等广告媒体。广告媒体的丰富拓展了广告的设计思路，新技术、新材料、新形式被开发应用，更提高了广告的宣传效果。

---

① 薛维君. 困境还是机遇：体制变动中的中国广告业命运［J］. 中国广告，1992（3）：7 -8.

② 王淑军. 中央电视台广告为何一枝独秀？——析"强传媒、弱广告公司"现象［J］. 首都经济，1996（8）：37-38.

③ 王淑军. 中央电视台广告为何一枝独秀？——析"强传媒、弱广告公司"现象［J］. 首都经济，1996（8）：37-38.

④ 中国广告协会. 我国广告业蓬勃发展，十年十大成就［J］. 中国广告，1991（4）：3- 4.

（三）广告是社会需求结构变迁的推动力量

（1）从生产资料广告向生活资料广告的变迁

唐忠朴在《实用广告学》中比较了社会主义广告和资本主义广告的异同，他认为资本主义广告的出发点和归宿是"为了利润"，而社会主义广告是"为社会主义生产目的服务的"。① 改革开放初期，广告作为沟通产供销的重要手段，生产资料广告在整个广告营业额中占有较大比重（见表4-3），这是在当时的历史背景下广告业获得合法性地位的基础。从消费需求的角度来看，恩格尔系数高于59%为贫困人口，1985年之前中国农村的恩格尔系数长期高于59%（见表4-5）。因受到收入水平的限制，家庭收入只能勉强维持日常衣食等生活必需品，消费模式是由人的生理需求支撑的，人的基本生理需求并不需要广告来刺激，只有超出基本生理需求的耐用消费品时代，广告才能发挥刺激需求的功能。② 从生产资料广告向生活资料广告转型的过程标志着广告生产开启以个人需求为导向的新模式，社会价值导向从集体主义转向以人为本。

表4-5、1978—1993年城乡居民家庭恩格尔系数统计③

	1978	1980	1985	1990	1992	1993
城镇居民家庭恩格尔系数	57.5	56.9	53.3	54.2	53.8	50.3
农村居民家庭恩格尔系数	67.7	61.8	57.8	58.8	57.6	58.1

（2）从生活必需品广告向耐用消费品广告的转型

20世纪80年代中期之前，受到生产力发展水平的限制，整个社会处于生活必需品消费时代的典型图景。④ 作为农业大国，直至2011年中国城市人口数量才首次超过农村人口，1980年中国城镇人口数量仅占19.4%，1990年城镇人口数量也只占26.4%，⑤ 恩格尔系数高于59%为贫困人口，直到1985年中国农村的恩格尔系数才低于59%，而城镇人口在20世纪80年代也只是实现生活达到

① 唐忠朴.实用广告学［M］.北京：中国工商出版社，1981：9.

② ［美］加耳布雷思.丰裕社会［M］.徐世平，译.上海：上海人民出版社，1965：118 -128.

③ 数据来源：中国历年恩格尔系数［EB/OL］.（2018-09-06）［2020-09-20］.http:// www.lddoc.cn/p-981618.html.

④ 孙立平.转型与断裂：改革以来中国社会结构的变迁［M］.北京：清华大学出版社，2004：89.

⑤ 数据来源：国家统计局公布数据。

温饱水平。20 世纪 80 年代的广告品类集中在食品、医药、日用品这些生活必需品；进入 20 世纪 90 年代之后，化妆品、家电、医疗器械、医疗服务才开始作为单独的广告统计类别；进入 2000 年之后，房地产、酒类、烟草、旅游、汽车、金融保险等享受型产品的广告数量逐渐增多。广告是社会生活的一面镜子，透过广告我们可以看出消费者对于生活品质的追求越来越高。[①]

（四）广告先行：促进两岸交流的桥梁功能

促进台湾和大陆的交流是中国广告业的独特价值。广告对于两岸交流的贡献可以用八个字来概括："三通未始，广告先行"。[②] 作为中国大陆最早成立广告专业的高校，厦门大学凭借着自身独特的区位优势，在建立两岸广告学术交流的同时，加强与台湾媒体的交流与合作。1990 年在两岸通商政策尚不明朗的情况下，福建工商企业的广告已经先行着陆抢滩在台湾《自立晚报》上刊出。1991—1992 年间福建省工商企业的工商产品、公益广告甚至改革开放的宣传广告如潮水般涌入台湾。

广告业作为改革开放的前沿，最早为两岸人才交流提供舞台。台湾广告业的起步要早于大陆，广告业作为人才密集型产业，吸引了大批台湾广告人才的到来，有人戏称台湾人占据中国广告公司的一半。20 世纪 90 年代初，基于地缘和文化的接近性，梁庭嘉、莫康孙、张百清等一批台湾广告人来到大陆从事广告事业，台湾广告人称为"西进运动"。大陆广阔的广告市场为他们提供了展示的舞台，台湾广告人也将先进的广告理论带到大陆，为大陆广告事业的发展作出了巨大的贡献。

二、广告倡导融合、自由、平等的现代化观念

（一）广告倡导民族文化与世界文化的融合交流

广告业作为全球最新产品、最先进生产理念的展示舞台，凝集了最新的社会价值系统和消费文化风格。广告将不同民族、国家、地域中的文化象征意义凝聚在商品传播中，肩负着融合世界文化和生活形态的重任。[③] 广告与时代变迁动脉紧紧相随，以全球最流行的文化价值系统为范本，其所塑造的企业品牌、消费文化为我们提供"社会模特"，而这种文化范本突破了时间和地域的限制，将民族文化与世界文化融合在一起。

---

① 范鲁彬 . 中国广告 30 年全数据［M］. 北京：中国市场出版社，2009.
② 张纪康 . 三通未始，广告先行［J］. 中国广告，1994（5）：48.
③ 刘泓，广告社会学［M］. 武汉：武汉大学出版社，2006：4.

改革开放初期，广告不仅仅是作为一个产业而存在，而是作为经济政治体制改革的风向标而存在，广告成为人们思想观念更新的焦点。[①] 首先，从民族文化的角度来看，广告从源远流长、丰厚深广的民族传统文化中汲取营养，使之与现代的报纸、杂志、电视等媒体广告有机融合在一起，以达到商品的有效传播。广告为了实现传播的有效性，在连接传播者和受众双向的契合点上着力。其次，从世界文化的角度来看，品牌全球化已经形成不可逆转之势。改革开放初期，国内曾经对外商广告进行大讨论，一种观点认为，广告是资本主义的，我们不能要；还有部分认为广告可以做，但是外商占领制高点，有损民族荣誉；也有部分人认为改革开放后外商做广告是正常的经济交往。从今天的结果来看，广告最终成为促进民族文化与世界文化融合交流的大舞台。

（二）广告倡导自由平等观念

改革开放初期，整个社会对广告存在很深的思想偏见，把人们的思想从"广告是资本主义产物"的禁锢中解脱出来，对提高全民的广告意识具有深远的意义。[②] 广告的恢复本身就是一种"开放的信号"和一种自由平等观念的践行。

自由平等是人类追求的基本价值。随着商品经济的发展，传统的小农生产的轻商观念逐渐被摒弃，广告与规模化生产的发展，使商品交易的频率和范围扩大化，等价交换、公平竞争、买卖自由的观念随着交易规模的扩大而在商品交易领域扩大化，并成为社会交往的一种原则。广告作为商业要约合同，本身就是广告主与所有消费者签订的买卖合同，本身就是自由平等观念的践行者。广告的自由平等原则体现在以下方面。第一，广告相关主体地位平等。广告发布者和广告接受者之间是平等的关系，广告受众可以选择接受广告，也可以选择不接受或者选择其他商品。广告只是作为信息发布的方式存在，没有采取任何强制手段。互联网媒体对用户的赋能，使用户不仅有了平等选择权，还拥有了信息发布权。第二，广告受众地位平等。无论贫富贵贱，广告平等地对待每位受众主体，不存在歧视某人的现象。在数字媒体时代，屡屡曝出大数据杀熟等行为，这与广告的基本原则相违背。第三，广告有利于市场交易平等。由于广告的广而告之的特性，信息更加公开透明，是一种平等自由观念的体现。在商品经济下，自由平等已经成为广告行为的一般准则。[③]

① 寇非. 中国·广告（1979-2003）[M]. 北京：中国工商出版社，2003：18.

② 范鲁彬. 中国广告三十年纪实 [J]. 中国广告，2009（4）：55-65.

③ 薛维君. 困境还是机遇：体制变动中的中国广告业命运 [J]. 中国广告，1992（3）：7 -8.

（三）广告倡导利益均衡观念

利益均衡观念并不等同于只追逐经济利益的均衡或者广告主与广告媒体的利益均衡，而是平衡包括受众在内的广告相关主体的利益，这是一种循环经济的理念。争取利益最大化是广告行为的最初动力。广告能够帮助行为主体特别是广告主用最小的成本，获得最大的需要满足。从广告主的角度来看，广告作为有效的宣传方式，使品牌知名度在最短的时间内获得最大程度的关注。从消费者的角度来看，广告作为一种简化机制，可以辅助消费者在选择商品时从若干的选择方案中排除不确定因素，节约选择成本，避免不必要的损失。改革开放前，在长期的集体主义的观念下，我们强调集体利益，忽略市场竞争。1979—1992 年，是中国商品经济飞速发展的十五年，现代广告作为一种资源调配方式，参与到社会各项活动，同时广告也作为一种竞争手段，将利益均衡观念渗透到人们生活的方方面面。所以追求利益均衡必然会使更多的行为要素加入到广告系统，形成一种浓厚的广告文化氛围。

（四）广告推进民族文化的现代化进程

（1）广告促进流行文化传播

广告本身也是流行文化的一部分，广告将流行文化引入生活当中，将流行元素引入消费者日常生活的衣食住行当中，流行元素变得无处不在，大到城市布局、小到美发美甲，无不彰显时尚与流行。广告业通过文化传播营造一种环境，潜移默化地让人们接受新的事物，对流行文化的盛行起到重要的推进作用。时至今日，人们依然将"燕舞之歌"与一个时代的文化想象关联，广告生产成为流行文化生活的一部分。在燕舞之歌唱响全国的同时，一部名为《霹雳舞》的影片在全国上映。"太空步""霹雳舞"成为青年时尚的标配，由于霹雳舞需要音乐伴奏，燕舞收录机也因此畅销全国。再比如，雀巢咖啡对于消费者而言不仅是一种味道极好的饮料，更是一种流行文化的普及，20 世纪 80 年代的广告片中将咖啡定位为送礼佳品，详细介绍咖啡的冲泡过程，这也是雀巢的成功之处，既推广了西方文化，又结合了中国的礼尚往来，将西方产品与中国文化很好地融合在一起。

（2）广告推动消费者个人意识的觉醒

广告开启了日常生活个人叙事的新模式，个人意识在经济生活中逐渐复苏。[①] 1980 年一曲《军港之夜》红遍大江南北，不同于以往军歌的铿锵有力，

---

① 陈凌. 个人意识、自我认同与日常生活再造——广告生产的社会过程（1978-2018）
　　［D］. 上海：华东师范大学，2020.

这首歌曲调婉转，充满对战士的关爱和人文关怀，然而在当时集体主义的社会价值取向下，却被批判格调不高。集体主义的社会价值取向同样会映射在广告作品中。改革开放之前，中国广告中生产资料广告占有较大的比重，其实质是一种集体主义的社会价值取向。① 当时对于广告的定位是为社会主义现代化建设服务的，广告内容应该为促进生产服务，而不是满足个人消费。随着生产力的发展和人们思想观念的现代化，生活资料广告所占的比重逐年增大，个体对于社会生活需求的想象力被广告唤醒。广告产品类别的发展变化是社会转型的结果，是社会观念转变的客观反映，是消费者个人意识觉醒的标志。广告宣传向消费者承诺"A Better Life"，广告通过感性和理性诉求诱发消费需求，刺激购买行为，强调拥有更好的、更高品质的生活，满足人们的物质和精神需求，其实质是个体意识在经济生活中的复苏。

---

① 陈凌. 个人意识、自我认同与日常生活再造——广告生产的社会过程（1978-2018）[D]．上海：华东师范大学，2020.

第五章 媒介产业化时期广告的价值分析

对于中国广告业而言，1993 年是具有划时代意义的一年，在国家政策和市场需求的双重推动下，广告业开启产业化发展之路。工商广字［1993］第 208 号文件明确广告业是知识密集、技术密集、人才密集的高新技术产业。纲要明确了广告业当前的重点是发展经济价值，从国家政策层面明确了广告的产业化发展道路。① 从媒体经营方面来看，1 月 1 日中央电视台宣布上调广告播出费，其他媒体闻风而动，纷纷扩版、增时、上调广告刊播费。从广告公司经营方面看，1 月 12 日国家工商行政管理局广告司宣布私人可以办广告公司，过去私营广告公司只能从事简单的设计工作，没有全面广告代理的权限，这一政策推动私营广告公司数量由 1992 年的 79 家一举增长到 573 家。1993 年中国广告营业额首次突破 100 亿大关，与此同时，专业广告公司营业额首次超过报纸和电视媒体，广告业"强媒体、弱广告"的局面有所缓解，专业广告公司的地位开始提升。②

广告产业化的实现需要具备三个条件：一是意识形态控制力量的弱化，二是市场经济发展对广告信息需求的增强，三是广告业自身商业属性的确认。对于中国广告业来说，自 1993 年广告产业化转型到 2007 年的十五年间是中国广告业持续高速增长的黄金十五年。1993 年全国广告营业额刚刚突破 100 亿，到 2007 年全国广告营业额就达到 1740.96 亿。③ 那么广告业高速发展的原因何在？广告业在自身高速发展的同时对社会经济、文化产生了怎样的影响？本章通过深入分析 1993—2007 年间广告研究的相关文献，并以 Citespace 为操作工具提炼出这一阶段广告研究的核心关键词，以此建构这一阶段的广告业与社会系统的互动关系及其价值变迁。

---

① 国家工商行政管理局. 国家工商行政管理局、国家计划委员会印发《关于加快广告业发展的规划纲要》的通知［S］.（1993-7-10）［2020-12-21］. https：//pilu. tianyancha. com/regulations/e7ea9aeeeef08ff8

② 范鲁彬. 中国广告业 30 年的 200 个第一［J］. 中国广告，2007（12）：129-137.

③ 范鲁彬. 中国广告 30 年全数据［M］. 北京：中国市场出版社，2009：6-9.

第一节　市场逻辑主导下广告业的整合发展

一、广告的企业管理功能

本章研究的文献来源是中国知网 CNKI，检索日期为 2020 年 3 月 25 日，以"广告"为主题词，以发表年度为分组，检索到 1993—2007 年的中文文献共计69880 篇。由于数据过于庞大，软件的运行能力不足，著者在研究的过程中以每一年度为单位，选取下载量前 500 的文献作为研究样本，而 1993—1994 年发文量较少，分别选取下载量前 200 和前 300 文献作为研究样本，最终共获得 7000个有效样本，这些文章从多元视角、不同层级动态地反映了广告在中国社会产业化和市场化进程中的历史角色。选择信息可视化软件 Citespace V 作为文献分析工具，本研究在软件中设置的参数为 Top 50 per slice，时间跨度为 1993—2007年，时间切片为一年，从多元、分时、动态的视角出发，对广告研究的相关文献进行信息挖掘，分析 1993—2007 年间广告的演化路径和发展趋势。

将 1993—2007 年以"广告"为主题的相关研究文献，利用 Citespace 软件对关键词进行聚类分析，选择 LLR 算法，可以获得 25 个聚类（如图 5-1），分别是企业管理、营销、商业文化、电视节目等（如表 5-1）。聚类模块值 Q = 0.8609，聚类结构显著，聚类平均轮廓值 S = 0.632，聚类合理。为了深入研究聚类内容，将每个聚类大小、S 值和热点主题词进行罗列，得到表 5-1。

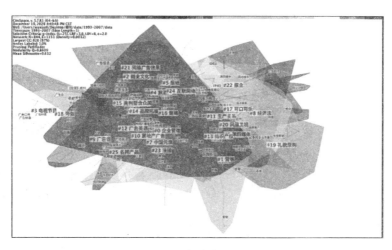

图 5-1　1993—2007 年广告研究关键词聚类图

表 5-1　1993—2007 年广告研究关键词聚类

序号	聚类名称	聚类大小	Silhouettle	年份	关键词（按照出现频率由高到低）
1	企业管理	48	0.989	2000	品牌、消费者、企业、企业管理、商品、网络广告、广告主、网络营销、广告宣传、品牌战略、品牌管理、品牌价值、定位、网上营销、品牌忠诚、品牌国际化
2	营销	45	0.955	2002	电子商务、品牌营销、中小企业、互联网、市场、管理、消费者行为、时间营销、搜索引擎、门户网站、商业模式
3	商业文化	36	0.934	1999	广告传播、广告效果、艺术、核心竞争力、意识形态、广告文化、企业文化、大众传播媒介、消费主义、跨文化、消费心理、说服、大众媒介、广告诗
4	电视节目	36	0.921	1996	电视广告、广告业、经济体制、市场经济、广告标题、观众、双关语、植入式广告、广告口号、商品经济、经济效益、体验营销、社会效益、系列广告
5	旅游产业	35	0.963	1995	广告媒体、户外广告、广告经营单位、广告代理制、广告费用、广告业务、广告协会、人际意义、传播效果、广告预算
6	报纸	35	0.971	1996	报刊、报纸、广告策划、女性形象、媒介、广告主题、传媒、香港、专业广告公司、汽车、广告意识、房地产业、发行量
7	第四媒体	35	0.952	1999	网络媒体、网络广告、广告创意、国际化、整合营销、关系营销、绿色营销、化妆品市场、公众心理、丁家宜、玉兰油
8	中国元素	34	0.931	2002	整合营销传播、品牌传播、名人广告、符号消费文化、旅游广告、跨文化传播、保健品、农夫山泉那、电视媒体、品牌识别、品牌形象塑造、中国文化
9	经济法	34	0.933	1996	虚假广告、经营者、《广告法》、悬赏广告、比较广告、不正当竞争行为、报酬请求权、《反不正当竞争法》、广告审查机关、工商行政管理局

序号	聚类名称	聚类大小	Silhouettle	年份	关键词（按照出现频率由高到低）
10	广告语	34	0.925	1995	广告词、成语、熟语、广告创作、孔府家酒、电视公益广告、文章、需求、酒厂、贸易经济学、娃哈哈、谐音广告
11	房地产广告	33	0.937	1999	中华人民共和国、文化、创意、广告文案、促销策略、情感诉求、价值观、感性诉求、态度、词汇、儿童、图书广告
12	生产关系	33	0.990	1999	房地产、品牌定位、上海、消费、文化差异、品牌延伸、名牌、广告形象、不动产、品牌策略、宝洁公司、体育营销
13	广告英语	33	0.948	1999	语言特点、句法、翻译方法、广告效应、隐喻
14	知识产权	33	0.920	1995	广告作品、广告翻译、公关广告、商品广告、目的论、翻译策略、公关关系、译文、知识产权、促销活动、广告公司
15	品牌拓展	32	0.929	1997	公益广告、媒体、广告客户、商标、品牌形象、广告牌、名牌战略、忠诚度、广告管理机关
16	美利坚合众国	32	0.925	1996	营销策略、市场策略、财政管理、市场定位、营销战略、社会主义、思想体系、媒体广告、市场细分、快速消费品
17	策略	31	0.900	1995	受众、翻译、新闻、英语广告、报纸广告、电视、新闻媒介、报业、信息产业、贸易商
18	可口可乐	30	0.899	1996	受众、顾客、报纸广告、品牌资产、民族文化、广告文化
19	夸张	29	0.961	1995	受众、商业广告、报纸广告、双关、艺术手法、修辞手段
20	礼貌原则	29	0.961	1995	电信、读者、双关、新闻媒体、修辞手段
21	凤凰卫视	28	0.988	2001	创新、整合、可持续发展、节目主持人中心制、卫星电视、信息经济、节目内容、本土广告公司

续 表

序号	聚类名称	聚类大小	Silhouettle	年份	关键词（按照出现频率由高到低）
22	网络广告效果	26	0.944	1997	策略、翻译、英语广告、本位币、广告画面、中央电视台、美元、功能对等、香烟、电子邮件广告
23	报业	23	0.937	1996	受众、新闻、报纸广告、电视、新闻媒介、信息产业
24	法国	22	0.939	1994	广告设计、啤酒、报业集团、酿造酒、广告音乐、购买欲望
25	互联网络	22	0.957	1997	广告商、广告费、太阳神、电子邮件、网上经营
26	名牌产品	18	0.969	1998	广告策略、经济、广告商、网站、权利主体、民族

本文运用 Citespace 工具软件对 1993—2007 年度"广告"研究关键词进行分析，根据关键词聚类标签这一阶段"广告"主题，相关研究主要集中于三大类议题：广告与企业管理、广告媒介的多样化发展、民族企业品牌意识的觉醒。

（一）广告对于企业管理的价值

在 1993—2007 年广告业研究热点中，"企业管理""营销""商业文化""品牌拓展""名牌产品"成为这一阶段的研究热点。过去我们在研究企业广告时，局限于广告效果的范畴，过于注重广告作为企业销售工具的价值，但是随着整合营销传播理论在广告业的广泛应用，营销取代促销，广告站在企业管理的高度，参与企业品牌建设。广告对于企业管理的价值体现在以下几个方面：

首先，引导品牌建设实现从企业本位思想转向以消费者为中心。改革开放初期中国轻工业发展滞后，属于卖方市场，广告只要起到告知的作用，产品便可销售一空；但是经过十多年的发展，生产力获得了极大的提升，逐渐转向买方市场，广告引导企业从顾客价值出发，制定相应的品牌战略和实施策略。其次，引导企业注重品牌资产的积累，品牌建设从短期结果导向转向长期竞争优势导向。低价促销可以使企业在短期内获得销量的提升。最后，广告帮助企业迅速提升品牌知名度，再通过品牌拓展实现产品和市场多元化发展。一个品牌可以涵盖不同的产品和市场，日本的索尼、松下、三菱等品牌旗下都拓展出多种产品，三菱品牌涵盖汽车、金融等超过 2.5 万个产品，国内品牌海尔旗下也生产电视机、洗衣机等多种类别的产品，而产品和市场的多元化发展又反过来成为企业品牌建设的动力源。①

（二）卫星技术助推电视媒体成为第一大媒体

在 1993—2007 年广告业相关研究中，"电视节目""报纸""第四媒体""凤凰卫视""报业""互联网络"等媒体相关的词汇成为研究的聚焦点。改革开放初期的很长一段时间内，报纸媒体都居于主导的地位，直到 1991 年电视广告收入第一次超过报纸；之后的几年间电视媒体和报纸媒体的广告收入不相上下，电视直到 1997 年之后电视媒体才真正超越纸媒成为第一大媒体。经过产业化改革之后，电视媒体获得了长足的发展，卫星传输技术的应用，使电视节目在降低成本的同时，传输质量、传送范围和传播效率都大大提升。② 其次，电视走上了产品差异化的发展道路。成立于 1996 年的凤凰卫视，走出了一条"产品异质化"道路，它的节目定位是受教育程度和收入水平较高的政府官员、专业人士和公司高管，良好的广告环境还吸引了法国航空、宝马等知名企业的广告投放。中央电视台最早开始实行频道专业化，其他省级卫视随后也纷纷走上频道专业化道路。20 世纪 90 年代后期网络媒体作为"第四媒体"开始萌芽，整个传媒产业呈现欣欣向荣的态势。

（三）民族企业品牌意识的觉醒

在广告业热点聚类中，"旅游产业""中国元素""房地产广告""名牌产品"构建了 1993—2007 年间中国广告主品牌意识的知识图谱。20 世纪 80 年代，外国品牌占据中国媒体的大部分版面，刚刚开放的中国面对眼花缭乱的外国商品被彻底征服。随着国内商品生产的日益丰裕和民族品牌的崛起，中国广告市场发生两大变化：一是中国企业品牌意识的觉醒，广告品类增多，除了生活必需品像家电、电子通信、食品、服装、药品、日用品之外，汽车、公益、旅游、银行、保健品、奢侈品开始登上广告银幕；二是在国外品牌广告宣传中开始加入中国元素，比如可口可乐在 2001 年春节设计"阿福娃娃"贺岁包装，之后又将春联、剪纸等具有强烈中国色彩的元素应用到广告之中，迎合中国消费者的文化需求。

民族企业面临的挑战表现在两个方面：一是以产品为导向的市场结构转向

---

① ［美］戴维·阿克. 管理品牌资产［M］. 奚卫华，等译. 北京：机械工业出版社，2006：71.

② 李志坚. 中国电视公共服务的传输体系研究［D］. 上海：上海交通大学，2009.

以消费者为导向，之前制造部门的职责生产、库存、仓储，现在都变成营销的责任；二是在品牌国际化竞争的时代，尚在成长中的民族企业被推上国际舞台与世界强国企业同台竞技，这是一场没有国界和终结的竞争——品牌竞争。① 广告主已经充分认识到品牌能够在企业市场化和国际化的过程中为企业带来巨大的经济和社会效应，并将品牌管理上升到企业战略的层面。学界与业界已经就品牌对于民族企业发展的重要性达成共识，民族品牌建设在这一阶段也有了较大的发展，但与美国等西方发达国家相比，中国的品牌建设还存在着很大的差距。政府和企业经营者应当重视民族品牌建设，关键是要将品牌建设提高到企业战略层面，实施品牌战略。

二、广告的市场调节功能

关键词是文章核心观点的提炼，其出现频率可以表征某个领域研究热点。Citespace 共词分析可以体现学科研究热点的演变，本章对 1993—2007 年之间广告研究的关键词进行分析，运用 Citation History 功能选取突现时间持续 3 年以上的关键词，得到 28 个突现主题。通过对 28 个突现主题及其背后的文章研究，著者发现广告这一阶段的市场调节功能得以突现。

（一）市场在资源配置中主导地位的确定

1992 年党的十四大确定了我国社会主义市场经济体制的改革目标，确定了市场在资源配置和商品流动中占主导地位。在 1993—1998 年的广告研究中，"商品""市场经济""经济体制"成为这一时期的研究热点，对市场经济体制的探讨成为广告研究的重点。商品流动是市场经济的重要特征，市场经济具有不完善性，具体表现为商品信息不对称，买卖双方对于商品信息的掌握是有差异的，卖方相较于买方掌握更多的商品信息，而信息贫乏者在商品交换中处于相对不利的地位。广告作为沟通买卖双方的信息桥梁，是商品信息从卖方向买方传递的重要工具，在市场经济体制下商品信息的不对称性和在商品流动的驱策下，广告作为社会信息传播的重要手段发展壮大。受到社会需求和消费者需求结构的影响，广告在不同的媒介环境下，市场关系调节功能的发挥也是有差异的。20 世纪 90 年代初期，媒介渠道是稀缺资源，广告主占领了媒介渠道就意味着享有了传播话语权；随着媒介数量的增多，媒介渠道的稀缺性不再，用户注意力成为稀缺资源，广告主传播的话语权受到挑战。

---

① ［美］马丁·迈耶. 麦迪逊大道——不可思议的美国广告业和广告人［M］. 刘会梁，译. 海口：海南出版社，1999：109.

Top 28 Keywords with the Strongest Citation Bursts

Keywords	Year	Strength	Begin	End	1993 - 2007
商品	1993	29.2817	1993	1998	
广告宣传	1993	20.9523	1993	1998	
市场经济	1993	12.8018	1993	1997	
广告业	1993	18.0807	1993	1997	
广告词	1993	26.4117	1993	1998	
经济体制	1993	17.5193	1993	1995	
广告语	1993	15.0872	1994	1998	
熟语	1993	14.2631	1994	1997	
成语	1993	15.732	1994	1997	
《广告法》	1993	15.648	1995	1997	
网站	1993	11.746	1999	2001	
网络营销	1993	18.8004	2000	2007	
文化	1993	15.4957	2001	2007	
广告	1993	59.1875	2001	2005	
翻译	1993	16.657	2001	2007	
广告英语	1993	11.9851	2001	2005	
文化差异	1993	11.1398	2001	2007	
品牌营销	1993	13.7714	2001	2007	
营销	1993	18.0823	2002	2007	
品牌战略	1993	18.133	2002	2007	
战略	1993	11.681	2002	2007	
品牌定位	1993	13.8528	2002	2007	
广告翻译	1993	25.2741	2002	2007	
品牌	1993	38.249	2003	2005	
品牌管理	1993	14.2341	2003	2007	
策略	1993	11.5802	2003	2007	
传播	1993	11.7953	2004	2007	
营销策略	1993	28.5694	2004	2007	

图 5-2　1993—2007 年广告研究关键词突现

（二）品牌建设：市场关系调节的重要手段

2001—2007 年，"品牌营销""品牌战略""品牌定位""品牌管理""营销策略"等这些关键词成为广告研究的重点。在确定了广告作为社会主义市场关系调节的重要手段之后，如何进行市场关系调节成为这一时期广告研究的重点。品牌价值是品牌在消费者头脑中的价值排序，品牌对于消费者而言最基本的功能是降低消费者选购商品的时间成本和精力成本，降低选错率，提高消费者的购买体验。在市场经济体制下，广告通过营销策划、品牌定位等一系列环节，帮助广告主塑造产品品牌和企业形象，建立消费者对品牌的信任机制。消费者对品牌的信任基于以下两个方面。首先，品牌是产品质量的保证。对于一个企业而言，产品质量是企业信誉的基础，如果产品质量不能保证，对于企业而言就是舍本逐末，广告只会加速其灭亡。1995—1996 年秦池成为央视标王，但最终因产能不足只是昙花一现。其次，品牌是企业与消费者建立认同关系的载体。品牌所包含的内容非常丰富，品牌不仅是企业的识别标志，而且蕴藏着丰富的品牌价值观。在企业人格化发展的趋势下，品牌蕴含着企业的产品观、利润观、责任观、人才观等观念。品牌价值观的认同是企业与消费者建立联系的基础。①

（三）网络营销：市场关系调节的新型方式

网络营销的优势是传播范围广、速度快和成本低。网络营销将信息传播渠道与销售渠道合二为一，它的出现就是广告业的一次革命。网络营销将改善因市场信息不对称而引起的市场失灵。② 首先，互联网可以改善因供需双方信息不对称而引发的矛盾。以旅游信息为例，旅游旺季因游客众多，可能引起景区的拥堵，排队时间过长，物资供给不足，消费者可以通过网络提前安排出行路线，甚至可以避开拥堵时段，节约出行成本。而对于异质化市场的供需不平衡，互联网也可以起到调节作用。以房屋出租为例，租房者和房主之间由于信息不对称，往往需要花费较高人力、物力成本才能完成信息配对，但是通过互联网双方便可以迅速完成交易。其次，互联网通过去中介，降低交易成本。传统营销是金字塔式的，从生产者到消费者之间要经过层层中间商，而网络时代的品牌可以通过电商直接对接消费者，既可以保证产品质量，又省去中间环节，还可以保证消费者享受更好的服务。最后，互联网可以提高公益物品的使用效率。以图书馆为例，公众通过网络预约的方式获得图书馆的使用权限，当消费者完成使用后，下一位使用者可以通过互联网直接预约使用。

第二节　市场需求引领广告产业发展

以关键词 Keyword 为节点类型，时间跨度为 1993—2007 年，以每一年为一个时间切片，对同义词节点合并后，得到 844 个节点和 1151 条节点连线，密度为 0.0032，网络整体相关性较好。本节通过对 844 个关键词的分析构建出广告业 1993—2007 年的社会结构。

---

① 宋玉书，王纯菲．广告文化学——广告与社会互动的文化阐释［M］．长沙：中南大学出版社，2004：220.

② 张旭昆，赵静．互联网对市场的改善和扰乱——基于市场失灵理论的视角［J］．社会科学文摘，2019（5）：46-48.

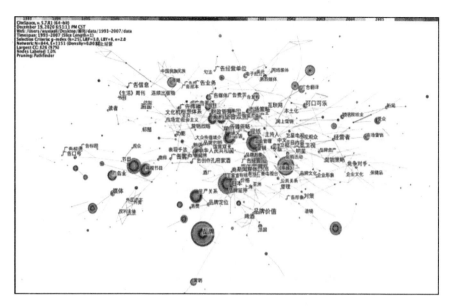

图 5-3 1993—2007 年广告研究关键词共现图

表 5-2 1993—2007 年广告研究 Top90 关键词共现表

序号	Freq	Keyword	序号	Freq	Keyword	序号	Freq	Keyword	序号	Freq	Keyword
1	1066	品牌	31	75	营销	61	41	品牌定位	91	31	修辞手法
2	513	消费者	32	74	翻译	62	40	日本	92	31	网络媒体
3	469	企业	33	71	报刊	63	40	广告标题	93	31	电信
4	442	企业管理	34	71	市场策略	64	40	《广告法》	94	31	品牌传播
5	422	广告	35	69	市场经济	65	40	上海	95	30	观众
6	282	商品	36	68	品牌战略	66	40	经济	96	30	读者
7	262	电视广告	37	67	广告媒体	67	39	创新	97	30	创意
8	239	电视节目	38	67	报纸	68	39	战略	98	30	悬赏广告
9	228	广告语	39	66	顾客	69	39	熟语	99	29	中国
10	227	网络广告	40	65	文化	70	39	广告文案	100	28	定位
11	205	广告词	41	64	媒体	71	39	功能	101	28	媒介

续　表

序号	Freq	Keyword	序号	Freq	Keyword	序号	Freq	Keyword	序号	Freq	Keyword
12	193	广告语言	42	64	修辞	72	39	消费	102	28	服装
13	171	中华人民共和国	43	64	可口可乐	73	38	财政管理	103	28	公关广告
14	171	广告主	44	63	商业广告	74	37	广告设计	104	27	商品广告
15	170	美国	45	59	房地产	75	37	促销	105	27	中小企业
16	159	北美洲	46	58	广告传播	76	37	广告效果	106	26	广告经营单位
17	155	美利坚合众国	47	56	虚假广告	77	36	广告题目	107	26	网站
18	153	广告业	48	53	电子商务	78	36	报纸广告	108	26	广告信息
19	127	策略	49	50	传播	79	36	品牌资产	109	25	互联网
20	126	公益广告	50	49	广告策划	80	35	品牌管理	110	25	广告制作
21	120	广告英语	51	49	女性形象	81	35	电视	111	25	名牌
22	111	营销策略	52	48	广告客户	82	35	品牌价值	112	24	商业文化
23	107	网络营销	53	46	商标	83	35	商业	113	24	权利主体
24	106	广告宣传	54	45	品牌形象	84	35	广告商	114	24	民族
25	104	广告翻译	55	44	户外广告	85	34	对策	115	24	网络
26	103	广告创意	56	43	成语	86	34	文化差异	116	24	广告代理制
27	83	受众	57	42	品牌营销	87	32	整合营销传播	117	23	万宝路
28	83	广告策略	58	42	经营者	88	32	企业形象	118	23	艺术
29	81	市场营销	59	41	新闻	89	32	广告创作	119	23	广告用语
30	79	经济体制	60	41	英语广告	90	32	品牌延伸	120	22	双关

1993—2007 年是我国广告业平稳发展期，也是广告产业化变革时期，从关键词频率来看，"品牌"取代"商品"成为这一时期广告研究的重点。在这一时期广告的经济功能得以突现。通过对关键词的梳理，从广告业自身发展、广告业与社会经济系统、社会文化系统的互动关系三个维度对广告业的整体结构进行分析。

一、广告业的规范化发展与价值创新

（一）广告媒体多样化与功能拓展

20 世纪 90 年代后媒体技术发展日新月异，"电视广告""电视节目"超越"报纸""报刊"的出现频率，并衍生出"互联网""户外广告""体育广告"等一大批新的媒介形式，广告媒体呈现出零细化趋势，"网络营销""悬赏广告""电子商务"等新的媒介蓬勃发展，广告不再局限于传统的四大媒体。传统四大媒体本身也在不断地衍生出新的形式，都市报以创新的市场管理理念促进报业向着贴近市民生活的大众化发展，电视媒体分众化发展促使广告走向整合营销传播。

（1）央视权威媒体的广告背书效应

1993—2007 年间是电视广告的黄金十五年，处于金字塔尖的央视权威媒体表现出独特的广告价值，主要体现在两个方面：一是媒体的功能性价值，即广告到达率、广告认知度等可量化的效果评估；二是媒体的背书效应，是不可量化的品牌增值。中国媒体具有"官商两面"性，这也提升了上榜品牌广告传播效能之外的广告价值。本节以央视为例，将媒体广告价值的三个最重要的因素概括为传播力、影响力和公信力。

首先，从传播力的角度来看，CCTV 拥有全国最高覆盖率和最广泛的受众基础。CCTV-1 作为国家主频道，担负着传递党和国家声音的使命，覆盖率高达 97.15%，自 1958 年创台以来收视份额始终高居榜首。早在 20 世纪 90 年代，随着电视机的全面普及，央视通过有线和无线双重信号，实现了对十几亿中国人的全面覆盖。① 其次，从影响力的角度来看，中央电视台作为党和国家的喉舌，是最具权威性的信息来源。央视拥有遍布全球的记者网络，打造了《新闻联播》等有影响力的新闻节目，以及拥有国内外顶级赛事的独家报道权，超高的受众覆盖率和独家报道权成就了央视无与伦比的影响力。2011 年中国人民大学的一

---

① 中央电视台. 任学安：CCTV-1 决策者的选择［EB/OL］. （2016-05-19）［2020-12-21］. http://1118. cctv. com/2016/05/19/ARTIoc7UMekd4aHxh5edbaOs160519. shtml.

项调查显示，83.75%的高端商务人士观看中央电视台，并将其作为重要的信息来源，由此可见，央视作为权威媒体对高端人群具有广泛的影响力。① 最后，从媒体公信力的角度来看，良好的广告环境是影响品牌形象和信誉的重要因素。央视公信力受到国家光环效应的影响，具有极高的权威性和可信度，可以产生强大的品牌背书效应。央视的黄金资源广告招标会被《华尔街日报》称为"品牌奥运会"，由此可见，参加央视招标会本身就是企业实力的一种证明。

（2）内容呈现力彰显媒体价值

20世纪90年代中期是媒体内容价值逐渐彰显的阶段。虽然我国自1978年逐渐放开了对媒体的广告经营，但是直到1993年仍有一半广告企业要依靠国家财政补贴。② 传媒产业又被称为内容产业，1993—2007年间传媒的核心竞争力是内容的呈现力，栏目品牌的塑造建立在生产高品质内容的基础上。媒体内容呈现力的价值突现始于报纸周末版的热销，1993年《北京青年报》创办《青年周末》严把新闻内容关，确立读者本位的市场导向观念，走出了一条内容为王的新闻改革道路。

在媒体产业化的浪潮下，各省级卫视频道启动了面向市场化的体制改革实践，通过打造品牌栏目，推进了中国电视产业的版图重构。湖南卫视自1997年上星之后，率先突破地域的局限，立足于精品内容生产，先后策划了《快乐大本营》《玫瑰之约》等面向全国观众的综艺节目和独播剧《还珠格格》，2004年又成功打造了现象级综艺节目《超级女声》，将"想唱就唱"的娱乐精神传遍了中华大地，节目的成功为湖南卫视创造了丰厚的广告收入，而同一时期东方卫视打造了《我型我秀》品牌节目，江苏卫视打造了《南京零距离》，奠定了三家卫视收视率和广告价值第一梯队的地位。

（3）互联网基因中的精准性、互动性、服务性

早在20世纪80年代，互联网便在中国科研和教育领域应用起来，1986年吴为民教授向日内瓦发出了第一封电子邮件，但是当时的互联网只限于科学研究领域。1995年《神州学人》上线，中国新闻社、中国贸易报、中国日报成为第一批吃螃蟹的人，互联网作为信息产业最早应用于报纸电子版的发布，1998

---

① 童盈.大众传播的制高点——中央电视台传播价值解读［J］.广告人，2011（11）：161-163.

② 吴海荣.我国传媒的核心竞争力：内容为王——解析20年来我国传媒经营管理的演变［J］.广西大学学报（哲学社会科学版），2006（4）：86-90.

年联合国秘书长安南在联合国新闻委员会指出互联网已经成为"第四媒体"。①
随着互联网在社会生活中的广泛应用和互联网地位的日益提升,"第四媒体"提
法已经被逐渐淡化,但是在互联网发展早期,正是报纸、电视等媒体电子版的
发行,奠定了互联网的"媒体"属性。②

中国网络广告起源于1997年3月,灵智大洋互动媒介部经理吕勇,为IBM
在ChinaByte上投放了第一条横幅广告,被誉为中国网络广告第一人。③ 互联网
广告早期的形式,主要有电子邮件广告、分类广告、网幅广告三种类型,其中
电子邮件广告是最早的精准广告类型,分类广告后来衍生出"赶集网""58同
城"等互联网独有的广告类型,而网幅广告如前文所述,早在诞生之初便具有
了互动性,在后来更是与多媒体技术融合发展出形式多样的互动广告类型。由
此可以推断,互联网广告的基因中含有不同于传统大众媒体的精准性、互动性
和服务性。因此早在2000年,黎仕便发出"网络广告'后生可畏'"的呼声,
他认为互联网广告成本低、不受时空限制,加之电子商务的信息化走向,未来
网络广告将对传统媒体形成挑战。

(4)环境媒体兼具传播价值和景观价值

环境媒体广告是指就地取材,将产品与环境融为一体的广告创意方式。④ 环
境媒体诞生之初便饱受争议,争议点主要集中在广告与环境的兼容性,即广告
是否对景观造成破坏。时至今日环境媒体已经广泛出现在休闲、零售、旅游景
区、社区、公司甚至学术会议等生活和工作场景当中。广告载体的形态上也表
现出多样性,咖啡杯、液晶显示屏、明信片、墙体、私人汽车、公共汽车、地
铁都可以成为环境媒体的物质载体,"一切为我所用"是环境媒体的创意宗旨。
环境媒体广告根据媒介载体的特性进行广告的创意和设计,这也是它与传统广
告形式的不同之处,传统媒体广告依据产品特性设计广告,而很少考虑媒体本
身的创新,但是在媒体形态日益多样,受众注意力日益稀缺的今天,已经显得
陈旧和不合时宜。环境媒体的创意理念是对广告专业价值的突破,好的环境媒
体广告兼具传播价值和景观价值。

----

① 在中国,互联网媒体也被称为第五媒体,我们习惯上将报纸、广播、电视、杂志称为传
统四大媒体。
② 秦福贵.基于演化经济学视角的中国互联网发展研究[D].北京:中国传媒大学,
2019.
③ 林军.沸腾十五年:中国互联网1995-2009[M].北京:中信出版社,2009:42.
④ 周源.环境媒体的广告价值及其利用策略研究[D].湘潭:湘潭大学,2013.

（二）广告公司的专业化经营道路

（1）综合广告代理公司以客户为本的广告观

广告媒体和广告公司是广告业供给侧的两大力量，20世纪90年代初期，由于广告代理制度的实行和国家对广告公司经营的开放，广告公司的数量迅速攀升。广告公司最初角色是媒介掮客。20世纪90年代初期中国也有一批广告公司迫于广告代理制度脱胎于媒体广告部，因此早期的广告代理公司是媒体的代理公司，代表媒体利益，而非客户的广告代理。随着广告公司的专业化发展和跨国广告公司的进入，广告公司的角色和价值观开始发生变迁，综合广告代理公司定位客户的利益是广告公司的立身之本。① 以客户为本的广告观，是区分广告公司和媒体公司的价值点，也是过去和未来广告公司立足的根本。在数字媒体时代，谷歌、脸书、阿里、腾讯等互联网公司在广告营业额上远远超出传统媒体，也超过传统广告公司，但是互联网公司并不能代替广告公司的职能。它们虽然具有了广告的功能，但是所代表的是公司自己的利益，而不是客户的利益，因此只能称其为广告媒体，而非广告公司。

（2）专业媒体代理公司的兴起

在广告行业中，随着媒体的多样化发展，综合广告代理公司与广告媒体、广告制作公司的分工也日益明确，三方各司其职，在各自领域向纵深发展。综合广告公司以客户为中心，同类商品只专注服务一个品牌，客户指定广告公司专门策划代理。1996年实力传媒进入中国，成为中国第一家独立的专业媒体代理，专业媒体代理公司的出现是广告公司业务专业化分工的结果，媒体业务从综合广告公司中独立出来，专门从事媒体策划和媒介购买业务。② 专业媒体代理公司的出现，也是广告公司为了更好地实现为客户服务的宗旨。广告媒体和广告公司始终处于博弈之中，广告公司希望用最少的钱做更多的事情，而媒体则希望报价越高越好。20世纪90年代后期媒体日益集团化，"强媒体，弱公司"的局面，迫使广告公司不得不考虑集中购买，更好地实现为客户服务的宗旨。

（3）营销传播理论的应用

随着媒体多元化发展，受众注意力呈碎片化发展，"一支广告救活一个企业"的神话不再，广告主对费用的支出越来越理性。20世纪90年代初各种营销传播理论传入中国，其中较为著名的有美国学者麦卡锡教授提出的4P营销组合

---

① 丁俊杰，陈刚. 广告的超越——中国4A十年蓝皮书［M］. 北京：中信出版社，2016：65.

② 寇非. 广告·中国（1979—2003）［M］. 北京：中国工商出版社，2003.

理论和里斯的品牌定位理论。4P 理论认为广告是商品促销（Promotion）的一种方式，广告是在其他营销要素确定的前提下进行的，4P 营销理论事实上是一种以产品为中心的营销理论。品牌定位理论认为定位就是占领消费者的心智。1993 年整合传播理论进入中国，并被学界和业界广泛关注，学者卢泰宏、李世丁、陈炳富是整合营销传播理论研究的先行者，屈云波是最早将整合营销理论应用于实践的先行者。整合营销传播理论在中国虽然受到广泛的关注，但是缺少成功的应用。制约理论应用的因素表现在如下方面：首先，消费者数据库有所缺失，当时的中国没有一家企业拥有完备的消费者数据库；其次，分众传媒系统尚未建立，当时的省级卫视虽然有不同的定位，但事实上真正的分众市场尚未成型，以旅游卫视为例，2002 年开播时以旅游为主题，设置风光专题、旅游综艺等板块，因市场反响平平，2019 年已经恢复海南卫视的呼号；最后，大众传媒作为一种单向的传播方式不能满足整合营销传播双向沟通的需求。① 著者认为，数字媒体弥补了大众媒体的不足，整合营销传播理论虽然诞生于大众传媒时代，但是真正的应用还是在数字媒体时代。

（4）广告公司提供全面品牌服务

改革开放初期，消费者对于产品的需求，更多是追求产品质量等物质层面的功效，广告的制作和发布由广告媒介直接承揽，广告制作只是广告发布的附赠品，广告创意制作的专业化程度可想而知。这一时期，广告的核心内容是产品信息，广告的目的是产品销售，而不是塑造品牌。广告内容局限于对产品功能的叫卖，宣传"省优""部优""全国销量第一"等现在看来违反广告法的内容。企业刚刚从计划经济时代转型，对于未来的发展方向尚不明晰，因此广告的目的比较短视，并未上升到企业战略的层面进行长远规划。1993 年广告代理制度的推行是广告业的一次革命，有利于我国广告的专业化发展，广告公司的角色从媒介捐客转向提供全面的品牌服务，对于广告主而言，广告代理制度改善了广告的无整体计划状态，广告不再是一时一地的孤立活动，而是一种整体性和超前意识的活动，广告成为企业品牌战略的重要组成部分。② 广告公司角色的转型推动了广告业结构的变迁。

（三）"强媒体，弱公司"的广告业格局

中国广告产业链条是围绕着媒体资源架设和运行的，从广告业恢复初期开始，就形成了"强媒体、弱公司"的角色分配。1993 年，广告代理制的推行虽

---

① 陈欢. 重新审视整合营销传播［J］. 中国广告，2002（1）：36.
② 王艳. 对发展我国广告代理制的思考［J］. 重庆商学院学报，1996（3）：55-58.

然在一定程度上推动了广告公司的迅速成长，1993年广告公司的营业额占比为34.44%，到2001年达到46.67%，2007年又退回到39.55%，但是广告公司营业额的增长并未改变中国广告业"强媒体、弱公司"的产业格局。

首先，尽管广告经营额比重上升，但是广告经营额的增长是基于广告公司数量的增加和广告从业人员数量的增加，从广告经营单位人均营业额来看，当年广告公司的人均营业额为3.22万元，广告媒介为14.96万元；2001年广告公司的人均营业额为7.91万元，广告媒介为43.93万元；2007年广告公司的人均营业额为9.04万元，四大媒介为83.88万元。[1] 由此可见，1993—2007年间，虽然广告公司也在不断成长，但是其增长方式主要是依靠粗放型增长方式，是依靠劳动力要素的增长。从广告从业人员的人均营业额的角度来看，广告公司和四大媒体的差距非但没有缩小，反而拉大了。

其次，广告公司经营的平均人员规模呈下降趋势。按照世界广告业规律，随着广告业的不断成熟，广告公司的规模应该不断扩大，单位人员规模应该不断增多，但是中国广告业出现了规模不断缩小的现象，特别是专业广告公司的平均人员规模由1990年的24.57人降低到10.56人（如表5-3所示）。1993年后开放私营广告公司经营权，广告公司的进入门槛较低，不需要很多的技术设备投资，由此迅速增加了一大批几人搭台唱戏的小广告公司。这类广告公司的出现对于整个广告业而言，有其利，他们经营方式灵活，可以承办"小而美"的业务，但同时，也有其弊，不利于广告业的专业化、规模化、产业化发展，不利于整个产业结构的优化和广告公司在这个社会结构中的功能发挥。[2]

表5-3　广告公司平均人员规模[3]

年度	广告经、兼营单位平均人员规模（人/单位）	专业广告公司平均人员规模（人/单位）
1990	11.86	24.57
1991	11.43	25.15
1992	11.11	18.53
1993	9.82	12.96

---

① 数据来源：《中国广告产业制度问题检讨》《中国广告30年全数据》。

② 田明华. 我国广告业处于"可喜"的势态吗？[J]. 中国广告，1999（2）：61.

③ 数据来源：《中国广告30年全数据》。

续　表

年度	广告经、兼营单位平均人员规模（人/单位）	专业广告公司平均人员规模（人/单位）
1994	9.53	11.96
1995	9.93	11.92
1996	9.69	11.22
1997	9.57	11.00
1998	9.41	10.56

21 世纪初期，中国广告公司掀起了一股"零代理"的恶性竞争。零代理就是广告公司将媒介佣金返还给广告主。首先，零代理违背了广告代理制度的初衷，广告代理制度的初衷是为了保护广告公司，改善广告公司的弱势地位，但是"强媒体、弱公司、强企业"的广告产业链格局，使广告公司陷入恶性竞争，由于没有足够的资金投入，广告公司失去发展动力，最终广告公司的服务大打折扣，广告公司之间陷入恶性竞争。其次，广告主没有认识到广告公司存在的价值。广告主愿意在媒体上投巨资，却不愿在广告设计制作上进行投入，导致广告内容同质化，广告重复播出，造成消费者对其反感，最终导致广告效果不佳，进而导致整个广告业产生有效性危机。

二、整合营销传播理论下的"大广告观念"

（一）观念裂变是广告业发展的内驱力

观念转型是广告业发展到一定程度的必然选择，树立大广告观念，重新界定广告，调整好广告业的内部循环结构，优化广告业与社会系统的互动关系。20 世纪 90 年代初，中国广告观念之争事实上是广告的科学性和艺术性之争。通过前文对 20 世纪 80 年代中国广告业的论述可知，20 世纪 80 年代的广告是一门单兵作战的艺术学，包括文字艺术和绘画艺术，广告界的代表人物张小平、韩子定都是美术出身，并成功地塑造了太阳神、维维豆奶、中国联通、浪潮电脑等知名品牌。跨国广告公司的进入和广告市场日趋激烈的竞争状况，要求我们树立"大广告观念"，将经济学、传播学、市场营销学的理论应用于广告专业当中。首先，从广告单元操作到树立整合传播观念，广告不是一条广告标语、一个点子或一张广告招贴画，而是整体的广告运动；整合传播理论的引入，并不是对广告艺术性或者广告创意的否定，而是广告专业的进化，整合营销传播正是在整合广告单元操作的基础上形成的。其次，从广告单元操作到形成以广告为主导的复合运动。所谓广告复合运动是指形成以广告为主导，以人员促销、公关关系为辅的市场运作。最后，从广告单元操作到 CIS 形象战略。过去广告创意只考虑广告的原创性、与产品的关联性和广告的震撼力。CIS 考虑整个广告形象系统的广告与企业文化相关联，广告与企业公共关系相关联。①

　　随着商品生产的发展，广告形式随之不断演进，广告形态日益多元，它在社会系统中的重要性也日益突现。一方面，广告在社会系统中的功能得到延伸。随着电子信息技术的发展，广告借助现代化传播手段，形成广泛的社会影响力，成为沟通生产、引导消费的桥梁。② 另一方面，品牌的内涵也发生了变化，20世纪八九十年代，名牌产品代表知名度高、质量好、国家优质产品评估体系遴选出的省级、部级优质产品，驰名商标建立在以产品为中心的基础上，这一阶段是我国品牌意识的萌芽阶段。1992 年之后，随着外国资本对中国企业的挤压，中国政府和企业开始意识到品牌不仅是区别同类产品的商品标志，而是一种资产，具有很高的附加值。③

（二）以广告为中心整合企业营销传播相关领域

　　网络营销所占的比重越来越高，在以网络营销为主导的整合营销时代，固守传统广告的方式必然会走向衰亡。整合营销是一种传播观念，以广告为中心整合营销传播的其他相关领域。随着媒体形态的多样化和受众的碎片化，通过一条广告实现"广而告之"的目标已经成为历史，整合营销传播的观念应运而生。大广告产业首先要确定广告业的核心竞争力，广告业作为商业服务业，其核心优势在于比广告主更懂消费者，广告的价值在于帮助广告主与消费者建立联系。广告价值的实现有多条路径，通过大众媒体实现广泛的告知只是其中之一，在大广告观念的指导下，围绕消费者的生活方式，做产业化的布局，是在新的社会结构和媒介环境下广告业的转型趋势。除了广告之外，还与广告主实现了营销领域更深层的合作。以汽车领域为例，广告公司与品牌深度合作，包括节目、内容、营销，甚至用户的运维和新零售的一系列合作。从合作的宽度来看，也围绕消费者的喜好，从体育、娱乐、生活节目等多个领域生产广告

① 孟建. 中国广告观念变革与运作形态 [J]. 中国广告，1997 (1)：5.

② 唐忠朴. 中国本土广告论丛 [M]. 北京：中国工商出版社，2004：5.

③ 黄升民，张弛. 改革开放以来国家品牌观念的历史演进与宏观考察 [J]. 现代传播（中国传媒大学学报），2018 (3)：1—9.

内容。

大广告观念是一个广告业重构的理念，未来的广告公司中不会有一个部门叫广告部，而是围绕消费者的生活方式做体育、娱乐等方面的内容运维。广告公司与品牌的合作不止于内容的合作，而是抓住核心用户的生活方式来布局广告，以此为品牌服务。广告公司作为品牌与媒体的中介，以消费者为中心开展内容服务，广告公司的职能不仅限于传统的媒介购买服务，而是深度参与节目内容的制作，广告公司参与内容制作的优势在于可以实现品牌与内容更好地融合。当然大广告观念并不是否定广告的价值，媒介环境越多元、越复杂，中心媒体的公信力、背书价值也就越突现。品牌需要有强大公信力的媒体为品牌背书，传统的硬广模式并不会随着媒体形态的变化而丧失广告价值，企业品牌的塑造除了短期的直接转化，更需要一个有强大背书效应的有公信力的媒体支持。

（三）从销售工具向文化传播载体的功能转型

生产力的发展和社会文明的进步，推动商品的广告宣传转向意识定位的广阔发展空间。随着物质产品的日益丰富人们走进了精神性消费领域，消费行为表现出鲜明的个性化趋势。品位、情调、心理满足等能展示个性特征的精神要素成为部分人购物的首要选择。生产和消费领域的观念转换，反映到广告活动中是以定位为原则的广告活动应运而生，使广告业的竞争内涵出现了质的变化。[1]

从价值生成的逻辑来看，文化是一个相对宽泛的概念，它是一个品牌内在精神的外化表现。构建消费文化空间，最重要的是明白向"谁"说的问题，要"以人为本"。消费文化空间的构建应该顺从消费者的内心需求，将消费者的动机、爱好、兴趣、需求与产品的性质、特点结合起来。[2] 广告作为文化的载体，对于品牌文化的传播，并不是通过传统的权威式的说教方式实现，而是通过潜移默化的方式实现。进入 20 世纪 90 年代以后，跨国企业的进入使中国市场的竞争日趋激烈，民族品牌也纷纷把市场竞争的焦点转向精神领域，希望通过推销意识来占领更为广阔的消费市场。推销企业理念的广告逐渐增多起来，大广告观念的践行通过广告产业链的拓展来实现，广告主不再满足于硬广宣传，而是希望和节目做深度融合，广告呈现出内容化的发展趋势。以《丑女无敌》为例，由联合利华植入了多芬、立顿等多个品牌，其中多芬倡导的品牌文化"自然之美"与电视剧的主题相切合，在电视剧播出的同时，将品牌所倡导的价值

①　罗志上 . 意识定位——跨越商品的广告宣传［J］. 中国广告，1998（3）：19.

②　武晓丽 . 旅游产品传播中构建消费文化空间［J］. 新闻界，2010（4）：87-188，9.

观念传递给消费者，植入广告与硬广相比，他所传递的观念虽然隐蔽但是更为深入人心。

三、广告推动中国文化的现代化转向

（一）广告与现代女性意识的觉醒

现代城市文化是以现代城市大众为消费对象，并通过城市大众传媒按照市场规律生产出来的文化产品。① 消费主义的兴起和女性意识的觉醒是现代都市文化的两个重要特征，广告对于消费文化的兴起和女性意识的觉醒具有重要的推动作用。现代化的都市空间为女性提供了更广阔的发展空间，男性和女性在智力上的平等弥合了在体力上的差异，女性在一定程度上获得了和男性同等的竞争机会。② 广告通过静态或者动态的影像制造出现代都市的生活场景，女性在这些影像的影响下意识到自身价值的多元性和丰富性，开始追求"贤妻良母"之外的社会角色。广告促进女性个人意识的崛起，广告传播使女性意识到自己作为主体的重要性，大规模的工业化生产重构了人与人之间的互动关系，这种互动关系通过社会生活中的凝聚在商品中的消费文化空间表现出来，在电视广告中，女性是主要的商品购买者，他们通过消费实现完美人生的梦想。但是在现实生活中，女性并没有放弃传统的女性角色，很多女性积极地工作并不是为了展现自我，而是为了减轻家庭负担，为子女创造更加优越的学习环境和成长条件。③

（二）户外广告与现代城市景观

闪烁的灯光是城市的生命之光，城市的商业和文化水平越高，城市户外广告的形式和数量也就越多。户外广告是城市现代化和城市繁华程度的重要标志，是城市经济发展的实力证明，通过户外广告可以看到城市的人文景观。作为中国国际化程度最高的上海市，也是中国户外广告最发达的城市。户外广告在上海广告业中占有很大的比重，20世纪90年代随着城市交通的立体化和建筑的高层化，户外广告快速增长，一大批富有时代气息、兼具思想性和艺术性的户外广告脱颖而出，广告人施展了自己的独特功能。户外广告在现代城市景观建设中的功能表现在如下两个方面：首先，户外广告能美化城市环境。以上海宜山路灯光工程为例，原先只是一条普通的小路，经过广告公司改造之后被评为上

---

① 刘泓.广告社会学［M］.武汉：武汉大学出版社，2006：176.
② 刘贺娟.都市意象的女性主义书写［D］.沈阳：辽宁大学，2008.
③ 张华.这样俘获女人心：都市新女性广告攻略［J］.中国广告，2004（1）：27-31.

海市十大特色街道;① 其次，户外广告能彰显城市特色，纽约时代广场，香港中环、铜锣湾，伦敦莱斯特广场，东京新宿站等世界商业中心的户外广告都成为城市独特的风景线。

户外广告是一个城市软实力的表征，作为现代都市的重要组成部分，其价值必须得到政府、广告主和社会公众的认可才能产生良好的社会效益。首先，从政府的角度来讲，要将户外广告置于城市整体规划的高度，协调好户外广告与城市经济发展、城市景观建设的关系。其次，从广告主的角度来看，要做好广告的市场调查，广告内容要同周边环境、广告受众需求相匹配，增加广告的吸引力和传播力。第三，从社会公众的角度来看，广告要满足社会公众的文化需求和审美需求。户外广告是城市文化的重要载体，其价值实现过程是资源优化组合的过程，也是一个经济效益、社会效益、环境效益整合的过程。

（三）公益广告的社会性发展与价值建构

公益广告伴随着新中国大众传媒体系的成立而诞生，早期的公益广告内容主要涉及抗美援朝、建设社会主义、"除四害"等社会公共性内容，广告形式以口号标语和政治通告为主。1986年贵州电视台的《节约用水》广告，在中国广告史上具有里程碑的意义，它不同于一般的口号式宣传，而是将广告与市民切身感受相结合，引起公众的共情。② 1987年央视开创《广而告之》栏目，标志着公益广告活动告别了零散、无组织的状态，开始步入有目的、有组织、有计划的事业发展期，③ 该栏目不仅收视率很高，而且有利于提升央视的媒体形象和引导社会公众形成正向的价值观念。公益广告的内容涉及社会生活的广泛领域和各个层面，在社会转型的关键时刻起到关怀个体生命、鼓舞公众的作用。

（1）公益广告的社会性发展

公益广告在中国有漫长的发展历史，但是早期公益广告的发布主体较为单一，媒体自发组织是早期公益广告的主导力量。公益广告虽然自诞生之日起就因为它的社会公益性而广受欢迎，但是广告制作费和刊播费始终是阻碍公益广告发展壮大的最大障碍。1993年央视采用企业署名的方式解决公益广告的制作经费问题，即在节目片尾为企业署名，最早孔府家酒、海尔、联想等企业都曾

---

① 佚名. 广告与城市建设——与上海开隆广告装潢有限公司总经理沈宗良一席谈［J］. 中国广告，2001（1）：86-87.

② 唐忠朴. 中国本土广告论丛［M］. 北京：中国工商出版社，2004：222.

③ 黄艳秋，杨栋杰. 中国当代商业广告史［M］. 郑州：河南大学出版社，2006：227.

经以这种方式加盟。① 海尔集团通过制作《海尔兄弟》动画片，一方面向受众传递科学知识、表达公益观念，另一方面将企业形象和公益事业巧妙地联系在一起，可谓一举多得。央视此举开启了企业参与公益广告事业的先河，企业成为参与公益广告制作的重要力量。公益广告的社会性发展对于培育企业的社会责任意识、发展壮大中国公益广告事业和构建社会公序良俗价值体系具有重要的意义。1996 年，国家工商总局推出"中国好风尚主题公益广告"，活动的问世具有划时代的意义，它标志着政府开始加强对公益广告的管理，公益广告活动由最初的广告媒体单位自发开展的活动转变为由政府主导的有目的、有规则、有主题的活动。

（2）公益广告倡导社会行为、构建价值准则

本文选取了 1986—2008 年间有代表性的若干公益广告，并对其宣传主题和社会功能进行分类。研究发现公益广告的功能主要集中在倡导良好社会行为和构建社会价值体系两个方面。而倡导良好社会行为又可以分为良好个体行为、良好公众行为两类，比如《节约用水》《注意交通安全》《实行计划生育》属于良好的个人行为，体现公民的素养；《榜上无名，脚下有路》《从头再来》《知识改变命运》《生命的辉煌》给予身处困境的人们以鼓舞和希望，这类广告虽然也倡导良好的个人行为，但更多在强调对个体精神引领和鼓舞的功能；《希望工程》倡导救助失学儿童，《保护森林》《禁渔期、禁捕捞》则涉及社会公共利益。其次，公益广告具有构建社会价值体系的教育功能。《洗衣机的功能》描述了一对青年夫妇虐待老人，将老人视为洗衣机的有悖传统伦理的事件，以此倡导社会尊老爱幼，孝敬老人；《回家》主题公益广告倡导社会和谐、家庭和睦，不要因为工作而忽略了父母；2003 年非典期间，央视联合各大企业推出了抗疫系列公益广告，如《不能篇》歌颂那些疫情期间坚守工作岗位的一线人员，《生命永不言败》《英雄篇》给世人以鼓舞，对于增强社会凝聚力、战胜疫情、坚定社会信心具有重要的作用。

---

① 郑文华．好雨知时节，当春乃发生——论电视公益广告在我国的发展历程［J］．声屏世界，2004（1）：11.

表5-4　代表性公益广告整理

公益广告	制作平台	宣传主题	社会功能
《节约用水》	贵州电视台	节水意识	倡导良好社会行为
《希望工程》	中央电视台	失学儿童	倡导良好社会行为
《实行计划生育》	广东电视台	政策宣传	倡导良好社会行为
《洗衣机的功能》	湖南电视台	孝敬老人	社会价值体系构建
《如此这般何时得了》	中央电视台	反腐倡廉	社会价值体系构建
《不该流出的泪水》	河南电视台	家庭和谐	社会价值体系构建
《回家》	北京印象广告公司	家庭和谐	社会价值体系构建
《反对家庭暴力》	中央电视台	家庭和谐	社会价值体系构建
《注意交通安全》	广州电视台	生命安全	倡导良好社会行为
《保护森林》	桂林华顿广告公司	环境保护	倡导良好社会行为
《禁渔期 禁捕捞》	珠江电视台	环境保护	倡导良好社会行为
《抗洪救灾系列》	——	社会灾难	倡导良好社会行为
《榜上无名，脚下有路》	中央电视台	落榜考生	倡导良好社会行为
《从头再来》	中央电视台	下岗职工	倡导良好社会行为
《知识改变命运》	香港长江实业与和记黄埔合资	青年人	倡导良好社会行为
《交警形象篇》	山东电视台	警民相互理解	社会价值体系构建
《勿忘历史》	大连电视台	反对战争	社会价值体系构建
《生命的辉煌》	大连电视台	残疾人运动会	倡导良好社会行为
《避免意外怀孕》	中央电视台	推广安全套	倡导良好社会行为
《预防艾滋》	中央电视台	推广安全套	倡导良好社会行为
非典公益广告《不能篇》	海尔赞助央视	坚守岗位	社会价值体系构建
非典公益广告《章子怡篇》	蒙牛乳业	良好卫生习惯	倡导良好社会行为
《我们在一起》	中央电视台	汶川地震	倡导良好社会行为
《天佑中华，众志成城》	中央电视台	汶川地震	社会价值体系构建

第三节 广告促进现代化经济文化体系建设

一、广告业与民族经济共同成长

1993—2007 年的广告研究中，企业管理、品牌战略成为重要的关键词。广告对于企业而言不是简单的商品买卖，而是重要的战略性资源，广告投放是一种投资行为，而不是消费行为。[①]

（一）广告与国民经济发展的正相关关系

一直以来，广告业发展与国民经济的关系研究是国内广告研究的热点。广告业作为独立产业、生产性服务业、文化创意产业，分别从直接效应、间接效应和催化效应三个层面作用于国民经济的增长。[②]

表 5-5 广告业发展与国民经济曲线吻合度分析[③]

年份	广告业年度增长率	GDP 年度增长率	年份	广告业年度增长率	GDP 年度增长率
1982	21.33%	8.93%	2001	10.34%	8.34%
1983	35.90%	10.84%	2002	11.99%	9.13%
1984	35.89%	15.14%	2003	16.27%	10.04%
1985	39.67%	13.44%	2004	14.70%	10.11%
1986	28.40%	8.94%	2005	10.72%	11.40%
1987	24.01%	11.69%	2006	9.96%	12.72%
1988	25.52%	11.23%	2007	9.65%	14.23%
1989	25.31%	4.19%	2008	8.35%	9.65%
1990	20.10%	3.91%	2009	6.93%	9.40%

---

① 郭振玺.与客户共成长，与中国经济共成长 [J].中国广告，2004（8）：164.

② 姜照君，赵林婷.广告业对国民经济增长的推动效应研究——以江苏省为例 [J].文化产业研究，2014（2）：58-70.

③ 数据来源：国家工商总局、国家统计局发布数据整理。

年份	广告业年度增长率	GDP 年度增长率	年份	广告业年度增长率	GDP 年度增长率
1991	28.70%	9.29%	2010	12.80%	10.64%
1992	48.30%	14.22%	2011	25.12%	9.55%
1993	49.38%	13.87%	2012	33.47%	7.86%
1994	33.04%	13.05%	2013	6.40%	7.77%
1995	26.72%	10.95%	2014	10.45%	7.42%
1996	25.47%	9.93%	2015	6.16%	7.04%
1997	20.63%	9.23%	2016	7.95%	6.85%
1998	14.11%	7.84%	2017	5.91%	6.95%
1999	13.54%	7.67%	2018	13.70%	6.75%
2000	12.71%	8.49%	2019	8.54%	6.11%

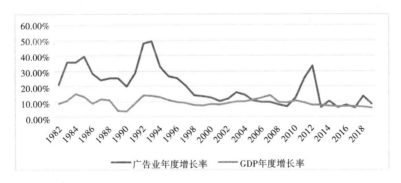

图 5-4　广告业发展与国民经济曲线吻合度分析

从总体上看，广告业年度增长率与 GDP 的年度增长率呈正相关关系，2000
年之前广告业增长率高于 GDP 增长率的 1.5 倍，这是广告业发展的普遍规律。①
从图 5-4 可以看出，有三个阶段数据吻合度较低，第一阶段是 1992—1994 年
间，广告业高速增长而 GDP 相对平缓；第二阶段是 2005—2010 年间，广告业的

---

① 王红缨．新疆广告产业发展研究［D］．武汉大学，2015.

增长率低于 GDP 的增长率，这与广告业的发展规律相悖，出现 GDP 持续增长而广告业增长率持续放缓的现象；第三阶段是 2011—2012 年，广告业再次出现高速增长，但是这次的高速增长仅维持了两年。

1992—1994 年间，广告业高速增长的原因是 1993 年我国从政策层面明确了广告的产业化发展道路，1992 年允许广告公司由私人开办，广告公司数量一举由 79 家增长到 573 家；1993 年从中央到地方各媒体纷纷扩版、增时、上调广告刊播费，因此在此期间广告业获得了迅猛增长。2005—2010 年广告业增长率低于 GDP 的增长率，究其原因，首先广告业发展进入一个相对平稳的成熟发展阶段，将广告业放在改革开放四十年的历史进程来看，20 世纪 80 年代的广告业处于"低起点，高增长"的状态，经过 20 年的发展，广告业逐渐回归理性。[①] 其次，在互联技术的支持下，广告形式日益多样化，一些新型的广告营业额并未纳入统计范畴，这是导致广告年度增长率放缓的原因之一。以 2019 年为例，官方统计数据显示互联网广告总收入约 4367 亿人民币，[②] 但是根据 Morketing 的盘点，17 家头部互联网企业 2019 年的广告收入为 6290 亿元，两者之间存在很大的差距。

表 5-6　17 家互联网公司 2019 年广告收入榜[③]

序号	公司名	广告总收入（亿元）	同　比	业务占比	备　注
1	阿里巴巴	1745.74	26.14%	38.00%	含第三方佣金
2	字节跳动	1500.00	—	—	未上市，该数据为市场报告
3	百度	781.00	-4.64%	72.70%	—
4	腾讯	683.77	17.73%	18.00%	—

[①] 丁俊杰.2005 年中国广告业现状与发展趋势 [J].中国广播电视学刊，2006（1）：78.

[②] 中国市场监管报.2019 年我国互联网广告总收入约 4367 亿元 [EB/OL].（2020-01-15）[2020-12-20].https：//baijiahao.baidu.com/s? id=1655720800853638428&wfr=spider&for=pc.

[③] 顾明毅.中国互联网公司 2019 年收入排行及营销效率 [EB/OL].（2020-04-27）[2020-05-01].https：//www.bilibili.com/video/av200487678.

Morketing.中国 22 大互联网公司广告收入榜（2019 年全年）[EB/OL].（2020-03-21）[2020-05-01].https：//baijiahao.baidu.com/s? id=1661718027837789120&wfr=spider&for=pc.

序号	公司名	广告总收入 （亿元）	同 比	业务占比	备 注
5	京东	426.80	27.32%	7.40%	含第三方佣金
6	拼多多	268.14	132.45%	76.83%	—
7	美团	158.40	68.70%	16.20%	—
8	新浪	123.23	2.69%	80.55%	含微博与门户的广告营收
9	58同城	101.59	22.66%	53.16%	—
10	搜狐	84.82	0.98%	64.49%	—
11	爱奇艺	82.87	-10.89%	28.60%	—
12	搜狗	75.59	12.55%	94.49%	—
13	网易	74.96	—	12.65%	2019年3月起广告与其他业务合并计算
14	趣头条	54.15	92.32%	97.16%	—
15	易车	50.00	—	45.94%	含订阅服务和数字营销业务
16	唯品会	42.74	41.80%	4.60%	—
17	汽车之家	36.53	19.15%	43.38%	—
18	总计	6290.00	—	—	

备注：个别公司数据由美元换算为人民币展示，汇率为1美元＝7.0826元。

（二）广告对振兴民族品牌的价值

（1）民族工业的危机与振兴民族品牌的必要性

国家经济的强大，必须依赖于民族工业的强大。如图5-4所示，1992年广告业的增长率高达48.30%，谈民族品牌的危机似乎是杞人忧天，然而随着我国开放的进一步扩大，跨国资本进入中国，其目标正是当时拥有近12亿人口的中国市场。外资品牌对民族工业的冲击来自两个方面。一是外商凭借成熟的市场推广策略和先进的生产工艺占领中国市场。截止1998年，进入中国市场的国际品牌累计超过250个，横跨家电、日化、食品、酒类、保健品等产业，并且以每年10%以上的增速占领着中国市场。① 以照相机市场为例，日本的尼康、美能达、松下、卡西欧等品牌全面占领中国市场，而民族品牌产品大量积压，连年亏损，就连我国日化市场也逐渐被宝洁、联合利华、花王等品牌蚕食。二是通过资本输出的方式挤压民族企业。外商通过并购的方式兼并民族企业，民族企业成为跨国公司的代工厂。以电视机市场为例，上海"金星"被"日立"取代；天津"广通"被"三星"吞并；荷兰"菲利普"与"孔雀"电视机联营后，"孔雀"逐渐淡出历史舞台。大量的民族企业由于对品牌重要性的认知不够深入，而在外商投资的利诱下，让渡出品牌的使用权，民族品牌陷入了危机。

1993—2007年间，民族品牌产生危机的原因主要有以下两个方面。第一，民族企业与外商的经济发展水平差异较大。经济体制改革将长期处于统购统销的计划经济体制下的民族企业推向了市场，在成熟的外资品牌面前，民族企业无论是生产技术还是管理水平都与国际企业的先进水平相距甚远。1995年日本索尼和上海民族企业合资成立上海索尼公司，合资企业成立后使用"索尼"品牌，从短期来看，民族企业在产品技术和销量上均有大幅提高，但是从长远来看，这是以牺牲民族品牌为代价换来的。第二，企业的品牌意识薄弱。1990年上海美加净稳居中国护肤品行业的第一梯队，但是在招商引资政策下于1991年与美国庄臣成立合作公司，品牌以1200万的价格被收购，收购后品牌便被雪藏，这是当年被收购品牌的普遍命运，熊猫、活力28、小护士等品牌都是如此。1994年以5亿元的代价买回美加净品牌，品牌回归后，又受到市场变迁、消费升级等因素的影响，再也无法恢复当年的地位。民族企业由于不重视品牌而付出的代价不可谓不大。

（2）广告业对于民族品牌塑造的价值

①先进营销理论的引入。广告学界和业界将品牌定位理论、4P营销组合、品牌形象理论、USP理论、CI理论等国外先进的营销理论引进中国，并将其本土化。以定位理论为例，里斯的定位理论是让产品在消费者心中占领一个明确的位置，而非产品销售给特定的群体；但是在中国营销界，将定位理论与市场细分理论融合起来，因为中国市场广且差异性大，即便是一个细分也是一个很大的市场。定位理论和市场细分的结合有利于消费者与品牌建立良好的关系。

②将市场调查的方式引进中国，帮助企业从源头创新。雪花啤酒通过对中国消费者调查发现，中国人习惯在饭桌上喝酒，且中国的酒桌文化会让消费者

① 邱更生，周滨. 民族工业的危机与名牌战略的实施（上）[J]. 中国广告，1998（3）：21-23.

单次喝掉大量的啤酒，因此会上头；而欧美人则将啤酒当作饮料，习惯小口慢呷。雪花啤酒看到中国市场的独特性之后，为中国消费者生产"畅饮不上头"的清爽型啤酒，在尊重消费者习惯的同时，也为品牌自身创造增量。①

③挖掘文化内涵，助力品牌传播。企业文化具有完整性、异质性和系统性。以方太厨具为例，中国作为一个注重饮食文化的国家，消费者对厨房的重视程度越来越高，对厨房品类的需求也在不断增强，但是因为消费者对厨房的想象力比较匮乏，所以还需要加以引导。方太推出广告《妈妈的时间机器》来讲述妈妈的梦想，这与中国传统文化倡导母亲为家庭无私奉献的文化观念有所不同，它是提倡对女性的关爱从一个洗碗机做起。

（三）广告对民族品牌国际化的价值

（1）纽约曼哈顿时代广场是中国品牌国际化传播的起点

1995 年"三九药业"广告登上了美国纽约曼哈顿时代广场的舞台，这是中国品牌首次在时代广告亮相，也是中国品牌国际化传播的起点。② 品牌对一个国家的重要性不言而喻，拥有众多国际化品牌是一个国家实力的象征，优质企业品牌甚至可被称为国家形象的最好代言人，正如苹果代表了美国人不断创新的精神，奔驰是德国制造水平的代言，香奈儿是法国人高雅浪漫的代言。企业品牌不仅为企业创造销量，更是国家的形象和国际交往的名片。中国政府很早就意识到品牌建设不仅是商业层面的促进销售问题，而是中国在国际竞争中获胜的重要武器。1996 年《质量振兴纲要》指出要"实施名牌发展战略，振兴民族工业"。从 1996 年开始，大力扶持企业品牌建设成为中国政府重要的经济战略，蒙牛乳业、大白兔奶糖、回力运动鞋、长虹电器、娃哈哈食品等民族品牌就是在这一时期发展起来的。

（2）中国企业的海外拓展和海外并购

1999 年海尔成立了美国制造中心，成为第一家在美国成立生产中心的中国公司。2001 年，海尔耗资 1500 万美元购买 Greenwich Bank Building 并将其更名为"海尔大厦"，成为海尔品牌形象展示的重要窗口，之后还将公司附近的一条道路命名为"海尔路"。③ 海尔作为中国企业海外拓展的先行者，实现了中国品牌出海和中国品牌国际化的第一步跨越。TCL 收购"高威达"，联想并购 IBM 个人电脑业务，吉利并购沃尔沃，只有中国企业真正进入全球化市场，中国品牌

① 何海明. 从产业变化看未来［M］. 北京：经济科学出版社，2017：38.
② 范鲁彬. 95 中国广告界引人注目的几件事［J］. 中国广告，1996（2）：3.
③ 赵寰. 中国企业品牌国际化传播研究［D］. 武汉：武汉大学，2013.

传播的国际化才是现实的。中国企业开启品牌国际化传播，对于企业和国家都具有划时代的意义，是中国企业参与国际竞争的起点，大大推动了中国企业建设世界品牌的进程。

（四）广告推动企业向知识经济转型发展

广告对于社会的价值不仅在于其 GDP 的产值，时光荏苒，留下的终将只是一行行数字，比这些数字更为重要的是抵达大众的心灵深处，为社会重建精神价值。在后工业社会，对于知识价值的创造已经成为促进经济增长和企业获取利润的主要渠道，以科技变化为动因，人们的价值观将发生变化，社会的基本结构也将随之变化。工业社会初期，广告的价值在于沟通产销、促进商品流通，但是随着社会生产力水平的提高和互联网的应用，广告的价值发生了转向。广告成为将创造性知识、文化劳动、物质产品融为一体的奇特的力量，而价格也可以通过品牌价值的增加而提升，这部分品牌价值似乎跟劳动没有关系，但是它已经成为商品生产的重要环节。以咖啡为例，它不仅是一杯饮料，它还具有象征意义，与喝咖啡相关的仪式通常比喝咖啡更为重要。①

广告业正在将知识封闭化、私有化，或将其转变为商品，这是当代资本主义发展的特征。② 知识作为一般智力的主要要素属于生产力的范畴，它物化于生产过程中并在某种程度上影响着生产关系的变化。知识无疑是有价格的，当代资本主义的一个重要特征就是知识产权的兴起。在后工业社会，知识生产具有高收益性，这是经济发展的决定性因素，应该鼓励在广告中应用知识；另一方面，以知识为基础的资本主义社会中，劳动转变为认知能力，外在于工业生产线的劳动（例如设计和市场营销）变成了资本内部最为核心却充满张力的要素，也即齐泽克意义上的"资本的症候"，它将导致资本主义的崩塌。③

二、广告倡导现代化文化观念建构

（一）广告引导商品消费符号化

广告的价值不仅仅是信息传播的工具，而且蕴藏着巨大的社会意义和社会价值，广告具有人文性、科学性，与时代、社会紧密相连。1979—2007 年居民

---

① ［英］安东尼·吉登斯，菲利普·萨顿. 社会学（第七版）［M］. 赵旭东，等译. 北京：北京大学出版社，2015：4.

② ［美］大卫·哈维. 马克思与《资本论》［M］. 周大昕，译. 北京：中信出版集团，2018：151.

③ 黄玮杰. 一般智力、价值形式与激进辩证法［J］，贵州师范大学学报（社会科学版），2018（2）：34-40.

消费结构发生了三次大的变迁，每一次消费结构的变迁都是伴随着消费观念的变迁。1979—1984年是我国消费结构的第一次大变革，其目标是实现温饱，1978年我国城乡居民的消费构成中，生活必需品持续占有较大比重，属于"滞后性消费"，这一时期受到传统文化的影响，"勤俭节约"是当时社会的主流消费观。1985—1997年是我国消费结构的第二次大变革，社会各个阶层的收入差别日渐显现，开始出现消费分化，这一时期适度消费成为主流意识形态，消费者的自我保护意识开始形成。1998—2007年是我国消费结构的第三次大变革，居民消费基本实现了从"温饱型"向"小康型"社会的转变，居民消费开始转向住宅、交通、教育等中长期消费领域。① 当中国消费结构进入发展型、享受型社会之后，跨国广告公司进入中国，消费主义文化通过广告在中国传播开来。

广告对消费观念的引导体现在以下方面：

第一，日常生活乌托邦化。广告在叙事结构和文本构建方面与乌托邦最为相似，化妆品广告中的女性年轻貌美，日用品广告中的女性贤惠淑良，广告中的男性努力工作加班到很晚，广告中出现的人物画像与乌托邦中的人物建构有着相似之处，他们都是缺乏变化的、完美的，强调消费而不是生产，几乎不存在冲突和烦恼，或者有烦恼也可以通过"消费"轻易解决的。广告在消费者心中构建乌托邦的图景，品牌联想的空间越大，越容易对消费者产生品牌吸引力。第二，商品消费符号化。在消费社会，人们通过附着于商品之上的符号来获得身份的认同，品牌符号直接彰显社会身份，同时引领社会审美风尚和社会审美潮流。在大众文化流行的时代，广告成了构建审美乌托邦的主要渠道，人们的审美取向、审美趣味都受到广告的影响。特别是电视广告对消费者的感官刺激性最强，是最为有效的品牌符号构建途径。电视时代的审美乌托邦建构延续至互联网中。电视广告、网络直播中的视觉符号、声音符号被赋予审美内涵，使消费者获知、认同进而购买商品。第三，消费区隔的形成。广告通过创意和媒介策划为商品与消费者身份创建关联性，并形成消费区隔，商品不仅仅是物品，而是承载着一定的象征意义，消费也不仅是购买行为，而是成为彰显消费者身份地位的标志。② 广告所构建的消费区隔，并不是为了让人各安其分，而是让消费者产生身份焦虑并通过消费来弥合这种焦虑。

（二）广告引导现代生活方式的构建

生活方式是消费者价值观的自我表达，是建立在物质基础上的精神消费。③

---

① 李琴．中国传统消费文化研究［M］．北京：中央编译出版社，2014：187-192.

② 王雷．广告：日益虚幻的世界［J］．中国广告，1999（4）：65-66.

③ 程士安．消费者洞察［M］．北京：中国轻工业出版社，2003：45.

回顾改革开放以来 40 年的历史，不禁感叹广告对现代生活的影响力，广告在加速推广现代生活方式方面具有很强的示范效应。日本博报堂提出用"生活者"的概念取代"消费者"，人不仅作为经济层面的消费者，而且作为社会人，有自己的社交、家庭、职业追求、自我价值、社会价值。广告公司需要将受众看作有血有肉的生活者，只有从他们的价值观、生活观等更深层次了解他们，才能在人们生活方式的建构上起到引领的作用。① 著者整理了 27 条有代表性的广告语，经研究发现，广告在人们现代生活方式的建构方面有重要的引导作用，具体表现在以下 8 种趋势（如表 5-7 所示）。

表 5-7　广告与现代生活方式建构

广告语	品　牌	现代化生活方式
偷偷学习的猫	终身学习函授课程	注重自我提升，终身学习
为你的梦想插上语言的翅膀	英孚教育	
心有多大，舞台就有多大	央视公益广告	
跑下去，天自己会亮	New balance	
三千烦恼丝，健康新生活	潘婷	追求健康生活
现在不养生，以后养医生	足浴店	
促进健康为全家	舒肤佳	
所有的精打细算，都是在为爱打算	支付宝	理财、投资
好未来	泰达荷银货币市场基金	
为信任风险回报	华夏基金	
不在乎天长地久，只在乎曾经拥有	铁达时手表	体验消费模式
原来生活可以更美的	美的	
一旦拥有，别无选择	飞亚达	
尽情享受吧	雀巢冰淇淋	注重自我感受
一呼天下应	润迅	
个性主义的时代看法	LG 未来窗液晶电视	
喜欢有什么不可以	阿尔卡特（手机）	
时间因我而存在	罗西尼表	

---

① 张健. 博报堂："生活者"品牌理论的布道者 [J]. 广告大观，2005（2）：64-66.

续　表

广告语	品　牌	现代化生活方式
让你心跳，不如尖叫	尖叫	追求刺激、冒险
享受黑夜中偷拍的快感	西门子 S57	
时刻准备着，美丽不打折	女性用品专卖店	女性价值
十足女人味	太太口服液	
美来自内心，买来自美宝莲	美宝莲	
比女人更了解女人	雅芳	
科技以人为本	诺基亚	体验高科技
成功与科技共辉映	奥迪	
科技让你更轻松	商务通	

通过对广告语与现代生活方式的分析可知，广告通过对消费者的心理暗示，使人们不断消费升级。日本某终身学习函授课程推出《偷偷学习的猫》，猫咪每天偷偷学习技能哄老奶奶开心，这是一则充满人文关怀的广告。一方面体现对独居老人的关怀，她们需要更多的陪伴和关怀；另一方面，连猫咪都在每天偷偷学习，人还有什么理由不学习呢？终身学习，不断地提升自我已经成为现代人的一种生活方式，在央视公益广告、New Balance、英孚教育等广告中都可以看到这种价值观的表达。现代人对生活品质的追求主要表现在对产品除了功能性价值之外的要求，更注重消费体验、自我感受、惊险刺激、高科技等非功能性价值，比如雀巢冰淇淋的"尽情享受吧"，润迅通讯的"一呼天下应"。在中国传统文化中，提倡谦虚、禁欲，广告所倡导的现代生活方式更注重消费者的自我感受，享受科技进步给人带来的便捷。

传统企业和营销理论将广告视为销售工具，利润是企业的唯一追求，进入21世纪，企业越来越深刻地认识到要将企业价值的实现建立在为更多人创造幸福生活的基础上，利润只是企业为消费者服务的附加价值。[①] 作为现代社会最重要的信息沟通方式之一，广告将最新的科技成果和最时尚的生活方式带给消费者，广告的角色决定了它对现代人生活方式和价值观的影响。广告作为新生活方式的推广者，广告人在寻求商业回报的同时，更应该注重对生活者的人文关怀。

---

① 戴承良．新广告运动论纲（下）［J］．中国广告，2001（2）：95-98．

（三）广告倡导对话思维

对话思维是与独白思维相对的一组概念。独白思维是一种传播者扮演话语权威角色的单向度内容输出。① 本节所探讨的对话思维是一种广义的范畴，除了包含显在的语言沟通行为之外，还包括行为者的阅读、思考等独处行为，只要存在不同意识之间的相互作用即可称为对话思维。② 对话思维要求摒弃大众传播时代割裂的媒介关系，让广告在重新回归到人与人，人与媒介，人与社会的关系中，强调广告行业关注社会议题的多重维度。③ 纵观中国广告40年的发展历程，广告业的恢复本身就是一场官方与民间的对话，一场中国与世界的对话，代表了一个新时代的开始。天津日报和上海电视台的第一条商业广告开启了收费广告的新时代。广告在经历了数十年计划经济时代的沉寂之后，重新在阳光下自由呼吸。瑞士雷达表是中国电视史上第一条外商广告，同时雷达表在《文汇报》做了手绘广告，直到1983年雷达表才真正进入中国市场。雷达表在进入中国市场后便销售火爆，广告的符号价值远大于其经济价值，作为第一条外商电视广告开启了消费者通过电视媒体与世界对话的先河。从更深的层次来说，广告本身就是中国与世界的对话，是中国在向世界宣告：中国的市场开放了，中国人的观念更新了，中国的改革开放正在不断向前推进。

市场调查被称为广告业最伟大的成就。④ 市场调查是广告作为企业与消费者之间的对话桥梁。第一，市场调查是企业品牌定位和广告创意的来源。1997年农夫山泉在上海做市场调查，其间一位小朋友在品尝之后脱口而出："有点甜！"以市场调查为创意来源，结果"农夫山泉"不仅销量大增，还成为20世纪中国最有影响力的十大广告语。第二，市场调查是企业发现问题的渠道。速溶咖啡刚刚上市的时候，以方便、省时为品牌诉求，但是在市场上反应平平。市场调查显示，原因是"不喜欢速溶咖啡的味道"，但是被调查者又不能准确描述出味道的差异。市场调查公司又对消费者潜在动机做进一步调查，调查发现消费者内心认为速溶咖啡代表懒惰、邋遢的形象。而在20世纪初的美国社会中，女性的社会角色是相夫教子，她们不希望自己被认为懒惰、邋遢。咖啡公司通过市

---

① CRONIN A M. Researching Urban Space, Reflecting on Advertising [J]. *Space and Culture*, 2011, 14（4）：356-366.

② 胡凯云. 对话在博物馆展览中的意义及运用研究 [D]. 杭州：浙江大学，2017.

③ 武晓丽. 大众图书出版的观念转型研究——基于"中国好书"获奖作品的实证研究 [J]. 编辑之友，2019（12）：20-24.

④ ［美］杰克逊·李尔斯. 丰裕的寓言——美国广告文化史 [M]. 任海龙，译. 上海：上海人民出版社，2005：148.

场调查找到了问题的所在，重新设计了广告标语："100%真正的咖啡。"新的广告标语消除了消费者对广告的偏见，伴随着女性解放，她们的社会角色由单一走向了多元，速溶咖啡获得了消费者的广泛认同。第三，市场调查是企业创新的法宝。宝洁作为日用品之王，非常重视与消费者的互动与对话，在同一品类中开发不同的品牌占领市场是企业制胜的法宝，而产品开发的基础便是顾客需求。公司设立"消费者服务部"和800免费电话，目的是建立与消费者的对话渠道，定期向董事长呈报消费者的意见和建议。宝洁将消费者的建议作为最高决策层做决策的重要参考，并据此开发出许多新的产品。比如纸尿裤原本只是针对婴儿的产品，在与消费者的对话中，发现了还有一个特定的群体——失禁的成人，宝洁据此开发出一款适合成人新的产品。在洗发水领域，宝洁中国市场也同时有潘婷、海飞丝、飘柔等品牌，以满足不同消费者的需求。①

（四）广告宣传现代身体健康标准

刷牙、洗头、喝牛奶已经成为现代中国人的日常，事实上100年前的中国人是不刷牙的，洗头也不是日常，牛奶只是王公贵族的盘中珍馐。众所周知，正确地刷牙可以预防很多牙齿疾病，有利于国人的口腔健康，早在新中国成立初期，政府就非常重视口腔卫生宣传。然而在广大农村地区，人们的口腔健康意识始终没有培养起来，随着牙膏广告的广泛传播，人们逐渐培养起每天刷牙，甚至早晚刷牙的习惯。在家居生活和个人卫生方面，广告显示出"强大的益处"，从繁华的都市到西北的农村，家家的卫生间都装上了污水处理管道，男人的络腮胡和啤酒肚逐渐消失，女人的体毛和青春痘也不见了。广告通过不懈地宣传，将丰裕形象抽象化，直接影响现代人的健康和审美标准，这种特征在进入21世纪后比在传统商业中更彻底。现代广告倡导结实紧绷的年轻躯体形象，男人越来越像男孩，女人越来越像女孩。人们通过健康的饮食和运动健身保持身体健康和身材匀称。现代广告并不在广告中直接谈性，而是将这种色情的欲望用卫生和医学的直白术语体现出来。现代人健康和审美标准的改变也反映出，狂欢式的生活正在被排挤至社会边缘，代之以自律、健康的现代生活观念。

---

① 西蒙·洛本特. 宝洁160年营销策略［M］. 呼和浩特：内蒙古人民出版社，1998：111.

第六章　媒介数字化时期广告的价值分析

2008 年被称为中国广告的"临界状态"。自 2008 年起，国家出台了一系列政策支持广告业的发展，《关于促进广告业发展的指导意见》提出广告业又好又快的发展目标，并进一步提出要构建广告业公共服务管理体系，壮大公益广告事业的目标；①《文化产业振兴规划》中明确广告是文化产业的重要分支，并提出振兴文化产业，必须将社会效益放在首位，满足人民群众多样化、多层次、多方面的精神文化需求。② 从广告实践的角度来看，2008 年是中国传统广告业发展的高光时刻，戛纳国际广告节上中国第一次赢得金奖，中国广告创意水平获得国际认可；在雪灾、地震等灾难面前，广告业体现出了应有的担当。③

从技术变迁的角度来看，2008 年是中国互联网移动化、社交化的开端。大数据、算法、人工智能等新兴技术在广告和社会生产生活的各个领域中广泛应用，甚至引起了社会治理、国家战略层面的变革。2008 年 3 月，国务院成立工业和信息化部成为互联网行业的主管部门，政府开启了对互联网行业的监督和管理，结束其野蛮生长的状态。2008 年 6 月，国家主席胡锦涛与网友在线交流，9 月总理温家宝根据博客举报处理山西娄烦事故，互联网成为公民参政议政的新通道。同年开心网、校园网等社交网站迅速传播，网络媒体的社交属性突现。在基础设施建设方面，2009 年三大运营商开启 3G 网络服务，标志着中国正式进入移动互联网时代，网络技术的应用为移动终端服务的发展提供了无限可能性。

数字技术革命使人类生活形态发生了很大的变化，网络社会并不仅仅指互联网的线上空间，而是将线上和线下连接起来的网络世界，它将彻底改变传统

---

① 国家工商总局. 国际工商总局、国际发展改革委关于促进广告业发展的指导意见［EB/OL］.（2008-07-07）［2021-01-22］. http：//www. mofcom. gov. cn/article/b/g/200807/20080705648046. shtml.

② 新华社.《文化产业振兴规划》全文发布［EB/OL］.（2009-09-26）［2020-12-30］. http：//www. gov. cn/jrzg/2009-09-26/content_ 1427394. htm .

③ 小智. 2008，中国广告业大事记［J］. 中国广告，2009（2）：44-45.

的时空认知，改变传统的工作、交流方式。① 互联网技术的发展推动整个社会进入一个跨时代的领域，广告业作为整个社会系统中的一个子系统，宏观环境的变化必然会引起整个广告业生产经营的变革，甚至改变其在整个社会中的角色和价值。数字技术为广告创作提供了更多的可能性，为广告业注入新的活力，我们需要重新思考广告业的核心价值。在数字化时代，广告业的内部结构发生了怎样的变化，其核心竞争力是否发生了变化？在数字技术的应用中，整个社会对于广告行业的需求是变大了还是变小了？算法和大数据技术的应用，对于传统广告的作业模式是否产生影响，传统广告公司的市场是变大了还是变小了？这些问题都值得我们思考。

第一节　从数字化的深层逻辑出发重构广告价值

一、自媒体崛起及其对信息传播的影响

本研究的数据来源是中国知网 CNKI，以"广告"为主题词，以发表年度为分组，检索到 2008—2020 年的中文文献共计 128706 篇。样本采集时的 2020 年数据还不够完整，著者考虑部分数据的缺失并不会影响论文整体的科学性，而增加 2020 年的数据有利于结论的前沿性和时新性。由于软件的运行能力的限制，依然沿用第五章的数据采集方式，以每一年度为单位，选取下载量前 500 的文献作为研究样本，最终获得 6500 个有效样本。选择信息可视化软件 Citespace V 作为文献分析工具，软件设置的参数为 Top 50 per slice，时间跨度为 2008—2020 年，时间切片为 1 年，对广告在数字化时期研究的相关文献进行信息挖掘，分析 2008—2020 年间广告业发生的重大变迁，并深入比较传统广告与数字广告的深层价值和运行逻辑。

将 2008—2020 年广告研究的关键词利用 Citespace 进行聚类分析，选择 LLR（对数似然比）算法，可以获得 15 个聚类（如图 6-1），分别是自媒体、品牌、广告、虚假广告、社交媒体、品牌资产等（如表 6-1）。聚类模块值 Q = 0.8072，聚类结构显著；聚类平均轮廓值 S = 0.6576，聚类合理。为了深入研究聚类内容，将每个聚类大小、S 值和热点主题词进行罗列，得到表 6-1。

---

① 杨晓明. 互联网作为广告媒体的优势与局限 [J]. 西南民族学院学报（哲学社会科学版），2000（5）：123-128.

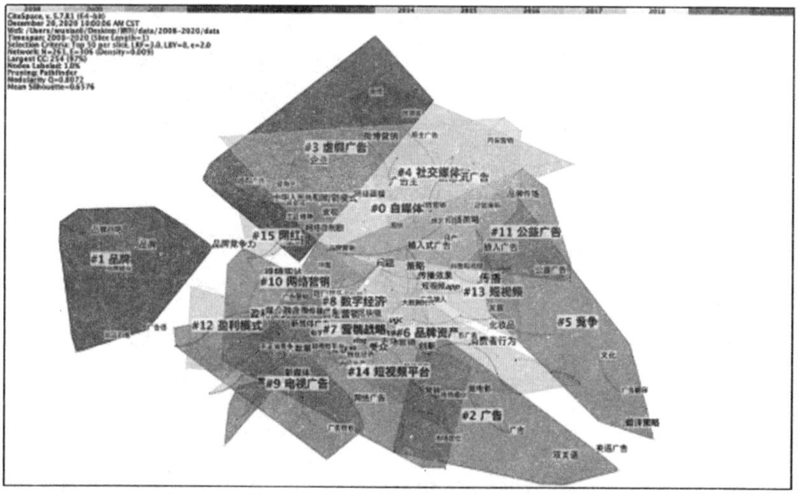

图 6-1   2008—2020 年广告研究关键词聚类图

表 6-1   2008—2020 年广告研究关键词聚类分析表

序号	聚类名称	聚类大小	Silhouettle	年份	关键词（按照出现频率由高到低）
1	自媒体	32	0.881	2013	内容与品牌关联度、品牌人格感知、植入式广告、综艺节目、微信公众号、网络自制剧、内容营销、中小企业、网络直播、品牌态度、微电影营销、AISAS 模式
2	品牌	20	1	2011	品牌战略、双边市场、品牌建设、品牌管理、品牌竞争力、品牌策略、跨文化传播、价值共创、体验营销、华为、直播平台
3	广告	19	0.943	2009	图形隐喻、广告修辞、营销、微电影、定位、战略、房地产、双关语、品牌价值、叙事、百雀羚、隐喻、国际化、语境、符号
4	虚假广告	17	1	2009	法律责任、消费场景、广告投放、直接侵权、社会化媒体、信息流广告、竞价排名、法律缺失
5	社交媒体	16	0.856	2014	信息流广告、社会效益、微信、广告效果、原生广告、抖音、微信营销、微信朋友圈、微商、短视频营销、智能手机、H5 广告

续 表

序号	聚类名称	聚类大小	Silhouetle	年份	关键词（按照出现频率由高到低）
6	竞争	16	1	2011	网络自制综艺节目、修辞手法、奢侈品、品牌文化、植入式广告、场景化、盈利模式
7	品牌资产	16	0.886	2011	合理性战略、品牌国际化、4I 原则、节日营销、符号消费、消费者行为、用户画像、自我认同
8	营销战略	16	0.923	2010	战略分析、营销组合、市场细分、产品组合、增值服务、商业模式、产业层面、版权问题、移动互联网、视频网站、市场定位
9	数字经济	15	1	2017	大数据、人工智能、智能广告、广告伦理、隐私侵犯、协同治理、心理失衡、海外布局、301 调查、垄断行为、区块链、短视频广告、数字服务税、广告支持平台、平台经济、监视资本主义、数据的附身性、5G
10	电视广告	14	0.965	2010	媒介融合、传媒产业、产业融合、传媒产业融合、网络广告、广告创意、传统媒体、广告运动、监管、电视节目、新媒体、中国元素
11	网络营销	13	0.941	2013	整合营销传播、场景营销、国际营销、公共关系、结构方程模型、互联网广告、跨媒体营销、场景化传播、溢价支付意愿
12	公益广告	13	0.902	2011	品牌传播、传播策略、品牌营销、文化差异、中国式故事、广告语境、中央电视台、全媒体时代、疫情防控
13	盈利模式	13	0.969	2012	共享经济、互联网、社交网站、门户网站、网络经济、不正当竞争、品牌塑造、SN、网络文化产业、通道收模式、社区性网站、移动消费、开心网、互联网金融、法律规制
14	短视频	13	0.909	2014	传播、化妆品广告、女性化特色、结构特色、城市形象、短视频 App、抖音短视频、消费心理、场景、精准营销

续 表

序号	聚类名称	聚类大小	Silhouettle	年份	关键词（按照出现频率由高到低）
15	短视频平台	12	0.978	2015	受众、网红经济、社交网络、粉丝经济、MCN、UGC、VLOG、内容生产、激励机制、内容质量、贡献水平、植入式广告、三维动画特效
16	网红	9	0.973	2012	中国、变现、工匠精神、品牌国际化、产业链、手机广告、广告法、逻辑思维、电商平台、产品品质、知行合一、长尾理论、直播带货

2008—2020 年间，广告研究的聚类标签主要有"自媒体（2013）""社交媒体（2011）""品牌资产（2011）""营销战略（2010）""数字经济（2017）""短视频平台（2014）"等。从聚类标签的变化可以看出广告所处的营销环境、广告在整个社会系统中的角色地位已经发生了巨大的变化，随着社交媒体的兴起，"自媒体"已经成为广告的主要传播渠道，由此对传统广告的运营逻辑提出了巨大的挑战，广告在企业管理中的地位从"营销策略"上升为"营销战略"。根据关键词聚类标签将广告研究分为自媒体广告的发展、虚假违法广告、传统媒体的数字化转型问题三个大类。

（一）自媒体广告的发展

在 2008—2020 年广告研究中，"自媒体"成了最大的研究聚类，自媒体的概念有两重含义，第一是指内容生产者的自媒体角色，是与传统媒体相对的；第二是指手机、iPad、手提电脑等具有鲜明的私人属性的媒体终端，也被称为自媒体，这里我们主要探讨自媒体内容的生产者。与自媒体相关的概念包括植入式广告、网络自制剧、微信公众号等广告形态，"社交媒体""短视频平台""盈利模式"等也是与"自媒体"相关的内容聚类。2008 年之前，我们将网络媒体定义为"第四媒体"；2008 年之后，互联网媒体渗透到人类工作生活的全部空间，人们平均每天花费在媒体上的时间超过 5 个小时，媒体对我们而言，不仅仅是获取信息和提供娱乐的工具，媒体已经将我们的生活空间全面媒介化。①"第四媒体"的定位已经不足以概括网络媒体的价值，由此，"自媒体"

---

① DEUZE M. Media life［J］. *Media，Culture & Society*，2011，33（1）：137-148.

概念应运而生。① 自媒体并不是单指某一种媒体，它更代表一种受众主动参与的信息传播范式，社交媒体、网络直播、短视频等都属于自媒体传播范式的实践平台，而其中因自媒体走红的人、货、场成为网红。

自媒体广告的运行逻辑从 AIDMA 模式进化为 AISAS 模式，获得广告主的青睐，因为它可以定位潜在客户，具有可量化的回报，还带来如下变革。

第一，广告由非自愿（带有一定侵入性）转变为自愿（和寻找）。传统媒体时代广告与消费者之间的关系是"贿赂"或者"交易"，观众以观看广告为代价获取内容，其中隐含的前提是广告是消费者被迫接受的。而自媒体时代，受众主动搜索商品信息，以网络直播为例，消费者会主动进入直播间与商家互动，进行抢购。第二，广告将为消费者提供若干信源的选项信息。传统广告是一种功利性的劝服传播，而自媒体广告为消费者提供来自广告主、竞争品牌、其他消费者等不同信源的相对客观的信息。第三，自媒体让用户有掌控一切的感觉。新媒体利用技术的开放性对受众赋权，消费者不仅主动搜索信息，还主动分享信息。自媒体平台给广告业带来了革命性的变化，通过改变消费者搜索、选择、共享和分享的方式来改变广告业与整个社会系统的相互关系。

（二）虚假违法广告问题

自媒体广告的显著增长在为广告业带来生机和活力的同时，也为广告业的监督和管理带来了挑战，在网络上虚假和欺骗频频出现。2015 年《新广告法》正式发布，其中增加了对网络广告的监管，但是依然有一些基于社交媒体、电商媒体的新型广告形式由于其操作方式相对隐蔽，目前仍能逍遥法外。自媒体的虚假违法广告问题主要集中在以下方面。

首先，广告信息的责任主体界定模糊。以电商购物为例，电商购物网络聚集了大量的用户信息，他们能够针对用户的需求进行广告信息的推送，商家可以直接在电商平台上投放展示广告，消费者直接被导入购物间与品牌代表进行沟通。其他消费者的评论或推荐，是消费者购物的重要参考信息，甚至相比于商家信息消费者更倾向于信任评论区的内容，那么这部分信息是否属于广告的一种形式？这部分信息的界定模糊是造成广告管理困境的原因之一。商家可以采取刷单或者发放现金券的方式诱导消费者作出不客观的评论，这部分信息是商家以付费的方式制造的口碑传播，事实上构成了广告，但是与传统广告商家向媒体付费有所不同，商家付费的对象是消费者。那么消费者作为广告主体，是否应该对广告信息负责呢？这就为互联网广告管理带来新的挑战，也使广告

① 张艳. 浅析自媒体时代的公益传播扩散［J］. 国际新闻界，2009（10）：91-95.

信息的可信性扑朔迷离，在众多的商品评论中哪些是真实的用户体验，哪些是广告信息，消费者的选择成本非但没有简化，反而增加了。另一方面，在保护消费者的同时，互联网对受众的赋权，也可能会造成对商家的伤害，部分消费者对商品恶意差评，会对商家的名誉造成伤害，那么这些消费者是否也应该受到法律的约束和规范呢？

其次，自媒体广告存在把关人缺位的问题。著者整理了 2019 年市场监管总局公布的典型违法广告，研究发现自有网站、微信公众号是违法广告的集中地，其原因是缺乏专业广告代理和发布机构的监管，自媒体把关人的缺位导致了虚假广告泛滥。从违法广告所涉及的行业来看，集中在金融、医疗、教育、食品、烟草、房地产等行业，这些都是关系国计民生的重要领域，尤其是医疗类虚假广告最为严重，发布主体利用消费者医疗信息的匮乏和有病乱投医的心理，作出夸张的治疗承诺。违法行为主要是发布未经核实的虚假信息、夸大产品功效、违法使用国家标志、广告信息与实际不符等虚假广告。① 2019 年虚假违法广告中广播、电视等传统媒体所占的比例较少，且违法主体集中在三、四线城市，从 1995 年《广告法》颁布至今，传统媒体经过二十多年的洗礼已经相对成熟。

（三）传统媒体的数字化转型问题

2008—2020 年"电视广告"成为广告研究的一个聚类，电视广告研究围绕媒介融合、传媒产业、产业融合等关键词进行。媒介融合是传统媒体应对数字化媒介生态的策略。新媒体使消费者成为生产者，其互动性较传统媒体更强，传播渠道不再是"稀缺资源"。数字媒体的出现和发展正在改变传统媒体的渠道价值，以电视媒体为例，基于模拟技术的电视频道是类似于土地的稀缺资源，谁拥有了这种稀缺资源谁就拥有了传媒市场的霸权地位；数字技术在电视产业的应用和传统电视频道数量的扩张，使传播渠道不再稀缺。1992 年中国有线电视媒体的数量是 429 家，② 2007 年我国电视台的数量增加到 2587 家，③ 每家电视台的频道在数字技术的支持下不断地裂变出若干频道。报纸、杂志等传统纸媒在数字化技术的支持下，增加了网络发布渠道，传播的时空范围大大拓展。④从 1992 年到 2007 年的 15 年间，中国电视台的数量增加了 2158 家，数量之多令人惊叹。然而，给传统媒体带来更大冲击的是网络媒体的发展，截止到 2009

---

① KARIYAWASAM K, WIGLEY S. Online shopping, misleading advertising and consumer protection [J]. *Information & Communications Technology Law*, 2017, 26 (2): 73-89.

② 1992-1993 中国广播电视年鉴 [R]. 北京：北京广播学院出版社，1993：34.

③ 2008 中国广播电视年鉴 [R]. 北京：中国广播电视年鉴社，2008：1.

④ 王勇. 媒介融合背景下我国广电全媒体发展研究 [D]. 武汉：武汉大学，2013：34.

年，中国网站的总数达到331万个。① 网络媒体对传统媒体的挑战不仅仅是数量上的，更是信息流动方式的挑战。传统媒体时代信息以点对面的方式传播，媒体具有权威性；而在数字平台上，形成了多对多的传播范式，传播主体与传播受众之间的界限被消融，用户既是信息的传播主体又是信息的接受主体。传统媒体的权威性被消解，成为与众多自媒体享有平等传播权的内容生产角色，这是网络媒体对传统媒体的第二重挑战。

二、网络广告的演进趋势分析

关键词是对文章核心观点的提炼，其出现频率可以表征某个领域的研究热点。Citespace 共词分析可以体现学科研究热点的演变，可以代表某一领域的研究热点，本文对2008—2020年之间广告业的关键词进行突现分析，运用 Citation History 功能得到29个突现主题。

2008—2020年的广告研究主要围绕数字媒体所引发的广告形态演进，从"网络广告"（2008）到"微博营销"（2010）到"微信公众号"（2015）再到"短视频广告"（2019），互联网媒体的快速更迭引起了广告形态的快速变化。网络广告是以媒体分类定义的广告形式，是一个相对宽泛的概念，凡是以互联网为媒介进行的商业信息传播行为都可以称之为网络广告。也就是说社会网络营销、网络自制剧、原生广告、短视频广告等都属于广告在互联网技术推动下的新形态，而更广义的网络广告还包括电信网络广告（短信广告）、广播电视网络广告。广告营销策略的发展呈现如下特征。

（一）广告的社交化

2009年 SN（Social Network）首先成为广告研究的关键词，SN 是社会化网络的英文缩写，也有学者译作社会网络，社交网络。社会化网络是社会成员之间基于共同的兴趣成立的虚拟社区，成员之间彼此互动而形成的相对稳定的关系网络。② 以社会化网络为媒介的营销行为，称为社会网络营销，社会网络营销也是一个相对宽泛的概念，电商营销、微博营销、微信公众号营销、社会化媒体营销、信息流广告以及后来的短视频广告，凡是具有社交属性的营销方式都可以被称为社会网络营销。

社会网络营销是以建立客户关系为目标的营销方式，离不开基础营销理论的支持。社会网络营销是以 4R 营销理论和口碑营销理论为基础建立的。建立在

---

① 2008中国广播电视年鉴［R］．北京：中国广播电视年鉴社，2008：2.
② 刘金虎．社会化网络的结构、演化和应用研究［D］．成都：电子科技大学，2016.

Top 29 Keywords with the Strongest Citation Bursts

Keywords	Year	Strength	Begin	End	2008 - 2020
品牌战略	2008	11.9808	2008	2011	
中小企业	2008	8.1174	2008	2009	
网络广告	2008	8.7123	2008	2011	
文化差异	2008	8.2833	2008	2012	
营销战略	2008	9.4324	2008	2010	
广告翻译	2008	12.5081	2008	2012	
虚假广告	2008	8.1174	2008	2009	
sn	2008	8.8116	2009	2010	
微博营销	2008	11.9771	2010	2014	
微博	2008	13.1686	2011	2014	
微电影	2008	22.5682	2011	2014	
微电影广告	2008	10.789	2012	2014	
微信	2008	14.8143	2013	2016	
网络自制剧	2008	8.4719	2013	2015	
社会化媒体	2008	8.7297	2013	2014	
视频网站	2008	11.156	2013	2016	
大数据	2008	16.3002	2014	2017	
移动互联网	2008	11.8271	2014	2018	
社交媒体	2008	8.4233	2015	2020	
微信公众号	2008	9.4344	2015	2018	
原生广告	2008	9.7283	2015	2020	
自媒体	2008	12.6374	2015	2020	
信息流广告	2008	9.8403	2016	2020	
综艺节目	2008	9.2399	2016	2020	
广告营销	2008	9.2555	2017	2020	
短视频	2008	37.6619	2018	2020	
人工智能	2008	8.1222	2018	2020	
短视频广告	2008	9.1631	2019	2020	
抖音	2008	16.693	2019	2020	

图 6-2　2008—2020 年广告研究关键词突现

4R 营销理论基础上的社会网络营销以建立客户关系为核心，注重企业与客户的长期互动，具体做到以下四点：Relevance（关联）即与客户建立长期的关系；Reaction（反应）根据客户的需求作出及时的反应；Relationship（关系）让客户参与到企业价值创造中并与客户形成互动；Reward（报酬）企业要满足客户的需求，为客户提供价值。口碑营销也是社会网络营销的重要理论基础，在社交媒体上，企业通过制造话题，引起消费者关注，消费者通过转发、评论、点赞参与企业价值创造，良好的口碑是企业与消费者建立长期关系的基础，而企业与客户建立长期关系又是企业形成良好口碑的前提，两者相辅相成，是社会网络营销的理论基础。

（二）广告的视频化、内容化

传统媒体是有限的时空，新媒体是无限的时空，有限决定了资源的垄断，要凝练，无限决定了可以从容，开始讲长故事。[①] 2012 年微电影广告成为学界的研究关键词，微电影广告以互联网媒体为主要传播渠道，互联网媒体对于广告时长没有限制，在传统媒体中广告时长一般都控制在 30 秒以内，微电影广告时长一般在 1—30 分钟，互联网媒体时间的无限性为微电影广告的诞生提供了可能性。微电影广告与一般电影植入广告的区别是由广告主发起和出资，目的是宣传某一产品或品牌，这也是微电影广告不同于植入广告的特征。植入广告是由影视制作方发起制作，植入品牌要素；而微电影是将品牌文化融入微电影中，虽然是广告商直接投资的，但是对产品和服务的商业色彩进行了淡化处理，比如《11 度青春》系列展示了科鲁兹车主奋斗、追梦的坚强与执着，但在剧中并未出现科鲁兹的产品或者 LOGO。

网络自制剧发展出全新的"创意中插"广告，创意中插广告不同于传统硬广或者植入广告，它沿用剧中人设将产品与剧情巧妙融合，打造独立番外小剧场，广告与原作既有关联又保持一定的距离。创意中插广告相较于传统硬广的优势在于与剧情和人物有一定的关联性，更容易被受众接受；与传统植入广告相比，其优势在于保持一定的独立性，品牌不必强行植入，不会破坏原作的完整性，打破了植入广告品牌选择范围的局限性。2018 年张莉莎对创意中插广告的传播效果进行了量化研究，发现受众对创意中插广告接受度较好，且受众会主动参与探讨广告创意。基于创意中插广告与剧情的关联度较高，被列为原生的一个分支。[②]

短视频营销"内容+电商"是移动互联网时代的独特广告类型，短视频营销与微电影广告、创意中插广告不同，它被称为营销而非广告，广告旨在信息的传播，营销的功能更为宽泛，除了信息传播，还直接促成交易。2011 年 3 月中国第一款短视频 App "快手"诞生了，之后有料、小影、秒拍、微视、美拍纷纷上线，但是这一时期的短视频还沿用传统媒体的盈利模式，内容付费和广告变现是其主要的收入来源。2016 年淘宝推出网络直播平台定位为消费类直播平台，淘宝直播平台是对传统媒体盈利模式的彻底颠覆，实现了直播与电商的无缝衔接。

---

① 傅潇瑶. "大融合"未必有"新未来"——专访上海师范大学人文与传播学院副院长金定海 [J]. 中国广告, 2015（6）: 80.

② 张莉莎. 网络自制剧创意中插广告研究 [D]. 昆明: 云南大学, 2018.

（三）广告的移动化、精准化

移动互联网广告是以算法和数据为底层逻辑的广告表现形式。移动互联网不仅仅是一种广告信息的传播媒介、连接手段，也是一种促进广告业进化的生产力量。移动互联广告传播方式和运营逻辑的发展并不是颠覆式的，而是基于前一个阶段理论的发展和进化，算法和大数据作为一种的新的生产力量，是在新的媒介环境下，对广告业和消费者的赋能。[①] 基于数据收集和处理的各种算法正在改变广告行业的原有运营模式，也在改变消费者获取信息、使用信息的模式。数据数量的增加和数据类型的多样化，一方面为广告业赋能，商家能够更准确地进行消费者数据的分析，更精准地洞察消费者的需求，更智能化地实现品牌与消费者的连接；另一方面，算法为消费者的赋权，促进了互联网用户的发展，用户的行动能力随着技术的发展而提高。如此形成一个闭环，消费者更多地依赖和使用互联网，并产生更多数据，而企业决策越来越依赖所获得的消费者数据和对消费者数据进行分析的算法，从而进一步加大对技术的投入。

（四）广告的原生化

原生广告是移动互联网时代广告的运行理念，是在不影响用户体验的基础上形成的广告内容与媒体环境的融合。本文通过比较原生广告、内容营销、信息流广告来厘清原生广告的概念，并对网络广告的各种样态做出清晰的界定。原生广告主要是针对广告的形式而言的，广告形式上与广告载体保持一致性，比如微信朋友圈广告，广告以朋友圈展示的方式出现，或者有道词典广告以例句的方式出现，原生广告不会像条幅广告一样占用手机屏幕，而是像普通内容一样，可以点赞、评论，但是会标注"推广"或"广告"字样。内容营销是企业与消费者通过对话、讲故事、知识沟通等方式建立顾客关系。企业生产有趣的内容吸引受众注意，并引发社交媒体转发。比如国家图书馆除了通知图书馆活动消息外，还会推送各种小知识。自媒体创作的内容营销广告兼具原生广告与内容营销的特征，比如 GQ 实验室为礼橙专车做的广告，题目为《26 岁下属VS 35 岁上司》，通过漫画的形式展开一段上司与下属关于年龄与事业成功的探讨，文末引出时间价值的评判，与礼橙专车的品牌理念相呼应："每段时间都值得好好过，即使在路上。"信息流广告是特指社交媒体上的原生广告，它是一种动态的广告，随着信息流逐步展示，比如刷抖音的过程，只要受众一直在线，就会有广告间歇性地展示，信息流广告遵循原生广告在形式上的融合性。

[①]　武晓丽. 广告传播中算法推荐的技术解读及价值分析［J］. 青年记者，2020（27）：79－80.

表6-2 原生广告、内容营销、信息流广告比较

广告类型	特征	典型媒体	价值偏向	付费
原生广告	广告形式与媒体融合，投放到合适的位置	朋友圈 微博 百度 有道词典 今日头条	媒介主导，注重展示价值	付费（媒体付费）
内容营销	广告与内容融合	微信公众号 微电影 短视频	自媒体、企业讲述品牌故事，注重内容价值	付费或免费（创作付费）
信息流广告	社交媒体上的原生广告	朋友圈 微博 抖音	媒体主导，注重展示价值	付费（媒体付费）

第二节　大国经济对大国广告的呼唤

以关键词 Keyword 为节点类型，时间跨度为 2008—2020 年，以每一年为一个时间切片，得到 622 个节点和 725 条节点连线，密度为 0.0038，网络整体相关性较好。本节通过对 622 个关键词构建出广告业在数字化媒体时代的结构概况。

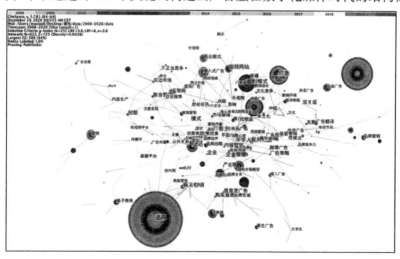

图6-3　2008—2020年广告研究关键词共现图

表 6-3 2008—2020 年广告研究 Top90 关键词共现表

序号	Freq	Centrality	Keyword	序号	Freq	Centrality	Keyword	序号	Freq	Cenrality	Keyword
1	505	0.09	品牌	31	44	0.05	微博	61	23	0.03	购买意愿
2	299	0.09	营销策略	32	43	0.17	精准营销	62	21	0	文化差异
3	171	0.02	广告	33	42	0.24	媒介融合	63	21	0.17	信息流广告
4	167	0.06	新媒体	34	38	0.09	植入广告	64	19	0.03	广告创意
5	164	0.11	盈利模式	35	37	0.19	微博营销	65	19	0.03	发展
6	113	0.04	策略	36	37	0.03	原生广告	66	19	0.03	网红经济
7	109	0.06	品牌传播	37	37	0.11	广告效果	67	19	0.34	广告主
8	109	0.18	营销	38	37	0.01	影响因素	68	19	0	广告策略
9	105	0.32	植入式广告	39	36	0.19	消费者行为	69	18	0.05	内容营销
10	88	0.02	大数据	40	35	0.06	广告翻译	70	18	0.02	品牌管理
11	87	0.20	视频网站	41	34	0.15	翻译策略	71	18	0.02	社交网络
12	85	0.10	网络营销	42	32	0.09	品牌战略	72	17	0	品牌定位
13	82	0	短视频	43	31	0	品牌形象	73	16	0.07	社会化媒体
14	78	0.42	商业模式	44	30	0.14	市场营销	74	16	0	SN
15	76	0.02	公益广告	45	30	0.10	创新	75	15	0.05	发展策略
16	73	0.23	互联网	46	30	0.27	受众	76	15	0.06	企业
17	67	0.11	电子商务	47	29	0	目的论	77	15	0	定位
18	60	0.08	网络广告	48	28	0.03	电视广告	78	15	0.03	爱奇艺
19	60	0.20	传播策略	49	27	0.02	抖音	79	15	0.07	不正当竞争
20	59	0.03	微信	50	26	0.15	微电影广告	80	15	0.03	品牌建设

续 表

序号	Freq	Centrality	Keyword	序号	Freq	Centrality	Keyword	序号	Freq	Cenrality	Keyword
21	59	0.28	品牌营销	51	26	0.04	对策	81	15	0.02	战略
22	58	0.02	整合营销传播	52	26	0.19	广告营销	82	15	0.01	加多宝
23	57	0.11	微电影	53	26	0.03	双边市场	83	15	0	网红
24	54	0.19	传播	54	25	0.03	整合营销	84	14	0.09	粉丝经济
25	53	0.27	传播效果	55	25	0	微信公众号	85	13	0.02	中华人民共和国
26	51	0.33	自媒体	56	24	0.03	现状	86	13	0.04	营销战略
27	49	0.24	移动互联网	57	24	0	品牌资产	87	13	0.07	化妆品
28	48	0	社交媒体	58	24	0	SWOT 分析	88	13	0.08	问题
29	48	0.11	营销模式	59	24	0.19	综艺节目	89	13	0.11	传媒产业
30	45	0.07	消费者	60	24	0.17	网络自制剧	90	13	0.07	广告英语

一、广告业进入全面整合营销传播时代

移动互联网技术的应用使媒介环境、市场环境空前复杂化，任何单一营销传播工具都变得势单力薄，广告主对整合营销传播产生普遍需求。① 自中国广告业恢复以来经历了三次大的变革：第一次是 1979—1992 年，在有计划的商品经济政策指导下，广告媒体和广告公司在整个社会系统中的功能是分离的，广告媒体的功能是沟通产供销的信息传播功能，而广告公司主要是面向外商服务的对外贸易机构；第二次是 1993—2007 年，在市场经济制度的指导下，广告公司与广告媒体的合作增多，广告公司作为媒体代理机构，由于广告媒体的稀缺性和垄断地位，在广告业中起主导作用；第三次是 2008 年之后，在资本和技术的

---

① 柳庆勇. 整合营销传播背景下广告公司发展问题研究［J］. 中国媒体发展研究报告，2017（10）：211-226.

双重作用下，形成了泛媒体的传播环境，程序化购买技术的功能突现，通过技术手段整合碎片化的媒体资源，构建数字化的媒体生态。

（一）大数据为整合营销传播提供消费者数据库

建立消费者数据库是实现整合营销传播的前提。基于消费者洞察的整合营销传播，数据是企业重要的资源。获取营销数据有两个途径，一是企业自建数据库，企业通过售后服务、线下销售记录、电话呼叫中心数据、电商平台数据等方式，建立起自己的数据库；二是互联网应用程序 DMP 平台，在移动互联网应用程序迅速发展的今天，几乎每家互联网应用程序都搭建起自己的 DMP 平台，消费者的行为轨迹以大数据的方式映射在网络之中。大数据在数字营销中的应用带来的益处是多方面的。首先，以大数据为基础实现个性化营销。在传统媒体时代，广告活动以媒体为导向，广告主选择收视率高的节目投放广告；而大数据的应用使广告的投放逻辑发生变化，广告投放以用户为导向，广告直接实现与目标消费者的连接。其次，以大数据为基础实现消费者洞察。营销的基础是消费者洞察，当消费者数据被应用于营销时就大显神通了，通过数据分析，可以洞察消费者的需求，甚至可以比消费者自己更早地预测其需求。①

数据积累为整合营销传播提供了巨大潜能，数据积累也将成为品牌的重要资产。以电商平台为例，消费者的访问、购买、评论等数据被网络平台记录和沉淀下来，平台针对用户行为特征为其提供精准营销服务。整合营销传播的实现是建立在以消费者为中心的基础上的，数据营销公司通过对消费者数据的智能合并归因完成用户画像，基于用户行为特征，为其推荐相关的产品。大数据的应用打通了营销环节和销售环节的链条，实现了营销效率的提高。以腾讯与京东的合作为例，通过"京腾智慧"，腾讯将用户的行为数据与京东的电商数据对接，为广告主提供潜在客户，并结合用户的使用习惯在合适的场景将广告信息推送给消费者，用户在接收广告之后，被引流至京东商城，完成购买。②

（二）程序化购买技术的整合效应

程序化购买从根本上来讲是整合营销传播实现的技术支持。网络媒体时空的无限性使其呈现碎片化发展的特征，受众注意力不断被分化。在整合营销传播的浪潮中，程序化购买融合传统媒体和新媒体的所有渠道，实现了展示广告领域的实时竞价。随着技术的深化，程序化广告向着平台化、智能化，乃至更

① 中国商务广告协会数字营销委员会. 中国数字营销十年风云录［M］. 北京：机械工业出版社，2019：112.

② 周艳，张漠. 品效兼顾，营销销售一体化［J］. 媒介，2017（11）：47-51.

广义的整合营销范畴发展。

（1）程序化购买技术从互联网媒体延伸至户外媒体

本节通过对CTR发布的2017—2019上半年各主流媒介广告刊例花费研究发现，中国广告市场已经形成传统媒体、生活圈媒体和互联网媒体三大阵营。目前程序化购买技术已经广泛应用于互联网和户外媒体，但是传统媒体应用较少。因此近年来传统媒体广告受到较大的冲击，除了电视广告在2017年（1.7%）、广播广告在2017年（6.9%）、2018年（5.9%）有小幅增长外（如图6-4），2017—2019年四大媒体刊例花费全面大幅下降，报纸媒体甚至连续三年的下降幅度都超过30%；互联网对广告业革命性的影响来自基于算法和大数据的程序化购买广告的应用，生活圈媒体在与大数据结合后，对于目标受众的定位精准性更强，因此在2017—2018年间表现出强劲的增长势头，电梯视频、电梯海报、影院视频的增长率甚至接近或者超过20%，但是传统户外广告由于未实现程序化购买，出现了刊例花费持续下降的状况；程序化购买在互联网媒体应用较早，经过2012—2017年的高速增长后，逐渐回归理性，增速放缓，但是互联网媒体广告在整个媒体市场的比重超过50%。[①]

图6-4　程序化购买广告的应用使生活圈媒体持续增长

（2）程序化购买技术对碎片化媒体的整合

在传统媒体时代，我们按照媒体的属性将其分为报纸、广播、电视、杂志四大媒体，广告投放逻辑遵从二次售卖理论，媒体生产内容吸引受众注意，再将消费者注意力贩卖给广告商。在移动互联网时代，媒体使用呈现碎片化的趋

---

① 数据来源：CTR：2018-2019年中国广告市场回顾与展望［EB/OL］．（2019-03-06）
［2020-10-24］．http://www.199it.com/archives/840931.html.

势，程序化购买广告并不是针对某一档节目投放广告，而是利用 LBS 技术实现了千人千面的广告投放，根据消费者的行动轨迹向其投放广告。程序化广告的优势是精准，程序化购买的频次控制技术可以严格控制广告的接受频率，避免对消费者造成过度干扰。[①]

（3）程序化购买技术对消费者的追踪式服务

程序化购买广告改变了传统媒体广告的投放逻辑，广告不是针对某个节目的所有观众，而是针对某个消费者个体。比如消费者 A 在百度搜索了笔记本电脑，这时根据消费者的搜索记录，会将淘宝、京东等商城的卖家链接发送给消费者，消费者经过比较之后作出购买决策。如果消费者在当天没有下单，那么系统会在接下来的几天向消费者推送笔记本电脑的相关信息。程序化购买广告与传统媒体建构符号体系吸引消费者购买不同的产品，它像是一位追踪式的销售人员。

（4）程序化购买技术对广告主的整合效应

广告的诞生与大规模工业生产相辅相成。在传统媒体时代，人们通常认为做广告是大企业的事，大企业通过广而告之的方式塑造品牌，提高品牌知名度，进而实现规模化生产。中小企业受到广告费用门槛的限制，往往对广告望而却步，互联网时代的来临，使得媒体渠道不再是稀缺资源，程序化购买对中小企业的赋能使得原本实力不够的中小企业开始进入广告市场。近年来在品牌广告主整体下调预算的背景下，广告市场整体依然保持相对稳健的增长，其原因就是程序化购买的长尾效应激活了中小企业的广告需求。这部分广告主目前对于品牌广告需求较少，更注重直接效果广告的投放。广告主市场的结构的变化体现为市场的下沉。程序化购买广告对于中小企业的赋能效应，使其成为广告业中一股不可忽视的力量，正在成为整个产业新的增长点。

（三）广告沟通从劝服到建立关系

品牌与消费者的沟通经历了从功能价值、情感价值、文化价值到精神价值的由低到高的价值变迁。[②] 在传统媒体时代，消费者关注品牌的功能属性和情感属性，广告的目的是劝服，是为了实现短期的销售增长；在移动互联网时代，消费者需求升级，消费者对产品的追求转向文化价值和精神价值方面，广告主通过内容营销、程序化广告，为消费者提供个性化服务，广告的目的不是为了

---

① 武晓丽．新媒体时代广告行业的人才需求［J］．青年记者，2019（3）：50-51.

② 段淳林．从工具理性到价值理性：中国品牌精神文化价值提升战略研究［J］．南京社会科学，2018（9）：111-119.

短期的销售，而是与顾客建立长期的关系。

移动互联网时代的广告传播实现了三个重要的转变：信息从稀缺变为过载；信息传播速度快、保存性好，影响范围大；信息去中心化，每个人都可能成为意见领袖。[①] 与消费者建立关系的前提是给予消费者利益，消费者利益的核心是满足消费需求。以小米为例，公司会根据社交媒体收集的信息整理消费者需求，每周都会将紧急功能开发需求最优先升级；如果不能立即更新的，会在第一时间向消费者公示改进计划。与客户建立关系的基础并不仅仅是对客户嘘寒问暖，而是给予客户切实的利益，而满足客户需求就是给予客户最大的利益。

二、供给侧结构性改革与广告业发展

（一）建设与大国经济规模匹配的广告业

2014 年习近平总书记提出"三个转变"的重要指示，"推动中国制造向中国创造转变，中国速度向中国质量转变，中国产品向中国品牌转变"。中国在经济建设方面取得了举世瞩目的成就，但是中国经济在规模化发展的同时，却忽视了品牌建设的重要性。日本的经济崛起伴随着松下、索尼等一批世界级品牌的崛起；韩国经济崛起的进程中，伴随着三星的腾飞；美国作为世界经济第一大国拥有亚马逊、苹果、沃尔玛等众多国际品牌。2014 年世界五百强企业中，中国只有 29 家；2020 年的世界五百强企业中，中国企业已经有 79 家，其中华为、美的、格力、中国中车、中兴通讯、小米、安踏等中国制造企业榜上有名，这是近年来中国企业自主创新、大力发展品牌建设的结果。

中国品牌建设在近年取得了长足的进步，中国企业与世界五百强的差距日益缩小，我们在肯定成绩的同时也要看到差距。中国广告业的成长速度滞后于中国品牌的成长速度，而广告业的发展对于整个国民经济的拉动作用不容小觑。中国品牌的发展滞后于中国经济的发展，中国广告业的发展又滞后于中国品牌的发展，由此可见，广告业是中国经济发展的薄弱环节。在新的历史时期，广告要肩负重要的历史使命，发挥主导性、引领性和战略性功能。广告的主导性是指广告站在更高的角度，不但要解决促进销售的问题，更重要的是广告要从国家战略的角度出发，将行业的命运与国家的命运联系起来。广告的引领性，就是广告不仅要对消费和时尚发挥引领作用，更要引领正确的价值观和社会文化发展方向。广告的战略性，就是广告除了注重短期、即时效应外，还要将企

---

① 黎万强 . 参与感——小米口碑营销内部手册 ［M］. 北京：中信出版社，2014：28-29.

业发展战略放在整个社会系统中考虑广告的投放和发布。①

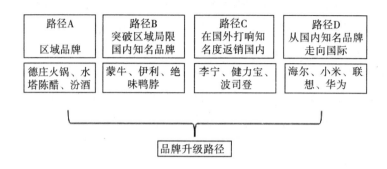

图6-5　民族企业品牌升级路径

作为发展中的大国，中国经济发展的目标，并非仅仅局限于"三来一补"的经济模式，中国消费市场具有需求结构的多层级性和不断升级的特征。中国的大国经济特征为中国品牌升级提供了庞大的后备力量。随着我国综合国力的增强和本土消费市场的日益成熟，积极推进发展一批拥有自主创新能力和国际竞争力的民族品牌，已经成为中国当下的首要任务。依托大国优势的品牌升级路径，主要体现为以下四种路径，四者之间是层层递进的关系。

（1）打造区域优势品牌

中国东西部、城乡间地域经济、文化差异较大，这为区域品牌的发展奠定了良好的基础，区域品牌是指某些产品在本区域内市场上占有较高的市场份额，也就是我们通常说的地域特色或者当地特产。比如山西水塔陈醋、四川德庄火锅、北京二锅头。区域品牌具有一定的局限性，集中在饮食、房产、酒类、教育等地域性明显的品类，在移动互联网时代时空被重新界定的环境下，区域品牌或者强化自身优势，突破地理局限性，走向更广阔的市场；或者故步自封，在全球化格局下，被外来品牌所取代。

（2）突破区域局限，建设国内知名品牌

大国经济的市场规模，为创造企业品牌提供了足够大的后方市场，中国市场需求的多样性成为中国品牌走向世界的练兵场。如何突破地域的局限性，赢得更广阔的市场，是每个企业面临的重大挑战。以液态奶行业为例，由于产品不易保存和运输成本较高，过去液态奶以区域品牌为主，北京地区的人喜欢喝

---

① CCTV"国家品牌计划"：使命与担当［J］．声屏世界·广告人，2018（7）：72-75.

三元，内蒙古自治区的人喜欢喝伊利，山西人喜欢喝古城，随着杀菌保险技术和物流运输的发展，蒙牛、伊利率先在全国打开销量，广告策略在蒙牛品牌向全国拓展的过程中发挥了重要的作用。1999 年初创的乳制品企业蒙牛在呼和浩特市推出 500 多块广告牌，企业在经费非常有限的情况下，将企业的发展与城市的发展捆绑在一起，用公益作为定位，为品牌赢得先声。2001 年刚刚成立两年的蒙牛以每卖出 1 袋奶或 1 根雪糕从中提出 1 厘钱的方式，为北京申奥捐助 1000 万元，蒙牛将品牌和顾客的社会价值捆绑在一起，迈出了品牌走向全国市场的第一步。2003 年蒙牛将温家宝总理提出的"每天一杯奶，强壮中国人"作为品牌的广告语，为品牌树立了肩负民族使命的企业形象，并推出为贫困学生提供牛奶的公益营销。

（3）在国外打响知名度返销国内

中国大国经济的优势在于庞大的国内市场，为品牌升级积蓄能量。改革开放初，外商品牌以高品质、高价位的姿态进入中国市场，就连肯德基、麦当劳这样的快餐食品，在中国都树立了高端形象。这与当时中国经济发展滞后不无关系，在外商先进技术的面前，国人不免自卑和崇洋。"出口转内销"成为中国品牌树立高端形象的市场策略。"出口转内销"的鼻祖当属健力宝，1984 年洛杉矶奥运会"中国魔水"一夜成名，一篇《"中国魔水"风靡洛杉矶》的小文成为健力宝打开中国市场的基石，也成功开启了中国品牌"出口转内销"的营销模式。1991 年健力宝再次通过赞助美国总统选举，被《纽约时报》拍下美国第一夫人和第二夫人畅饮健力宝的照片，从而制造品牌轰动效应。运动品牌李宁也通过品牌国际化战略，实现了"从低端品牌向高端品牌"的成功转型。

（4）从国内知名品牌走向国际

越是民族的，越是世界的，品牌出海的前提是成为民族品牌的佼佼者，要在国际竞争中占有一席之地，首先要在国内市场站稳脚跟。以海尔为例，海尔在国内家电市场名列榜首，比第二名的美的高出 4.8%，而在高端消费市场，海尔更是占据绝对的优势。[①] 在品牌国际化的过程中，海尔主要从以下几个方面着手。首先，实现品牌本土化，并不仅仅是表层的在广告宣传中加入当地文化元素，而是通过深入的市场调查，从产品设计生产开始针对当地市场做整合营销传播。海尔通过对日本市场调查，发现当地高收入单身人士很多，为了满足单身人群的需求，设计出"个人洗衣间"，同时配合本土化营销策略，满足小众群

---

① 数据来源：家电三巨头瓜分四成市场份额，海尔高端市场成效显著［EB/OL］．（2019 -10-22）［2021-01-09］．https：//www．sohu．com/a/348733962_ 100215590．

体需求；2015 年海尔针对巴基斯坦的民族习俗和服装特色，开发出能洗当地人大袍的 12kg 宽体洗衣机。① 其次，通过差异化并购，建立品牌矩阵，构建智能家居体系。海尔旗下拥有美国 GE、日本 AQUA、新西兰斐雪派克等七大品牌，可以全方位满足消费者不同场景的个性化需求，在智能家居时代，海尔打通家居产品的数据链条，为消费者提供整体的家居服务，在激烈的全球家电市场抢占先机，海尔是中国出海品牌的缩影。

（二）品牌与广告业的关系多元化

广告业的市场格局正在发生剧烈的变迁，根本原因是广告主需求结构的变化，在传统媒体时代广告主通过广告代理公司购买广告版面，而在数字媒体时代，媒体形态多样化，且广告市场瞬息万变，任何一家广告公司都无法为广告主提供全面的媒介代理；而另一方面掌握大数据的"数字寡头"不仅拥有惊人的市场份额，而且正在掌握广告业的话语权。全球广告市场尤其是中国广告市场，正在从"普涨型市场"转化为一个涨跌互现的"结构型市场"。②

（1）成立独立广告公司

在数字媒体时代，信息更新呈现"短平快"的特征，为了应对这种快节奏的营销常态，品牌纷纷组建 In-house 团队应对瞬息万变的市场环境，避免付出长线沟通的决策成本。其根本原因是数字媒体的崛起改变了消费者的媒介使用习惯和消费行为习惯，传统 4A 广告公司还固守着传统代理商模式（渠道+创意），已经无法跟上技术驱动的快速变化的媒介环境（数据驱动+KOL）。以全球最大的广告主宝洁为例，2009 年宝洁宣布成立独立广告公司（In-house），这并不是完全结束与广告代理公司的合作，而是广告人不离开原木的公司，同时服务于广告主和广告公司，只是在业务上更主要服务于宝洁。品牌成立独立广告公司的目的是增强控制感，快速应对瞬息万变的市场环境，做好品牌定位的同时降低沟通成本。除了宝洁，丰田、苹果、蒙牛、麦当劳等品牌也都纷纷成立自己的 In-house 团队，根据 Digiday 的统计，2008 年 42%的广告主组建独立广告公司，2013 年这一数字增加到 58%，2018 年 78%的广告主都拥有了某种形式的 In-house 团队。③

---

① 钱浩. 为什么海尔的出海之路才是真正的全球化之路［EB/OL］.（2017-11-03）［2021-01-09］. https：//www. sohu. com/a/202113002_ 190053.

② 张惠辛. 走向"寡头垄断"的广告市场与"结构性机会"［J］. 中国广告，2017（8）：5.

③ 那些组建 inhouse 团队的品牌，现在过得还好吗？［EB/OL］.（2019-12-05）［2021-01-09］. https：//baijiahao. baidu. com/s？id=1652060190170520279&wfr=spider&for=pc.

（2）广告主与多家代理公司合作

传统媒体时代，广告代理公司通过集中购买的方式低价获得媒体版面，广告主通过广告代理公司购买版面可以获得更低的折扣，广告代理公司在媒介代理的基础上衍生出广告设计、广告策划等服务，之后又衍生出整合营销传播服务，深度参与企业从产品设计到销售的整个过程，广告公司的核心价值是利用信息差以更低的价格为广告主购买广告版面。广告主委托一家综合广告代理公司全面代理公司的广告业务，进入数字媒体时代，广告主对广告的时效性要求更高，且媒体呈碎片化和多样化的特点，某一家广告代理公司已经没有能力做好全程代理工作，广告主需要与多家广告公司合作完成广告创意和广告投放。宝洁自 2009 年以来频频改革与广告代理商之间的合作关系，精减广告代理数量，缩减广告代理费用，但这并不意味着忽视广告的重要性，而是将广告预算转移到社交媒体、搜索引擎、短视频、直播平台等数字化媒体，广告创意和营销工作部分则由独立广告团队完成，部分由专业广告制作、投放公司完成。广告主成立独立广告公司是应对数字化媒体传播特征的应时之举。数字媒介的形式呈现多样化，广告主正在改变他们与代理商的关系结构，不再采用综合广告代理公司一站式服务，而是与多种不同专业领域的广告代理商合作。

（3）广告主直接与媒介合作

广告主的营销传播能力经过几十年的发展有了大幅提升，互联网的去中介化效应促使广告主直接与媒体合作，广告公司的价值不再重要。数字技术环境下消费者拥有信息的自主选择权，不再像传统媒体时代在固定的时间守在电视机旁等待节目，因此广告商只有将广告做得更有趣来吸引消费者的注意力，或者将广告与内容深度融合，以网络直播带货为例，消费者不是被动收看，或者被迫选择，而是主动走进直播间购物。广告对消费者产生吸引力主要是通过如下途径实现。第一，物美价廉。某些博主的直播间火爆的原因是合作的品牌提供了最低的折扣，而在商品选择上，他也严把质量关。第二，博主成为某方面的专家，能够为消费者提供权威的信息。

在传统媒体时代，广告公司通过内容制作和媒介代理赚取差价，而在数字媒体时代，广告形态发生了变化。以网络直播为例，网络主播及其团队形成一个个小型的媒体制作团队，拥有数量庞大的粉丝群体，他们用自己的方式与粉丝建立联系。传统媒体时代的广告运营流程是广告主以招标的方式，选择合适的广告公司作为广告代理公司，然后制作广告，进行媒体投放。在数字媒体时代，广告主可以找多家网络主播带货，根据效果支付佣金，并决定以后是否继续合作。营销环境、消费者的购物模式和消费观念都发生了变化，广告的形态和思维也发生相应的变化。数字广告注重消费者的心流体验，消费者在网络购物时，有抢购的刺激感和买到"便宜货"的兴奋感。在现代社会高强度的工作压力下，人们通过购物缓解压力，心流体验是令人振奋的瞬间，让消费者感受到心情愉悦。①

三、数字媒体时代的消费文化

（一）中产崛起和消费社会的品位区隔

互联网技术的应用带领中国特色社会主义经济进入新时代，贫富差距不断缩小，中等收入群体规模不断扩大。全面建成小康社会意味着将有更多家庭实现中产阶层的生活方式。中产阶级是处于中等社会经济地位的人群，虽然这一概念在 20 世纪 90 年代已经引入中国，但是这一界定在中国并不适用，由于当时的社会整体处于较低的经济发展水平，中等收入阶层的生活水准与西方中产阶级的生活水准还有一定的差距。进入移动互联网时代，人均收入水平大幅提高，中等收入阶层基本可以等同于中产阶级。根据马斯洛的需要层次理论将中产阶级界定为充分满足了生理和安全需要，部分满足尊重的需要、归属和爱的需要，尚未达到自我实现需要的人群。换言之，有稳定的居所和收入，并可将家庭收入的三分之一作为可自由支配收入的人群被称为中产阶级。② 中产阶级的崛起和他们的消费需求从基本物质需求向精神内涵和文化价值需求的转向，是推动品牌消费升级的主要驱动力量。

20 世纪 90 年代，刚刚富裕起来的中国消费者追求物美价廉，但是当越来越多的人步入中产阶层，消费者对于品牌溢价、科技溢价和服务溢价的接受能力提高了，消费者选择产品或品牌的维度不再以单一的质量好坏作为唯一的评判标准，而是更多去追求产品或服务的感觉或者情感价值。消费者逐渐适应优质产品溢价从而创造出更好的产品，形成良性循环。品牌溢价也会造成社会区隔，社会区隔除了身份地位的社会区隔外，还有基于趣缘的社会区隔、基于品位的社会区隔。广告通过制造符号营造社会区隔，个人品位虽然是个人外在举止和内在涵养的体现，但是品位也是个人能够找到归属感的标志。上流阶层相比于足球、电视剧和啤酒，更喜欢马术、歌剧和葡萄酒，即便内心倾向于足球，也

---

① ［美］简·麦戈尼格尔. 游戏改变世界：游戏化如何让现实变得更美好［M］. 闾佳，译. 杭州：浙江人民出版社，2012：37-39.

② 李春玲. 如何定义中国中产阶级：划分中国中产阶级的三个标准［J］. 学海，2013（3）：62-71.

不会表露出来，因为他们认为足球是大众运动，马术才是上层阶级的象征。即使马术由于某种原因不再是贵族运动了，广告商也会通过广告去打造另一款运动作为社会阶层的区隔，而消费者却乐此不疲，愿意接受品位溢价。同样，消费者愿意尝试最新款的智能手机，接受科技创新溢价；愿意尝试爱马仕，接受品牌溢价；愿意尝试五星级酒店，接受服务溢价。①

（二）从公益广告到公益传播

中国广告业高速发展四十年过后，当放慢脚步时，就会发现广告业在社会公益和社会责任的很多方面做得不够。央视通过公益广告倡导文明作风，希望工程、下岗再就业、抗击非典，在每一个重要的历史节点公益广告都作出了自己的贡献。随着时代变迁，企业和各级主管部门都意识到了社会公益的重要性，并且对公益有了更为深刻的认知。过去我们认为公益广告就是将一个概念、一个讯息传递给消费者，或者改变一种观念；但现在的公益广告不再局限于一个想法，而是通过传播活动，让消费者可以参与其中，改变或去创造一件事情。公益广告不仅是要形成一个集体意识，更重要的是要有一个行动力。②

（1）社会创意

社会创意即通过创意解决社会问题，以创意手段促进社会进步。社会创意可以将品牌与公益很好地融合，不仅传播了品牌，还为社会带来更多的温暖和正能量。创意具有持续性、发散性、战略性。社会创意可以由个人发起，也可以由品牌发起，比如中国银联《诗歌 POS 机》整体立意很高，很巧妙地将品牌和关注留守儿童的企业社会责任关联起来，品牌通过创意让每一位被触动的爱心人士能够有机会和渠道去帮助留守儿童；而留守儿童不再是单纯的被帮扶对象，他们通过自己的诗歌才华展示儿童的童真和创造性，触动线上和线下的用户，这样便形成一个完美的创意闭环。

（2）公益时尚化、事件化

传统观念认为公益是一种奉献，是一种默默无闻的付出，而时尚是一种消费行为，时尚和公益的主体是分离的，而在新媒体环境下，越来越多的时尚青年通过参与公益活动，实现自我价值。2014 年成立的义乌红十字救援队由一群户外运动爱好者组成，这支民间队伍组织了数百次救援行动，拥有直升机、生命探测仪、挖掘机、铲车等先进的救援设备，其中成员或者具有专业技能，如

---

① 张惠辛 . 中产崛起与品牌化消费升级［J］. 中国广告，2016（6）：5.

② 丁俊杰，佘贤君，狄运昌 . 奔跑中反思——当代公益广告的出路［J］. 中国广告，2013（6）：87-90.

退役的潜水兵、空降兵；或者赞助大型设备，比如直升机是由一家生物科技公司提供，挖掘机由一家挖掘机企业赞助。自我价值是一个多层面、多维度的感觉，当消费者低层次的功能性需求得到满足后，他们开始追求较高层次的自我价值的实现，参与公益是自我价值实现的途径之一。

公益广告向公益传播的转变，也是公益从观念层面向行动层面的转变。2017年8月29日，"一元购画"公益项目掀起了公众参与的热潮，腾讯公益平台将患有自闭、智力障碍等特殊人群创作的画销售给微信用户，所得善款将直接捐赠给慈善基金会。公益广告运用商业营销的方式影响用户的自发行为，最终达到维护公共利益的目标。随着全球化程度的深化，公益传播活动也呈现全球化的趋势，"地球一小时"最初由世界自然基金会发起，这项活动针对人类面临的全球变暖、生物多样性减少等全人类共同面临的问题展开。这项公益活动2007年在悉尼首次举行，经过十多年的发展已经成为席卷全球的年轻人的时尚运动，东京、马尼拉、迪拜、多伦多等世界各地纷纷加入，中国也有很多城市加入这一运动。

第三节　技术逻辑下广告公共服务价值属性的凸显

一、数字媒体崛起与传播权力关系重构

数字媒体的发展对于广告业而言是一次技术革命，网络媒体第一次打破了地缘文化建构，使不同地域的人有了共同的新文化。克莱·舍基提出，在互联网时代出现了一种全新的社会潮流，人们出于"爱"而不是为了"钱"共同推动一项巨大的事业，他认为互联网是爱的大本营。[①] 本节认为应客观、理性地看待互联网对于社会的深层价值，互联网解决了部分传统媒体时代的不公平、不正义的问题，让个体有了发声的渠道，但同时又以更隐蔽的方式造成新的不平衡。

互联网的上半场被称为"消费互联网"，数字媒体通过对用户（消费者）的赋权，改变了传统的传播权力结构。传统的广告是单向的线性传播，企业（品牌）通过购买广告版面（时间）拥有传播话语权，受众的特点表现为多、杂、散、匿，且受众位于产业链的下游，只能被动地接受信息，由于受众散落

---

① ［美］克莱·舍基. 认知盈余：自由时间的力量［M］. 胡泳，哈丽丝，译. 北京：中国人民大学出版社，2011：80.

于社会的各个角落，他们的声音很难传播出去。微博、微信、短视频、电商等数字平台的兴起，实现了对消费者的赋权，消费者享有和企业同样的话语权。数字平台消解了地域的界限，让消费者无论身处何方都能实现相互连接；消除了时间的界限，让消费者可以便捷地查看其他消费者的购物评论；消除了传播主体和传播受众之间的界限，让消费者拥有和企业一样的话语权；消除了城乡之间的界限，让身处乡村的消费者拥有和城市居民平等的消费权利。

（一）消费者决策：从相对价值到绝对价值

在传统媒体时代，消费者接受信息的渠道较为单一，消费者对于产品信息的了解主要来自传统媒体、现场促销人员、亲友口碑传播，而广告在一定程度上消除了信息不对称，但是广告的工具属性又使其不断扩大诱导功能，而亲友口碑传播又受到地域的限制不易扩散，因此传统营销观念认为，品牌对于消费者做决策具有绝对的指导意义，品牌通过广告占领消费者的心智，广告说服消费者从情感上理解产品，使其产生拥有某种产品就会更加幸福或者更加美好的感觉。但是在数字媒体时代，此种状况第一次发生了变更，我们进入了一个信息极度丰裕的时代。在数字媒体时代，消费者可以方便地进行信息传播、储存，通过网络搜索其他消费者的使用体验，广告使信息的完全告知成为可能，也就是信息传播从过去的相对价值转向绝对价值。所谓绝对价值，并不是某产品被认可的事实，而是指用户对某种产品的使用体验，比如餐厅的用餐体验，书籍的阅读感受，智能设备的技术性能和稳定性。[①] 影响消费者购买决策的力量发生了转移，过去消费者通过相对价值（即品牌）做出决策，在数字媒体时代，消费者更看重商品的实际产品质量体验。

过去消费者决策是建立在广告传递的商品信息基础上，现在是建立在与其他消费者的互动上。网络购物已经形成关于产品的完美的信息流。消费者在影视剧、朋友圈或者购物分享社区"种草"了一款外形很酷的智能手机，这时就会想要进一步了解。如果消费者在搜索引擎或者购物分享 App 上搜索这款产品，系统会将搜索记录下来，并在接下来的几天内，通过不同的渠道向你推荐相关商品甚至打折信息。消费者点进去之后，会看到关于商品的详细介绍，其他消费者的实用体验，甚至其他相关品牌的商品介绍，可以向其他消费者提问产品使用是否卡顿，是否是山寨机等相关信息。评论区有很多不同的留言，有说这个活动好的或者不好的，这些都会成为影响消费者购物决策的因素，如果差评

---

① ［美］伊塔马尔·西蒙森，艾曼纽·罗森. 绝对价值：信息时代影响消费者下单的关键因素［M］. 钱峰，译. 北京：中国友谊出版公司，2014：4.

较多或者商品销售情况不佳，消费者会持观望态度，甚至取消购买，或者选择其他商家；如果好评较多，消费者决定购买产品，然后会向导购咨询相关问题，并下单完成购物。在整个购物过程中，品牌在消费者购物决策中所发挥的作用较传统媒体时期大打折扣，在消费者的购物过程中，商品评论反而发挥关键的指导作用，消费者不需要通过电视广告或者平面广告来了解商品，在购物平台上就可以找到完整的信息。

（二）社会信任机制重构：主播与品牌的博弈

在传统媒体时代，买卖双方存在严重的信息不对称问题，品牌是产品质量的重要风向标，由于消费者难以从全方位了解产品信息，品牌对于消费者而言是选择的简化机制。品牌不仅仅是产品的知名度，更是产品质量、售后服务、企业竞争力的综合体，消费者与品牌建立联系的前提是对品牌的信任。在新媒体时代，品牌的影响力正在被削弱，但是品牌的作用并没有完全消亡，品牌依然是消费者做决策的重要参考因素。

互联网的本质是对"人"的赋能，实现人与人的连接。在互联网平台上涌现出一些网红，网红实现了与消费者的直接连接。网红与传统媒体时代的明星代言不同。明星代言是站在品牌的角度，将明星的影响力赋能品牌。明星通过参加节目聚集粉丝，节目知名度越高，明星的价值也就越大，在传统媒体时代明星是和节目捆绑在一起的，明星价值通过片酬或者品牌代言实现变现。在网络媒体时代，自媒体颠覆了传统媒体的硬广模式，直接实现 IP 价值变现。

（三）网络媒体对传统媒体的冲击

随着互联网对社会各行各业的影响不断深入，广告业的结构也随之发生了很大的变化。通过对 2011—2018 年的数据分析，我们可以推断出传统媒体的广告营业额虽然增长缓慢，但是除了报纸明显下降外，电视、广播、杂志媒体的广告营业额并没有明显下降，反而电视媒体的增长率还高达 74.16%，也就是说电视媒体迄今依然是重要的广告媒体。互联网媒体的强势增长，使得传统媒体、传统广告公司的市场空间受到挤压，但是广告的整体需求并未减少，网络媒体广告从 2011 年的 402 亿元到 2018 年的 3694 亿元，网络广告在整个媒体广告中所占的比重从 2011 年的 21.03% 增长到 2018 年的 64.07%，互联网对中小企业的赋能，激活了中小企业对广告的需求，使广告业基本盘变大。从百度搜索引擎到后起的美团、拼多多，在其广告收入中，中小企业都占有很大的比重。

表 6-4　2011—2018 年五大媒体广告营业额（单位：亿元）

	2011 年	2012 年	2013 年	2014 年	2015 年	2016 年	2017 年	2018 年
电视	898	1132	1101	1279	1147	1239	1234	1564
广播	91	141	141	133	124	172	137	137
报纸	469	556	505	502	501	359	349	312
杂志	52	83	87	82	72	60	65	59
网络	402	593	865	1312	1775	2305	2975	3694

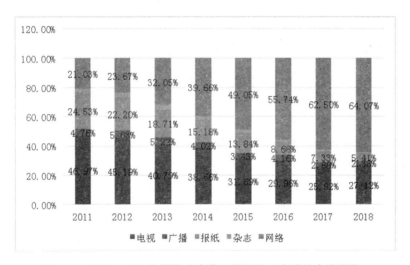

图 6-6　2011—2018 年媒体广告营业额比重（未统计户外媒体）

互联网媒体广告的增长，一方面得益于中小企业广告需求的增长，另一方面，互联网媒体本身也分化出不同的媒体类型，为广告主提供了更多的选择。在互联网平台上形成了电商广告、搜索广告、社交广告、视频广告、咨询广告等不同类型的广告，拓宽了广告主的选择范围。广告主对互联网平台的信任基于以下原因，一方面，互联网平台拥有庞大的用户群体，2020 年中国网民规模已经达到 9.89 亿人。并且经过 10 多年的数据积累，互联网平台积累了庞大的用户数据，能够精准地分析和把握用户需求，并为用户提供从购买前的推荐，到购买后的售后服务，以及以平台公信力和平台管理为依托的全方位、一体化的整合营销服务。另一方面，对于广告主而言，互联网广告形成了"信息—购买"的短链路信息平台，提高了广告的效率，电商提供的广告服务可以即时转化为销售增长，打破了传统广告效果不可量化的局限。特别是 2016 年以来，由于网络直播带货的兴起，为互联网广告平台注入了新的增长活力。

二、"以人为本"价值观念的践行

（一）社会化营销与消费者权利意识的觉醒

互联网实现了对"个人"传播权利的释放，社会化媒体的兴起使个体在互联网空间中获得广泛的表达权利，社交媒体的点赞、评论功能强化了消费者的自我认同意识和个人至上的价值观念。网络空间是真正以消费者为中心的传播空间，数字媒体的对话平台将广告主、内容生产者、消费者三者放在同等地位，赋予三者同等的发声权利和机会，无论你身处何方，都可以发出自己的声音，网络空间能够为不同阶层的人提供自由、平等的诉求表达平台。在传统媒体时代，消费者权益受到侵害时他们只能采取秋菊打官司式的上访，消费者表达诉求成本过高。但是在互联网平台上，消费者可以便捷地在网络平台上发出自己的声音，消费者的权利意识逐渐觉醒，消费者的多元角色被逐渐唤醒，消费者可以通过口碑传播表达自己的意愿，维护自己的合法权益。

本节通过对 1998 年和 2011 年两起消费者维权事件进行对比，分析互联网媒体带来信息传播方式变革的同时也实现了对消费者权利的赋能。1998 年消费者王某的笔记本电脑因故障送到销售公司维修（尚在保修期内），销售商要求其缴纳 7300 元成本费，王认为商品尚在保修期内，应该免费维修。为了维护消费者的权益，王某将自己的经历发表在网络上，恒生公司迫于舆论压力为其免费修好电脑。《生活时报》《微电脑世界周刊》报道了王某的维权事件。1998 年 9 月恒生公司以王某和上述两家报纸侵犯了公司的名誉权为由，提起诉讼。法院最终判决结果如下：王某的行为构成侵权，应该停止侵权行为，公开向恒生公司致歉，并赔偿恒生集团经济损失 9 万元人民币。① 2011 年 9 月，罗某通过微博曝露西门子冰箱门的质量问题，并引发网友的关注。西门子公司认为冰箱门不易关不属于质量问题。2011 年 11 月到 12 月，罗某通过两次砸冰箱的行为艺术，引起更多的网友关注。最终西门子公开向消费者道歉，并承诺为消费者提供保修服务。②

如果我们将王某和罗某都看作一名普通的消费者，将他们的行为看作普通

---

① 张超. 论消费者的表达自由权［D］. 烟台：烟台大学，2008.
② 周世禄，王文博. 西门子冰箱门事件的微博内容框架分析——微博对新闻报道影响初探［J］. 新闻与传播研究，2013（3）：83-95.

消费者的维权行为，这两次消费者维权事件虽然仅相隔 13 年，但是结果却大相径庭，它所反映的深层问题是消费者传播权利在互联网时代的实现。王某的维权行为是个体行为，但是罗某借助互联网平台，使个体的维权行为发展为无组织的组织力量，通过微博召集群体的力量，将遭遇同样问题的消费者聚集在一起。网络媒体的发展使消费者以互联网思维解决问题，消费者对于自身权益的表达意愿空前高涨，他们通过线上和线下联动，一起分享、一起合作甚至开展集体行动。在传统媒体时代，消费者散落在社会各个角落，个体权益很难维护，而《消费者权益保护法》对消费者的传播权没有做出相应的规定，当消费者的传播权与商家的名誉权相冲突时，消费者的传播权就变成了一纸空文。在互联网时代，社会化媒体实现了对消费者传播权的赋能，为消费者提供了便捷的发声平台，他们可以通过网络组建各种群体，为实现共同的目标采取行动，此时，互联网对于消费者而言是一种无组织的组织力量。当消费者突破传统组织局限，以我们过去无法想象的方式从事某项事业的时候，他们所迸发出的能量也是我们无法想象的。

（二）价值多元化与社会宽容度增加

社会宽容是指社会成员对异己行为和观念的宽容程度，社会宽容的基础是承认社会价值的多元化，以产品和服务为载体，为社会创造和传递新的物质价值和精神价值，引领整个社会观念变迁和发展。[①]

（1）对创新文化的宽容

宽容是社会创新的基础。科技创新、文化创新都包含着很大的不确定性，也具有失败的风险，宽容的社会风气是社会进步的先决条件。随着中国经济的发展，消费者对于创新产品的容错度逐渐增大，愿意为新产品买单的消费者也越来越多。以小米手机为例，早期在手机操作系统、产品硬件方面都存在一些不足，但是通过与早期使用者的深度互动，小米手机的口碑越来越好，产品的用户体验也越来越好，中国社会正在呈现出容错导向的创新文化。对创新产品的接受度和对创新产品原始缺陷的宽容度是衡量社会创新可能性的重要指标。[②]2010 年，小米只有 100 个用户，到 2011 年增长到 50 万用户，正是这些早期用户的支持，才有了今天市值巨大的小米集团。

---

① 王曼莹. 论价值营销［J］. 中央财经大学学报，2009（12）：80-85.

② 戴西伦. 青年创新文化视域下的深圳城市"宽容"品格［J］. 中国青年社会科学，2019（6）：97-106.

（2）对异己生活方式的宽容

在中国传统文化中，认为化妆是女性的专利，男性化妆会被认为是变态。随着时代观念的变迁，男性化妆从时尚圈向普通人群扩散，一些男明星成为国际大牌化妆品的代言人。在短视频的风口下，某些男性美妆博主圈粉无数。在男明星和男性美妆博主的带动下，男性化妆逐渐成为一种新兴的文化形态。男性美妆博主的兴起是对传统审美观念的重新界定，打破了"糙汉子"的传统观点，原本小众的男性化妆行为逐渐被越来越多的人所接受。男性化妆虽然只是一种个体行为，但是他背后折射出的是人们对于新生事物和异己生活方式的宽容态度。数字媒体拓宽了人们获取讯息的渠道，当人们的视野越来越宽广的时候，对于个体差异的接受度也越发增强，太阳底下无新事，人们对于新鲜事物的接受能力和包容度也就越来越大。

（三）信息泛滥与受众辨别能力的丧失

网络社会中，人类大脑每天接收到的信息数量与过去相比飞速增长。一方面，在信息泛滥的今天，人们疲于应对新的信息，大脑留白时间减少，由此造成大脑思考能力下降，或者说，人们疲于奔跑，忘记了辨别是非。另一方面，互联网搜索技术发达，任何问题只要一搜，就会出现答案，人类渐渐地对智能媒体产生依赖，而丧失思考和辨别能力。

对于广告信息而言，在前文中我们提到消费者决策方式实现了从相对价值到绝对价值的转变，网络媒体对消费者赋能为其提供了理性思考的路径。但是在实践中我们却发现，大学生"消费贷"、老年人"养生帖"层出不穷，只要稍加思索我们就会知道，"消费贷"的不理性消费所带来的危害要远远大于一时的满足感，养生帖吃什么补什么完全没有科学依据，部分消费者难以抵挡商家的轮番刺激和广告诱惑，为此付出高额的"智商税"，有此甚至付出生命的代价。那么受众辨别能力的丧失原因何在？网络媒体宣传导向的不正确是导致受众辨别能力下降的首要原因。三浦展在《下流社会》中提到个人电脑、手机、掌上游戏机、瓶装饮料、薯片等物勾画出下流社会的群体画像，躺在沙发上，拿着手机或者个人电脑，喝着瓶装饮料，一边吃着薯片，一边打着游戏或者追着剧。① 网络上充斥着炫富和不劳而获的声音，反映出的是社会深层价值观念的变迁。

---

① ［日］三浦展．下流社会：一个新社会阶层的出现［M］．陆求实、戴铮，译．上海：文汇出版社，2007：146-169.

第七章　研究结论与展望

本书旨在探讨广告的内核，广告对于整个社会系统而言就是一把双刃剑。它既能沟通产供销，促进社会经济的发展，又能加速马太效应的发展，造成资源垄断；既能引领社会潮流，促进产品的创新扩散，又能诱导用户过度消费，造成消费社会的乱象；既能引领先进文化，也能掀起低俗之风。因此，应当对广告的价值进行客观、理性的评判，这也是本书的写作目的。

第一节　中国广告业四十年的价值演进历程

自中国广告业恢复至今已经四十年了。在这四十年中，经历了从小到大，从无到有的发展历程，1979 年中国广告业营业额仅 1000 万元，2019 年广告营业额高达 8674 亿元，广告经营单位从 1979 年的十几户发展到 2019 年的 163 万户，广告从业人员更是多达 593 万余人。从人均创造价值的角度来看，1981 年广告业人均创造价值 7302 元，2019 年广告业人均创造价值为 14.62 万元，广告从业人员创造的价值远高于全国平均水平。从广告从业人员的结构来看，主要由管理人员、创意设计人员、业务人员、计算机技术人员和其他人员构成。

表 7-1　1979—2019 年我国广告业发展数据汇总①

年份	广告营业额（亿元）	广告营业额增长率	广告费占国民生产总值比重	广告经营单位（户）	广告从业人员（人）
1979	约 0.10	—	—	十几户	约 1000
1980	—	—	—	—	—
1981	1.18	—	0.024	1 160	16 160
1982	1.50	21.33%	0.028	1 623	18 000
1983	2.34	35.90%	0.039	2 340	34 853
1984	3.65	35.89%	0.050	4 077	47 259
1985	6.05	39.67%	0.067	6 052	63 819
1986	8.45	28.40%	0.082	6 944	81 130
1987	11.12	24.01%	0.092	8 225	92 279
1988	14.93	25.52%	0.099	10 677	112 139
1989	19.99	25.31%	0.118	11 142	128 203
1990	25.02	20.10%	0.134	11 123	131 970
1991	35.09	28.70%	0.161	11 769	134 506
1992	67.87	48.30%	0.252	16 683	185 428
1993	134.09	49.38%	0.380	31 770	311 967
1994	200.26	33.04%	0.416	43 046	410 094
1995	273.27	26.72%	0.457	48 082	477 371

---

① 根据《中国广告 30 年全数据》、国家工商总局和国家统计局发布的历年资料整理。罗斯托的"经济成长阶段理论"认为广告产业发展大致可分为四个阶段：起步期——广告经营额占 GDP 的比重在 0.5% 以下；起飞期——广告经营额占 GDP 的比重在 0.5%—1%；成长期——广告经营额占 GDP 的比重为 1%-2%；成熟期——广告经营额占 GDP 的比重在 2% 以上。各国对广告产业统计口径有所差异，北美国家将与广告相关的代言、赞助、营销咨询、产品促销也纳入广告产业统计范畴。

年份	广告营业额（亿元）	广告营业额增长率	广告费占国民生产总值比重	广告经营单位（户）	广告从业人员（人）
1996	366.64	25.47%	0.523	52 871	512 087
1997	461.96	20.63%	0.592	57 024	545 788
1998	537.83	14.11%	0.648	61 730	578 876
1999	622.05	13.54%	0.703	64 882	587 474
2000	712.66	12.71%	0.727	70 747	641 116
2001	794.89	10.34%	0.736	78 339	709 076
2002	903.15	11.99%	0.758	89 552	756 414
2003	1078.68	16.27%	0.798	101 786	871 366
2004	1264.56	14.70%	0.792	113 508	913 832
2005	1416.35	10.72%	0.767	125 394	940 415
2006	1573.00	9.96%	0.738	143 129	1 040 099
2007	1740.96	9.65%	0.692	172 615	1 112 528
2008	1899.56	8.35%	0.630	185 765	1 266 393
2009	2041.03	6.93%	0.610	205 000	1 333 100
2010	2340.51	12.80%	0.580	243 445	1 480 525
2011	3125.55	25.12%	0.660	296 507	1 673 444
2012	4698.28	33.47%	0.900	378 000	2 178 000
2013	5019.75	6.40%	0.880	445 365	2 622 053
2014	5605.60	10.45%	0.880	543 690	2 717 939
2015	5973.41	6.16%	0.870	671 893	3 072 542
2016	6489.13	7.95%	0.850	875 146	3 900 384

续　表

年份	广告营业额（亿元）	广告营业额增长率	广告费占国民生产总值比重	广告经营单位（户）	广告从业人员（人）
2017	6896.41	5.91%	0.840	1 123 059	4 381 795
2018	7991.48	13.70%	0.890	1 375 892	5 582 253
2019	8674.28	8.54%	0.880	1 633 092	5 935 051

"Advertising"在英文中是一个动名词，它并不是表示广告作品或者静态的广告内容，而是表示动态的广告活动，作为营销传播一个部类的广告业。[1] 对于广告价值的考察，不应局限于将其视为单一的经济行为或者销售工具，而是将其放在更为复杂、多元的社会文化体系中去考察广告业与整个社会系统的关系。[2]

一、广告文化价值凸显期

20世纪80年代，从朦胧诗到伤痕文学，涌现出大批的知识精英。中国广告业在恢复之初面临的首要任务是为广告正名。丁允朋、陈建敏等从事外贸工作的老一辈敏锐地感觉到一个新的时代要来了，广告业的春天要来了，他们为广告业的恢复而奔走忙碌。这一时期的广告除了情报传递的价值外，还肩负着西学东渐的历史重任。1979—1992年间中国广告业基础较为薄弱，在改革开放政策的支持下广告业获得了快速发展，连续10年增长率超过20%，广告业的发展与中国经济的复苏是同步进行的。这一时期的广告业是民族企业向西方发达国家学习和借鉴的重要窗口，在外商品牌进入中国的同时，也将先进的技术和管理理念带到中国，广告成为西学东渐的重要载体。中国广告理论体系的最初建立始于20世纪80年代，国际4A进入中国后，本土广告人进入4A工作，学习理论并付诸实践，然后离开国际4A，进入甲方公司或者创办自己的公司，这是一个学习的过程，也是一个行业发展的过程。广告业作为商务服务业，对社会经济的发展起到引领作用，广告行业的发展将先进的营销理论应用于民族品牌的建设。

---

[1] 祝帅."Advertising"为何是"广告"——现代"广告"概念在中国的诞生［J］.新闻与传播研究，2009（5）：88-93.

[2] 刘泓.广告社会学［M］.武汉：武汉大学出版社，2006：5.

二、广告经济价值凸显期

在本书第五章论述了广告业发展与国民经济发展呈正相关关系。1993—2007 年，在媒介产业化的浪潮下，广告业获得了一次前所未有的大发展，广告营业额从 134.09 亿元增长到 1740.96 亿元，而同期 GDP 从 3.56 万亿元增长到27.01 万亿元。[①] 市场经济体制的确立为中国经济迎来又一次大的发展机遇，也为广告业的发展提供了前所未有的机遇。自邓小平南方谈话以来，作为推动国民经济发展的重要产业，国家实施了一系列鼓励广告业发展的政策。首先，从所有制角度来看，取消所有制限制，个体、私营、外资等多种所有制形式进入广告业，促进广告业资源的合理配置；其次，从政府监管的角度来看，制定《广告法》规范广告市场，把广告业列入重点支持产业。在国家政策的支持下，1993 年中国广告业的发展迎来了历史的"拐点"，步入相对平稳的发展时期。作为一个庞大而强有力的产业，广告营业额 2019 年就达到 8000 多亿元，而且每年还在不断地创造新的纪录。

三、广告社会价值凸显期

广告价值的第三次转型是在 2008 年前后，消费互联网的发展为广告业拓展了新的战场，广告作为互联网的重要商业模式，两者互相成就彼此。移动互联网对于消费者的赋能彻底颠覆了传统的广告运营模式。传统媒体时代，广告主以付费的方式获得传播话语权，消费者只能被动接受信息，权益受到侵犯时也没有很好的表达渠道。网络媒体使消费者拥有了传播权利，以西门子的冰箱门事件为例，依托互联网消费者形成了无组织的组织力量，以过去无法想象的方式联合起来，迸发出强大的能量。程序化广告的应用，使得广告业从知识密集、人员密集产业真正地进入技术密集型产业。从"广而告之"到"精准投放"，程序化广告的应用彻底改变了传统广告的作业方式和作业流程，广告业对传统媒体的依赖性逐渐弱化，实现了第二次行业转型，从以广告主需求为导向转向真正以消费者需求为导向。用户在广告传播中的价值逐渐显现，首先，从广告的生产领域来看，移动互联网强调价值共创，只有让消费者参与到企业的营销互动中，才能真正与之建立强连接关系；其次，移动互联网的人际传播特征，使广告的服务价值和社会价值逐渐显现。

---

① 数据来源：国家统计局官网 . 2020 - 01 - 15. https：//data. stats. gov. cn/easyquery. Htm？cn＝C01&zb＝A0201&sj＝1993.

第二节 广告推动双边市场商业模式的形成与发展

广告对媒体的影响建立在媒体对广告需求的基础上，在传媒业市场化进程中，广告成为媒体资本构成的重要组成部分，广告对传媒结构的影响也日益突现。广告塑造了双边市场，广告的价值具有双重属性，一方面广告面向受众，面向消费者，为消费者创造价值；另一方面，广告为广告主服务，为广告主创造价值。① 单边市场由交易的供给方和需求方构成，双边市场由平台方、交易的双方或者多方构成。② 在双边市场上供需双方并不是线性结构，而是网状结构，同一个用户既可以是商品的供给方，同时又是商品的需求方，不同类型的客户之间存在交易或交换行为，平台企业的价值在于规范交易行为，网罗更多的商品供给者和消费者形成交叉网络外部效应。以"便士报"为开端的大众媒体是双边市场形成的开端，并推及银行卡、超市等商业形态，数字技术时代的媒体平台将双边市场的优势发挥到极致。数字平台对于传统媒体和传统经济的挑战，与其说是技术的变革，不如说是商业模式的进化。

表 7-2 常见双边市场的类型及商业模式

平 台	双边用户	平台角色与功能
报纸、杂志媒体	广告主/读者	内容生产、发布广告，双向收费
广播、电视媒体	广告主/听众、观众	内容生产、发布广告，广告费
银行卡	商户/持卡人	推奖励消费，收取交易费
超市、购物广场（B2C）	商户/消费者	网络人群，收取租金
内容聚合型平台	内容生产者/用户	内容聚合、发布广告，广告费
购物平台	商户/用户	网络人群，收取广告费、金融业务
社交平台	商户/用户	网络人群，收取广告费、金融业务
游戏平台	游戏开发/用户	网络人群，广告费、销售装备

---

① 杨保军.论新闻的价值根源、构成序列和实现条件［J］.新闻记者，2020（3）：3-10.
② 陈宏民，胥莉.双边市场：企业竞争环境的新视角［M］.上海：上海人民出版社2007：4.

续 表

平 台	双边用户	平台角色与功能
B2B 会展、网络平台	企业 A/企业 B	网络更多上下游企业，赚取广告费、中介费

一、大众媒体的产生与双边市场的形成

1833 年美国新闻界兴起了一场革命——"便士报纸"运动，对于出版业和美国社会产生了深远的影响。"便士报纸"催生了一种新的商业模式——双边市场。① 最早的"便士报纸"理念源自谢泼德，他留意到人们在路边摊用 1 便士购物的速度奇快，于是便萌生了"售价 1 便士日报"的想法，只是谢泼德和他的便士报运气不佳，将想法付诸实践的尝试失败了。②

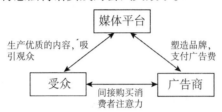

图 7-1 媒体双边市场微观结构图

1833 年《纽约太阳报》是最早的双边市场模式的践行者，仅仅 6 个月的时间报纸的发行量就高达 8000 份，是同时期其他报纸的两倍。③ 在双边市场模式的指导下，美国报纸的数量从 1200 多种（大部分为政治性党派报纸）迅速增加到 2500 多种，以《纽约太阳报》为代表的"便士报纸"的成功是源于对商业模式的创新，突破了传统的单边市场模式，即报纸生产内容、读者付费阅读的模式，开创了双边市场的经营模式，报纸的利润不再直接来自读者，而是来自广告商，并且宣称在政治上独立于党派，报纸内容更加客观和中立。舒德森认为

---

① 王少南. 双边市场条件下滥用市场支配地位的反垄断法规制 [D]. 武汉：武汉大学，2016.

② ［美］大卫·斯隆. 美国传媒史 [M]. 刘琛，等译. 上海：上海人民出版社，2010：180-181.

③ 杜欣霓. 美国便士报的兴起及其影响 [J]. 云南财经大学学报（社会科学版），2011（6）：158-160.

便士报的兴起是因为广告可以分摊报纸成本，使报纸足够便宜以供家庭消费，而广告主也通过报纸宣传扩大销售。①

20 世纪 20 年代是美国广告业的形成期，也是广告业欣欣向荣的十年，广告公司的数量激增，广告营业额快速增长。1918 年美国广告总支出为 15 亿美元，到 1920 年激增至 30 亿美元，1929 年达到 34 亿美元。② 1920 年广播在美国诞生，广播以更为低廉的收听成本和近乎无门槛的受众要求网罗了大量的听众，并培养了他们定时收听的习惯。1900 年，美国民众的平均受教育年限仅为 5 年，因此广播比报纸更容易为大众所接受。随后电影、电视等媒体相继发展起来，电子媒体依然沿用双边市场的商业模式，并将其发扬光大。③ 双边市场下的传媒产业具有以下三个主要特征。

（一）广告对传媒产品价格结构的影响

"便士报纸"创造性地将"价值补贴"的方法应用于传媒产业，带来商业模式的转型升级，甚至改变了整个社会的价格体系。④ 传统报纸媒体收入来源于读者的销售费用，双边市场中报纸对读者的定价远远低于边界成本价格，以此作为网罗读者的手段；而对另一边的广告商收费则远远高于边界成本价格，广告费是双边市场结构中平台的重要收入来源。采用双边市场模式的媒体会注重产品的品质和公信力，通过优质的内容吸引受众获得发行量或者收视率，再通过庞大的受众群体注意力吸引广告商投放广告。双边市场的运营模式为报纸甚至整个传媒产业带来了巨大的经济收益。

（二）传媒市场的网络外部性特征

双边市场的特征是平台经营受交叉网络外部性的影响，影响媒体经营的因素不仅包括产品的品质和成本，用户规模也是重要因素之一，用户的数量越多，平台的价值越大。以报纸媒体为例，内容生产依然是报纸最重要的支柱，但是用户规模和用户构成是决定报纸经营的关键，广告主愿意支付高昂的广告费是希望能够得到回报，广告主希望选择具有较强购买能力的高端消费者作为他们

---

① SCHUDSON M. *Discovering the News：A Social History of American Newspaper*［M］. York：The Perseus Books Group，1978：30-50.

② ［美］迈克尔·埃默里，埃德温·埃默里. 美国新闻史：大众传播媒介解释史［M］. 展江，译. 北京：新华出版社，2001：344.

③ ［美］迈克尔·埃默里，埃德温·埃默里. 美国新闻史：大众传播媒介解释史［M］. 展江，译. 北京：新华出版社，2001：340.

④ 王少南. 双边市场条件下滥用市场支配地位的反垄断法规制［D］. 武汉：武汉大学，2016.

的广告投放对象。但是在传统媒体时代，很难对受众进行严格的划分，发行量和收视率往往成为广告投放的重要指标，由此造成媒体内容的庸俗化，甚至为了吸引眼球造成虚假新闻泛滥。

（三）广告对传媒产业结构的影响

基于双边市场的传媒产业经济又被称为注意力经济。广告成为媒体的主要收入来源，广告的市场走向对于传媒产业结构具有越来越大的影响力。广告公司的营业额在整个广告产业中所占的比例也越来越大，1983 年广告公司营业额在整个广告市场上仅占 21%，到 2001 年达到 47%。广告公司营业额比重的上升意味着广告专业能力的增强，同时也意味着广告对媒体影响力和控制力的增强。从 1983—2009 年中国广告市场趋势图可以看出，纸质媒体的市场份额一路下滑，报纸媒体从 1985 年的 36% 下降至 2009 年的 18%，期刊从 20 世纪 80 年代初期的 5% 下降至 2009 年的 1%，广播电台从 1983 年的 8% 下降至 2009 年的 4%，电视保持 25% 左右的市场份额。通过对以上数据的分析不难看出，1980 年至 2009 年的三十年间，作为广告发布渠道的媒体在广告业的市场份额持续下降，专业广告公司在广告业中的市场份额持续上升。

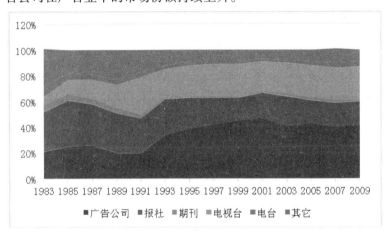

图 7-2　1983—2009 年中国广告市场趋势图

表 7-3　1983—2009 年中国广告市场营业额比率①

	广告公司	报社	期刊	电视台	电台	其他	总营业额
1983	4871	7330	1081	1624	1807	6694	23407
占比	21%	31%	5%	7%	8%	29%	100%
1985	15108	22011	2809	2671	6870	11053	60523
占比	25%	36%	5%	4%	11%	18%	100%
1987	28192	35549	4543	16927	4721	21268	11200
占比	26%	32%	4%	15%	4%	19%	100%
1989	39698	62940	8506	36190	7460	45105	199900
占比	20%	31%	4%	18%	4%	23%	100%
1991	69264	96188	9989	100052	14049	61350	350893
占比	20%	27%	3%	29%	4%	17%	100%
1993	461746	377110	18447	294391	34944	154236	1340873
占比	34%	28%	1%	22%	3%	12%	100%
1995	1071245	646768	38229	649800	73769	252879	2732690
占比	39%	24%	1%	24%	3%	9%	100%
1997	1941413	968265	52709	1144105	105776	407370	4619638
占比	42%	21%	1%	25%	2%	9%	100%
1999	2778129	1123256	89232	1561496	125243	543150	6220506
占比	45%	18%	1%	25%	2%	9%	100%
2001	3709758	1576993	118593	1793743	182761	567028	7948876
占比	47%	20%	1%	23%	2%	7%	100%

---

① 范鲁彬．中国广告 30 年全数据［M］．北京：中国市场出版社，2009.

续　表

	广告公司	报社	期刊	电视台	电台	其他	总营业额
2003	4448378	2430113	243806	2550395	255689	858465	10786846
占比	41%	23%	2%	24%	2%	8%	100%
2005	6153837	2560497	248669	3552867	388583	1259034	14163487
占比	43%	18%	2%	25%	3%	9%	100%
2007	6884977	3221927	264648	4429522	628202	1980351	17409627
占比	40%	19%	2%	25%	4%	11%	100%
2009	8494297	3706633	303792	5361903	718703	1824994	20410322
占比	42%	18%	1%	26%	4%	9%	100%

　　从1983年到2009年的广告市场发展情况可以看出，广告公司的营业额增长是最快的，这与我们的常识相悖，大众媒体时代"渠道为王"，20世纪90年代央视标王的天价广告费历历在目，为什么反而被广告公司占据了市场份额呢？这与广告作为改革开放最早的前沿阵地有关。早在1980年电通作为最早进入中国的国际4A公司，随着日本家电、汽车等跨国企业一起来到中国，随后李奥贝纳、博报堂等最著名的广告公司进入中国，拉开了中国广告企业追求规模化和专业化的历史序幕。当时外商公司受到政策的限制，国际4A与本土广告公司合资建立广告公司成为中国广告业的特色，为本土公司和国际4A之间的深入接触和融合创造了条件，加速了国际广告作业方式和营销理论在中国的应用，也为民族品牌的建设作出了重要的贡献。

　　基于双边市场的大众传播具有网络外部性的特征，规模经济效应是传媒产业得以生存的基础，以电视产业为例，服务1000名观众和10000名观众的边际成本几乎为零，但是媒体的影响力增加了，广告收入也相应增加，媒体边际收益随之增长。广告作为传媒业的主要收入来源，对媒体产业结构的影响力越来越大，传媒业虽然一直在努力寻求多元化经营，但是并未取得显著成效。传媒业对于广告收入的过度依赖造成传媒业整体的结构性危机，具体表现为以下几点：

表7-4　2009—2010年广播电视主要收入来源（单位：亿元）

	广告	网络	其他
2009	781.70	418.85	381.39
占比	49.41%	26.48%	24.11%
2010	939.97	487.44	575.44
占比	46.93%	24.34%	28.73%

（1）传媒业区域发展不平衡

在媒体市场上，规模越大的企业覆盖越广，在广告市场上也就越有竞争优势，实力雄厚的媒体有充足的资金生产更优质的内容，如此循环往复，强者愈强。① 以2003年的统计数据为例，2003年中国电视广告收入为255.04亿元，中央电视台的广告收入高达75.30亿元，占全国电视广告营业额的29.52%，是一般的省级卫视（浙江6.86亿元、湖南6.60亿元等）的10倍，省级卫视的广告营业额又是市级电视台的数倍（山东电视台是济南电视台的9.5倍，浙江电视台是杭州电视台的7.6倍）。而同一层次的电视台之间由于地域因素，也会导致发展不均衡，东部经济发达地区的广告营业额明显好于西部地区。广告营业额最高的广东电视台是西藏电视台的238倍，这一数据足以说明传媒产业区域之间的差异性。

表7-5　2003年中央电视台及省级电视台广告营业额及市场份额（单位：亿元）②

台名	广告营业额	占比（%）	台名	广告营业额	占比（%）
中央电视台	75.30	29.52	北京电视台	14.28	5.60
上海文广集团	21.26	8.34	天津电视台	4.04	1.58
广东电视台	10.00	3.92	深圳电视台	5.58	2.19
山东电视台	7.60	2.98	济南电视台	0.80	0.31
浙江电视台	6.86	2.69	杭州电视台	2.29	0.90

① 熊忠辉. 中国省级卫视发展研究［D］. 上海：复旦大学，2005.

② 2003年中央电视台及省级电视台广告收入一览表（2003年开始采用国际通行的统计方法）。

台名	广告营业额	占比（%）	台名	广告营业额	占比（%）
湖南广电传媒	6.60	2.59	长沙电视台	0.60	0.24
四川电视台	5.05	1.98	成都电视台	2.28	0.89
河北电视台	3.53	1.38	石家庄电视台	0.839	0.33
山西电视台	1.44	0.56	太原电视台	0.82	0.32
青海电视台	0.21	0.08	西宁电视台	0.102	0.04
西藏电视台	0.042	0.02	拉萨电视台	0.035	0.01

在传统媒体中，中央电视台一直是规模最大、广告收入最高的媒体。1999年各省级卫视普遍上星，经过短短几年的发展，电视媒体的"金字塔结构"逐渐被动摇，省级电视台之间出现层次落差。以2003年为例，北上广作为经济相对发达的地区，电视媒体的广告收入相比于其他省份更高，而青海、西藏等西部地区的广告收入则相对较少。首先，当地经济的欠发达导致市场疲软。广告是产业化、现代化的产物，当恩格尔系数较高时，消费者的支出大多用于购买生活必需品，广告宣传对于消费者的影响不大，反之，当消费者拥有更多可自由支配的收入时，广告对消费者的影响力变大。其次，当地人才缺失、节目粗制滥造，导致其缺乏竞争力。省级电视台上星之后，有实力的电视台会投入更多的资源生产更优质的节目，而西部地区原本的收视份额也被东部发达地区吞食，导致东西部之间的差距愈来愈大，同一区域的省级卫视和未上星的城市电视台之间也存在同样的问题。但是区域发展状况并不是决定媒体经营状况的唯一原因，以湖南广电传媒为例，虽然地理位置不够优越，但是通过自身经营取得了不错的成绩，还能反推当地的经济发展。

（2）小型企业广告需求不能得到满足

基于双边市场的传统媒体经营方式，广告主的进入门槛相对较高，收视率越高的节目广告单价也就越高。2012年《中国好声音》冠名费高达6000万，平均每秒近50万元，2013年更是水涨船高，冠名费高达2亿元。① 作为中国电视

---

① 姚曦，秦雪冰.2013传统媒体仍居投放主体［J］.广告大观（综合版），2012（12）：29-30.

产业的龙头，2003年中央电视台的广告招标活动，有资格参与竞标的企业仅有125家，而这125家企业还有部分落选。① 虽然基于双边市场规模效应的传统媒体在塑造品牌、增强品牌影响力方面具有得天独厚的优势，但是动辄几千万的广告费用，和广告效果的延时性对于实力相对较弱的中小型企业并不友好。经过改革开放四十年的发展，在国内大型企业、外资企业已经具备很强实力的情况下，中小型企业通过传统媒体塑造品牌的能力受到进入壁垒的限制，想要赶超大型企业难度可想而知。

（3）小众需求、消费者个性化需求不能得到满足

基于大众传播媒体的规模效应和网络外部性特征，广告产品往往具有受众基数大的特征。以可口可乐为例，2015年广告花费40亿美元，这是一个惊人的数据，但是2015年公司营收为442.94亿美元，在中国一瓶500ml可乐的售价是3元人民币，在美国355ml可乐售价是20美分，在不同的渠道售价略有差异，如果按照单价20美分的话，可口可乐的全年销售量达到2214.7亿罐，那么平均每罐可乐的广告成本为0.018美元，可口可乐巨额的广告费用是基于庞大的受众基础存在的。事实上由于广告成本的原因，大众传播媒介并不适合小众品牌的传播，大众传播媒介不能满足消费者的个性化需求。

二、互联网平台型媒体的兴起与双边市场商业模式的发展

2018年4月10日，扎克伯格在美国参众两院的听证会谈到脸书的收入来源时说："我们靠经营广告收费。"作为全球品牌榜排名14和拥有20多亿用户的社交媒体，2019年Facebook全年总营业收入为707亿美元，其中广告业务营收696.5亿美元，广告营收占比98.5%。② 广告是互联网企业最重要的商业模式。自20世纪90年代至今是互联网商业模式创新的三十年，也是互联网作为"第四媒介"发展的三十年，双边市场的商业模式通过互联网平台广泛地应用于各行各业，改变了人们的日常生活形态，形成"互联网+"的消费互联网生态；21世纪20年代之后，智能物联将成为社会治理的重要平台，从冲击社会制度层

---

① 透视广告招标一览经济晴雨表［EB/OL］.（2003-11-20）［2020-07-07］. http：//www. cctv. com/special/801/5/67482. html.

② 企业财务报告. Facebook财报：2019奶牛Q4Facebook净利润73.49亿美元同比增长7%［EB/OL］.（2020-01-30）［2020-07-19］. http：//www. 199it. com/archives/1002514. html.

面，改变社会形态。①

（一）互联网双边市场第一层级：操作系统

这里着重探讨互联网的商业模式创新。互联网最底层的操作系统就是典型的双边市场，计算机操作系统是互联网最基础的平台，是用户与裸机之间的接口。目前应用较多的操作系统有 Windows、DOS、Linux、ISO、Android 等。操作系统形成了互联网双边市场的第一个层级，以 ISO 操作系统为例，围绕着 ISO 操作系统平台，汇集了许多 App 应用软件开发商，用户以付费或者免费的方式获得 App 使用权限。

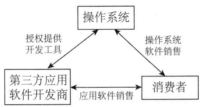

图7-3　操作系统的双边市场结构

（二）互联网双边市场第二层级：App 软件应用程序

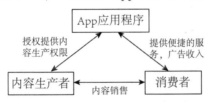

图7-4　App 应用程序的双边市场结构图

在互联网市场上，App 应用程序是第二层级的双边市场，门户网站、社交媒体、购物网站、游戏平台等都是典型的双边市场。以社交软件微信为例，微信公众号聚集了大量的内容生产者作为双边市场的一方，具体包括南方周末、山西新闻联播等传统媒体，中国移动、耐克官方等企业账号，周边游、丁香医生等生活服务号，网信山西、国家电网等政务号，另外还有 GQ 实验室、黎贝卡等时尚娱乐号。在微信的平台上，还开发了小程序、视频号等多个应用程序，用户作为双边市场的另一方，与传统双边市场不同，用户可以同时作为内容生

---

① 方兴东，钟祥铭，彭筱军. 全球互联网 50 年：发展阶段与演进逻辑［J］. 新闻记者，
2019（7）：4-25.

产者，开设自己的公众号、小程序、视频号。在微信的应用平台上，内容生态和交易生态并存，微信不仅是通信工具，还是用户、信息、服务的连接工具。短视频应用程序如抖音、快手也都呈现出功能越来越多样化、结构越来越复杂化的生态特征。

（三）互联网双边市场第三层级：内容生产者

互联网平台上的内容生产者是第三层级的双边市场，无论是自媒体内容生产者，还是传统媒体或者专业的媒体内容生产机构、游戏开发商，其本身都是一个双边市场结构。以自媒体账号"凯叔讲故事"为例，自 2013 年团队创立以来，生产优质的原创内容并先后出版了《凯叔西游记》《凯叔口袋神探》《凯叔讲历史》《凯叔小知识》等多个 IP 系列产品。在传播渠道上，自媒体内容生产者通常会以矩阵的方式在多个 App 平台开展服务，并根据每个平台的特色实现差异化营销策略。以"凯叔讲故事"为例，除了自建 App，还通过微信公众号、喜马拉雅等平台为顾客提供免费故事体验。免费用户体验只是媒体与用户建立强连接关系的手段，其变现方式是通过线上、线下多渠道实现的，具体包括内容付费、童书出版、亲子课程、衍生硬件、凯叔造物、优选商城等集教育、出版、电商于一体的 IP 运营，另外广告依然是内容变现的重要方式之一，与其他自媒体不同，凯叔更注重自有品牌的建设。

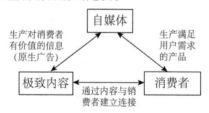

图 7-5　内容生产者双边市场模式

通过对互联网三个层级双边市场的考察，不难看出在数字媒体时代，三个层级的市场并不是完全金字塔式或者产业链式的关联，而是相互交织的网络状，其核心是企业为用户提供服务，实现与平台的价值共创。在双边市场的三个层级中，每个层级都注重自身的品牌塑造与用户建设，而平台本身也成为保护消费者权益的一重屏障。以购物网站为例，淘宝、拼多多平台都设有官方客服，当消费者权益受到侵犯时，可以向平台客服提起服务申请。平台为了提升自身的公信力，维护有序的平台生态，也会做出相对客观、公正的评判，维护消费者的合法权益。而自媒体平台，以"凯叔讲故事"为例，在为平台带来流量的同时形成了自己的商业体系。

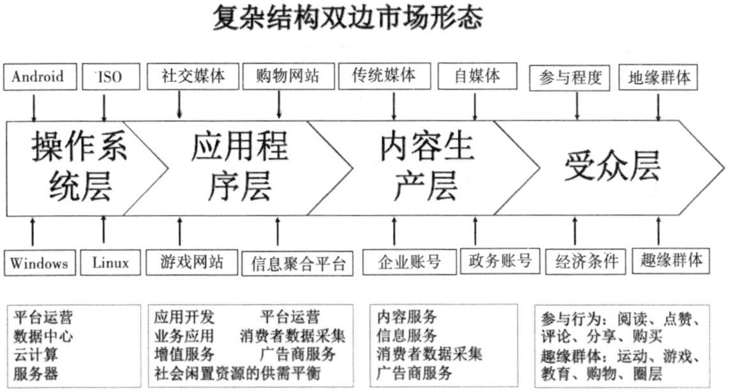

复杂结构双边市场形态

图7-6 复杂结构双边市场形态

基于复杂结构双边市场的参与主体，在媒介生态中都具有各自独特的价值点，既竞争又合作，并尽量扩大自身在整个媒介生态系统中的竞争优势。双边市场下的互联网媒体与传统媒体在定价、产品、竞争模式方面都存在很大的差异。互联网媒体呈现出平台之间，基于平台的多个用户之间，甚至用户通过多个平台交换产品或服务的网状交互行为。具体表现为如下特征：

（一）大企业主导的分层式垄断竞争

互联网企业的发展呈现出行业集中度越来越高的特征，迅速崛起了一批以BAT为代表的平台性企业，对整个国家的经济转型、文化发展产生了深远的影响。[1] 互联网平台型企业的强势发展导致传媒市场结构被颠覆和重构，曾经占据人们大量闲暇时间和作为主要信息来源的报纸、广播、电视等大众传播媒体自进入21世纪以来开始逐渐衰落，失去市场主动权，成为互联网大厂主导的媒介生态体系中的内容生产者之一。如今，数字化的趋势还在加速，人们对互联网的依赖还在进一步加强。[2] 传统媒体与互联网媒体的关系已经在数字化技术的浪潮下被彻底颠覆，原有的分散竞争的媒体市场逐渐被互联网巨头主导的竞争模式所取代。互联网企业不断地把触角伸向媒体的各个分支，开展生态化经营。

---

① 方兴东，严峰．中国互联网行业垄断行为复杂性、危害性和对策研究［J］．汕头大学学报（人文社会科学版），2017（3）：49-54.
② 崔保国．2017—2018年中国传媒产业发展报告［M］．北京：社会科学文献出版社，2018：5.

（二）平台参与主体相互作用的多边性

基于双边市场的大众传播媒体只涉及广告商和受众两类参与者，但是网络媒体平台却呈现"多边市场"的结构特征，即市场一方的经济行为会影响到相关市场参与者的利益，而这种利益并没有直接以货币的方式反映出来。以内容聚合型平台为例，媒体平台中有内容生产者、平台型媒体、内容消费者三类不同的参与主体。首先，从内容生产者的角度来看，包括传统媒体生产内容者、自媒体生产内容者、企业内容生产者；受众作为信息的接受者同时会参与点赞、评论甚至发布广告等互动行为，而这些参与行为又会成为新的内容；在互联网平台上包含付费广告和非付费广告等多种形式，广告主又会通过消费者评论与之进行互动，甚至作为重要的广告决策依据，广告主有时也会生产商品信息之外的内容。其次，作为互联网平台型媒体，主要承担运营和管理职责，平台首先要对海量的内容进行分类、加工、整理，再通过算法将内容推荐给匹配的消费者，广告主一方面会参与内容生产植入广告，另一方面参与平台程序化广告投放，实现品牌信息与消费者的精准匹配。网络效应引起的服务差异影响消费者的价值感知，这种感知很大一部分来自网络外部性，这是网络经济中特有的一种价值，这种价值随着消费同种产品的其他消费者人数的增加而增加。① 最后，从内容消费者的角度来看，在平台型媒体上他们能够获得更好的参与感和用户体验。互联网媒体对用户的赋能使用户价值得到前所未有的提升。

（三）产品多样化和多元化策略

人类文明发展至今，颠覆性的技术革命会引发整个人类社会结构的深刻变革，互联网和人工智能技术推动了生产力的迅速迭代，同时也使我们进入了一个 VUCA 的时代。② 在这个时代可怕的不是对手比你强，而是你根本不知道对手在哪里。腾讯、阿里、百度等大型互联网企业，凭借其独有的产品优势获得稳定的地位，却仍然在积极拓展新的产品样态，实现产品多样化和多元化策略，甚至不断地突破和挑战自我。以腾讯为例，在 PC 时代以社交软件 QQ 为核心构建了游戏、QQ 空间、门户网站、电商等多元产品体系，2011 年为了顺应移动互联网的大潮，腾讯推出了更能满足移动用户需求的微信，2019 年微信活跃用户数已经高达 11.51 亿，在社交领域的地位远超 QQ。在这个 VUCA 的时代，故步自封只会被取而代之，如果腾讯不开发微信，那么市场就会被具有类似功能的

---

① 罗春香. 基于双边市场的移动商务价值链［M］. 上海：复旦大学出版社，2015：15.
② 源于军事用语，2011 年宝洁 CEO 罗伯特·麦克唐纳将其引入商业世界格局。VUCA 是指组织处于一个易变（volatile）、不确定（uncertain）、复杂（complex）和模糊（ambiguous）的状态。

其他产品所占据。从 2012 年今日头条第一个版本上线到 2018 年 10 月其市值达到 750 亿美元，头条系无边界的发展策略，迅速拓展出短视频、悟空问答、头条搜索等。边界消失背后是移动互联网生长逻辑的转变，依靠某一项核心业务的传统意义的平台已被打破，只有持续拓展边界，不断创新，才能让一家科技公司实现经济增长，在多边市场中处于领先地位。

（四）用户的单归属与多归属

在多边市场中，用户选择具有多样性，既可以只加入一个平台，也可以选择加入多个平台。以自媒体内容生产公众号为例，平台的双边用户分别是内容生产者和内容消费者，其中内容生产者可以选择单归属或者多归属。以 B 站为例，独家签约了拥有 600 万粉丝的某游戏主播，可以增加用户与平台、内容生产者之间的黏性。但是在互联网的复杂多边市场中，顾客呈现多归属的倾向，用户可以在众多平台或者内容生产者中自由选择，可以选择抖音，也可以选择快手或者 B 站，互联网平台选择的便捷性，使用户并不会拘泥于某一单一的产品或者品牌，而是根据自身需求的多样性同时忠诚于多个品牌和产品。①

第三节 动态平衡：广告价值的驱动因素分析

一、用系统思维看待广告的价值变迁

党的十八大以来，党中央提出将系统谋划、统筹规划作为党和国家各项事业的指导原则。系统思维并不是党的十八大以来产生的新的指导思想，而是在长期的实践中指导我国各项工作的基础思想。② 本书将广告业视为社会系统的一个子系统，分析广告与整个社会系统之间的互动关系，明白广告业并不是孤立存在的，其发展、演进与整个社会系统的发展密切相关，国家政策、宏观经济、媒体变迁、专业技术任何一点变化都会引起整个广告业的巨大变革。帕森斯的结构功能主义理论认为，社会系统中的各个子系统通过不断的分化与整合来维持整个社会系统的动态均衡。③ 广告业为了适应社会需求的变迁，不断调整产业

① 栗雪冬. B2C 电商平台用户多属性行为影响因素研究［D］. 郑州大学，2019.
② 王军. 以系统思维审视"十四五"时期网络安全工作［J］. 中国信息安全，2021（01）：83-84.
③ 刘润忠. 试析结构功能主义及其社会理论［J］. 天津社会科学，2005（5）：52-56.

内部结构，以实现产业在整个社会系统中的价值。

改革开放 40 年来，中国广告业经历了三次大的变迁，每次变迁都是与整个国家的改革政策同步的渐进式变革。第一次是 1979 年商业广告恢复，这是在改革开放政策下，广告业为满足社会需求做的第一次重大变革。广告业的恢复，其作为政策变革的符号意义要远远大于它所创造的经济价值，作为最早对外开放的行业之一，广告将国外先进的产品、技术和管理理念展示在国人面前，是当时的中国人民和中国企业放眼看世界的重要窗口。第二次是在 1993 年前后，在整个国家市场化、产业化的浪潮下，广告业也开启了产业化的变革。广告的产业化变革一方面通过与外资合作，实现产业自身的专业化发展和技术进步；另一方面，服务民族企业和民族品牌的发展，为整个国家经济腾飞贡献了自己的力量。第三次是在 2008 年前后，广告业是最早实现数字化技术应用的行业，通过数字技术的应用，为消费者提供更好的服务，实现广告的社会价值。

广告业的三次变迁，既是顺应社会需求的结果，又是与媒体结构的变迁、专业技术的变迁同步发生的。从媒体结构和广告专业的角度来看，1979—1992 年间纸质媒体在整个广告业中占有主导地位，与之对应的广告专业技术以文案和美术设计为主导；1993—2007 年间，电子媒体特别是电视占据主导地位，与之对应的广告专业技术为市场调查、营销策划等；2008 年之后，网络媒体在广告业中所占的市场份额越来越大，基于大数据、算法等计算机技术成为广告业的主导。

二、社会需求变迁推动广告价值变迁

广告业的迅猛发展并不是广告人单一努力的结果，而是与社会政治、经济、文化的发展息息相关。在我国经济高速发展的局势下，社会经济发展带来的产业结构、产品结构、消费结构的转变是推动广告业发展的根本原因。本书研究结构功能主义视域下广告的价值变迁，社会结构是指建构主义视角下的社会结构，是指社会行动主体及其在与社会系统的互动中形成的社会关系。① 因此，社会结构始终处于生成、变化和发展的过程中。

（一）1979—1992 年社会需求特征及广告价值

党的十一届三中全会作出"把党和国家的工作重心转移到经济建设上来"的重要决策，企业面临着由计划经济体制向市场经济体制转轨的问题。在长期

---

① 戴洁. 社会结构变迁与统一战线功能［J］. 湖北省社会主义学院学报，2020（2）：53-61.

统购统销的计划经济体制下企业丧失了信息获取能力，在向市场经济体制转轨的过程中出现的信息不畅的问题导致大量的商品积压，这时广告的价值逐渐突现，涌现出许多"一则广告救活一家厂"的广告神话。这一时期，广告的价值主要体现在以下方面：

表7-6 1979—1992年广告的经济价值、文化价值和社会价值分析

	社会需求	广告价值（功能）
经济价值	计划经济体制向市场经济体制转型	广告促进中国市场经济体制的形成与完善
	经济转型期间，由于信息不畅大量产品积压	广告促进产品向商品转化
		广告对于商品的促销功能
		广告沟通产供销的信息传达功能
	乡镇企业生产力发展	广告促进乡镇企业发展壮大
	中国对外开放	广告促进中国市场与国际接轨
		广告促进对外贸易
		广告增强民族品牌的国际竞争力
	媒体主要依靠财政拨款	广告使媒体收入来源多样化
文化价值	国内外对于中国未来走向持观望、揣测态度	广告作为中国改革开放的信号功能
	媒体渠道相对紧缺，信息是稀缺资源	企业透过广告了解同行的生产情况和技术创新情况
	企业重生产、轻企业文化建设，缺乏战略眼光	广告倡导企业承担社会责任
		广告倡导企业进行文化建设
		广告倡导企业具有战略眼光
	青年学习热情高涨，但是学习资源紧缺	青年通过广告获取函授、短训的最新进修信息
		图书广告传播文化知识、提高审美鉴赏水平
	刚刚开放的中国人渴望新鲜的文化	广告推进社会流行文化的发展
	国内生产力水平、产品设计、营销技巧落后	国外优秀广告作品的示范功能
		广告成为介绍外来文化的窗口
	由于历史原因，海峡两岸断联	广告是促进两岸交流的桥梁

续 表

	社会需求	广告价值（功能）
社会价值	返城知青就业困难	广告成就了一批有梦想的知识青年
	乡镇企业异军突起	广告改变乡镇企业的小农生产观念
	长期受到集体主义教育的国人个体意识不强	广告推动消费者个体意识的觉醒

通过上述表格的分析可以看到，广告在这一时期的经济价值主要体现为沟通产供销的信息沟通功能，在这一时期城乡居民消费构成中，生活必需品持续占有较大比重，恩格尔系数持续高于60%，属于"滞后性消费"，而机电设备、农机产品等生产资料广告占据了广告营业额的30%以上，居民消费能力的不足是制约广告业发展的根本原因。直到2001年，我国农村居民才基本实现了从"温饱型"社会向"小康型"社会的转变。[①] 居民消费开始转向住宅、交通、教育等中长期消费领域，广告刺激消费的功能才真正得以显现。

改革开放初期，广告业作为中国最早对外开放的领域，在引进西方先进文化方面作出了巨大的贡献。这一时期广告的文化价值要远远大于经济价值。对于西方文化不要盲目崇拜或者排斥，而要取其精华、去其糟粕，不能单纯地引进国外的制成品，而要向西方学习，师夷长技以制夷。[②] 虽然广告是作为外商打开中国市场大门的工具而存在，但是对于刚刚开放的中国人来讲，面对突如其来的各种洋货时，从异质文化中取其精华是有积极意义的，这也为后来中国经济的腾飞奠定了基础。

（二）1993—2007年社会需求特征及广告价值

1992年党的十四大为中国的经济体制改革和广告的产业化转型提供了理论基础。社会经济的发展是广告业发展的经济基础，1992年中国城镇居民人均可支配收入为2026.6元，与1978年的343.4元相比增长了4.9倍；1992年中国农村居民人均可支配收入为784.0元，比1978年的133.6元增长了4.8倍。改革开放14年来，中国经济飞速发展为中国广告业的发展奠定了坚实的经济基础。这一时期，广告业的价值主要体现在以下方面：

---

① 范鲁彬. 中国广告30年全数据［M］. 北京：中国市场出版社，2009：65.

② 孙静文. 鲁迅先生与改革开放［J］. 中外企业家，2009（12）：177-178.

表7-7 1993—2007年广告的经济价值、文化价值和社会价值分析

	社会需求	广告价值（功能）
经济价值	市场经济体制下，企业面临激烈的市场竞争和战略转型问题	广告引导企业从顾客价值出发制定品牌战略
		广告引导企业注重品牌资产积累
		广告引导企业通过品牌拓展实现多元产品和市场
	商品信息不对称	广告的市场关系调节功能
		广告促进商品的优胜劣汰
		广告降低交易成本（时间、金钱），特别是网络营销的去中介化
	1990年代外商占领了中国市场、民族品牌遭遇危机	广告对振兴民族品牌的价值
		广告引进先进的营销理念
		市场调查助力企业创新
		广告挖掘品牌文化内涵，助力企业文化传播
	民族品牌国际化问题	广告助力企业打响海外知名度
		广告助力企业海外业务拓展
	企业知识经济转型问题	广告成为将知识和物质产品融为一体的神奇力量
		广告成为品牌溢价的重要实现方式
	到1993年我国仍有一半媒体依靠国家财政补贴	广告助力媒体的产业化转型
		广告推进中国媒体产业版图重构
	互联网企业的变现问题	广告推动互联网产业发展壮大
		广告是互联企业主要的商业模式
	商业广告与城市繁荣关系	户外广告的传播价值

续　表

社会需求		广告价值（功能）
文化价值	广告引导现代文化兴起	广告推动消费文化兴起
		广告推动现代都市文化兴起
		广告展现户外景观的价值
		广告倡导与消费者对话的思维
	广告引领新的消费观念	注重自我提升，终身学习
		追求健康生活
		投资、理财观念
		体验型消费、注重自我感受
		追求刺激、冒险
		体验新科技
社会价值	公益广告与社会正能量传播	广告倡导良好的社会行为（捐助失学儿童、反腐倡廉、鼓励落榜考生和下岗职工）
		广告助力良好的社会价值体系建构（环境保护、反对战争、家庭和谐）
	广告引导人们构建现代生活范式	广告助力现代女性意识的觉醒
		广告引领女性社会价值的变迁

进入 20 世纪 90 年代，改革开放的思想深入人心，广告主和消费者广告观念的变化是推动广告业发展的重要原因。在中国广告业发展的过程中，广告主的思想观念经历了从"不知广告"—"认可广告"—"有意识地选择广告"—"广告成为企业战略"的四重转变。① 而公众对于广告则经历了"相信广告"—"排斥广告"—"无意识地被广告影响"—"对广告又爱又恨"的转变。改革开放初期，"引进来"是中国学习西方先进技术和先进文化的第一步，广告在中国引进西方先进文化方面作出了很大的贡献，但是随着外商在中国市场的占有率越来越高，民族企业开始感受到外商对中国市场的控制，认识到企业遭遇到了危机，因此，建设中国自己的民族品牌，让民族品牌"走出去"成为这一时期广告的重要使命。三九药业、海尔、联想等民族企业纷纷开始执行品牌国际

---

① 卢山冰. 中国广告产业发展研究——一个关于广告业的经济分析框架［M］. 西安：陕西人民出版社，2005：1.

化战略，在国外媒体投放广告是企业"走出去"的第一步。

随着人民生活水平的提高，广告成为引导人们构建现代生活方式和引领新的消费观念的重要途径。首先，广告从宣传商品物美价廉转向引领新的消费观念，比如注重自我提升、终身学习的观念，追求健康生活方式的观念等。其次，广告对于现代生活方式的构建作出了重要贡献。广告的示范效应，促进现代女性意识的崛起和女性社会价值的转型，广告中宣传多元女性角色，女性角色不再只是相夫教子，她们也可以是职场丽人，可以和男性一样在职场上发挥价值。最后，广告推动消费主义和现代都市文化的兴起。广告是商业文化繁荣的表征，在现代化都市文化中，广告是不可或缺的。市场经济的本质是信誉经济，在市场经济下，品牌作为一种信息机制，是构筑市场公平的基石，可以减少消费者的决策失误。

（三）2008—2020 年的社会需求特征及广告价值

2008 年后，人们的生活水平及生活形态已经发生了巨大的变化，20 世纪八九十年代的消费热点和 2008 年以后的消费热点已然大相径庭，人们从对基本消费品的需求转化为对享受型消费品和发展型消费品的需求。与此同时，广告业也呈现上述恩格尔化现象，即从代表食品、日用品等为主的广告需求，向代表资产、财富的广告需求转变；从代表生存的低层次生产型广告需求，向代表生活品质的高层次服务型广告需求转变。这种从低层次向高层次的消费结构演变影响着广告业资源的重新配置以及产业结构的优化。①

---

① 李薇 . 消费结构演变影响广告业发展的实证研究——以浙江省为例 ［D］. 杭州：浙江理工大学，2009：15.

表7-8　2008—2020年广告的经济价值、文化价值和社会价值分析

	社会需求	广告价值（功能）
经济价值	广告的形态变迁	广告的社交化
		广告的视频化、内容化
		广告的移动化、精准化
		广告的原生化
	全球化品牌的形成	移动互联网助力品牌国际化
	广告效果的变迁	品效合一，广告直接促进销售
	广告主的变迁	中小企业成为广告业的新生力量
	与消费者关系的变迁	为消费者提供个性化服务
		消费者决策：从相对价值到绝对价值
文化价值	中国文化走出去	广告对文化产品的宣传价值
	消费者购买决策的影响因素转移	消费者注重产品体验
	商品信息从稀缺到过载	广告信息流让消费者成为专家
	短链路信息平台	生活节奏加快
社会价值	大国经济发展	广告对国家形象的提升价值
	消费者对美好生活的需求	广告的服务价值提升
	现代高强度的生活压力	购物广告缓解精神压力
	社交平台兴起	消费者从单个行动者演变成无组织的组织力量
	直播带货 VS 明星代言	为消费者争取最大优惠 VS 提升品牌形象
	消费者对公益的参与性需求	广告创意解决社会问题
		公益时尚化、事件化
	渠道价值提升	社会信任机制的重构
	中产崛起	广告的品位区隔功能
	以人为本价值观念的践行	互联网对消费者传播权利的赋能
		社会对异己文化的宽容度增加

　　2008—2020年间，在互联网技术的赋能下，广告业呈现出全新的发展态势。广告形态的变迁必然推动广告功能的演变，但是无论是在传统媒体时代，还是在移动互联网时代，广告促进销售、刺激消费的基本功能没有变化。在移动互联网时代，媒体与受众的接触方式发生了变化，大众传媒遵循由点到面的传播

方式，广告的对象是"大众"，广告内容需要兼顾多元受众；广告的传播模式除了点对面的大众传播模式之外，还增加了点对点的个性化传播，广告的服务属性增强。在互联网时代，消费者追求自我，追求个性化，消费者对流行和时尚的理解同大众媒体时代截然相反，消费者不再喜欢快销品牌，生怕会撞衫，传统的品牌传播方式也不再能满足消费者的需求。大众媒体广告的公共服务化成为必然，这是互联网技术对消费者赋能的结果。在数字媒体时代，主流媒体不断弱化其商业属性，逐渐转向公共服务广告的模式，将广告与企业文化、社会正义融合在一起，降低消费者对广告的排斥，广告不再以产品介绍为主，而是通过广告树立企业的正面形象。

互联网技术的发展加速了全球化的进程。网购在中国已经相对成熟，但是在欧洲，电商平台的发展还相对滞后，但近年来也在飞速发展，阿里旗下的"速卖通"注册用户数量迅速增长，根据 Statista 的调查报告显示，全球"速卖通"3 月份的下载量达到 650 万次，访问人数达 5.32 亿人，成为全球第二大电商平台。2020 年以后"速卖通"在冰岛、西班牙、意大利等国家的使用量分别增加了 20%、20% 和 14%。电商平台已经成为推动中国制造全球化进程的新空间。引起中国广告业两次结构性变迁的主要动力是不同的，媒介产业化是政策、市场导向的结果，而媒介数字化是技术导向的结果。

三、媒体结构变迁推动广告价值变迁

改革开放初期，我国便形成了报纸、广播、电视、杂志的四大媒体格局。四大媒体各有优劣势，适用于不同的产品。如表 7-3 所示，20 世纪 80 年代报纸媒体的广告营业额一直占据较高的比重，直到 1991 年电视媒体第一次超过报纸媒体，在 1991—1995 年间，报纸媒体和电视媒体的广告收入基本持平，直到 1996 年以后电视媒体的广告营业额才真正超过报纸媒体。电视媒体超越报纸媒体成为第一大媒体，主要基于以下因素：一是卫星传输技术的成熟，使电视的传输质量、传送范围、传播效率大大提高；二是电视频道数量增加，扩大了电视媒体的基本盘；三是电视媒体在产业化的浪潮下提高了广告单价。尽管在传统媒体时期，电视媒体在广告营业额上超越了报纸、广播、杂志媒体，但是四大媒体各有优势，各自占据着相对稳定的市场份额。

表 7-9　五大媒体的优劣势比较

	优　势	劣　势	适合产品
报纸（地方性日报、晚报、都市报）	市场覆盖强，成本低，受众固定，灵活性强	传递方式单一、不够形象，受众年龄结构老化	房地产，医疗保健，超市，商场区域性强的产品
广　播	受众较固定，灵活性强，费用低，参与程度较高	保存性差，伴随性媒体，注意力差	房地产，超市，美容美发，医疗机构地域性强的产品
电视（省级卫视、央视）	到达范围广，单位成本低，多媒体	参与程度低，绝对费用高，硬广形式，观众没有选择性，品牌和消费者匹配度低	食品，日用品，化妆品，快销品，银行，App 应用程序适用范围广的商品
杂志（专业杂志）	特定的忠诚目标受众，生命周期长，到达率高	灵活性差，时效性差	服装，电子产品，专业产品，流行时尚产品
网　络	精准传播，用户参与感强，短链路转化率高，形式多样	虚假流量，对于大众产品而言单位成本高，不利于品牌塑造	几乎所有商品都可以找到适合的传播渠道

　　互联网媒体的崛起对传统媒体形成巨大的冲击。首先，从广告营业额来看，2013 年是传统媒体的转折点，这一年报纸媒体广告营业额首次出现负增长，从556 亿元下降到 505 亿元，此后连年下降，到 2018 年下降到 312 亿元。广播、杂志的广告营业额也出现了不同程度的下降。与传统媒体营业额不断下降形成鲜明对比的是网络媒体的高歌猛进。2011 年网络媒体广告营业额只有 402 亿元，到 2019 年已经增长到 4367 亿元，短短 9 年间网络媒体的广告营业额增长了 10倍。网络媒体广告营业额的大幅增长，原因有以下几点。第一，网络广告时空的无限性打破了传统媒体的版面和时间限制，可以服务更多的广告主，满足小微企业的广告投放需求是网络广告增长的原因之一；第二，网络媒体创新的广告形式可以满足广告主更全面的广告需求，微电影广告、信息流广告等全新的广告样态，使广告获得更大的创意空间；第三，网络广告以大数据和算法技术为依托，可以提供精准的广告投放，从理论上解决了困扰传统广告上百年的问题——"我知道我的广告费有一半浪费了，但我不知道是哪一半。"互联网广告

的投放逻辑不同于传统媒体。传统媒体是点对面式的传播，广告购买的是某一档节目的受众注意力，而网络媒体是点对点的传播，广告购买的是某一位消费者的注意力。综上所述，网络广告具有传统广告无可比拟的优势。

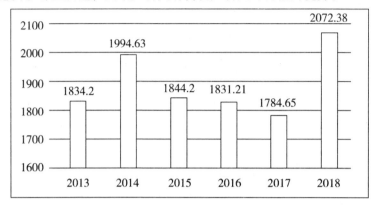

图 7-7　传统媒体广告营业额（单位：亿元）

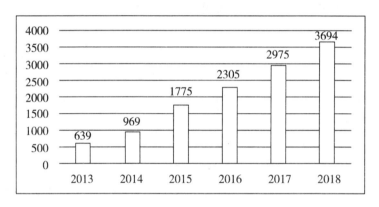

图 7-8　互联网媒体广告营业额（单位：亿元）

信息超载是互联网时代信息生产者和消费者面临的一大痛点。以算法推荐和大数据为基础技术的互联网不仅是广告的传播媒介、连接手段，也是一种促进广告传播进化的新生产力量。网络广告对传统广告的价值形成巨大的挑战。首先，传统广告与销售是分离的环节，广告的目的是占领消费者的心智。网络广告与销售实现短链路连接或者追踪式服务，广告会直接引导消费者完成消费。其次，传统媒体的广告是服务于规模经济的，而网络广告则注重个性化服务。传统广告通过塑造品牌，形成规模经济，降低单位生产成本。在互联网时代，消费者追求个性化，传统的品牌传播方式正是消费者竭力躲避的。网络广告为消费者提供个性化服务，甚至是私人定制服务。最后，网络媒体的发展为消费者自我表达提供了舞台，因此产生了大量的用户数据，为算法推荐提供了原材料。算法推荐技术的应用，一方面为广告生产赋能，商家能够更准确地进行消费者数据分析，更精准地洞察消费者需求，更智能化地实现品牌与消费者的连接；另一方面为消费者赋权，促进互联网用户的发展，用户的行动能力随着技术的发展而提高。如此形成一个闭环，消费者更多地依赖和使用互联网，并产生更多数据，而企业广告决策越来越依赖对消费者数据进行分析的算法，并进一步加大技术投入。智能算法型内容分发是应对内容超载危机，实现内容市场供需适配的必然选择。

四、专业技术升级推动广告价值变迁

人类历史上每一次传播技术的发展都会催生出新的媒介形态，而每一次媒介形态的变迁都会演化出全新的广告形态，信息技术的变迁是广告形态变迁的驱动力。早在口语传播时代，人类便有了口头叫卖和信号传播，希罗多德在《历史》中记载，迦太基人在船上升起一缕黑烟作为信号，土著居民赶到海边完成交易，中国古代在待售物品上插一根鸡毛作为信号。到了文字传播时代，商家发明了"招幌"作为标记广告。印刷传播时代，人类发明了报纸媒体，并在报纸上刊登广告。到了电子媒体时代，人类又发明了广播、电视媒介，并通过广播或者电视进行商品信息的传播。

（一）商品经济下的广告专业价值

改革开放初期，中国涌现出许多精彩的广告案例，比如广东三水的"健力宝"，原来是一家很小的啤酒厂，通过产品创新打进国际市场，在此过程中广告发挥了很大的作用，但是这些成功的广告是由广告主自己策划的，广告主的水平在改革开放后显著提高，反而专业广告公司在品牌策划、品牌经营方面的优势尚未显现。创意是当时广告公司的核心竞争力，但是创意仅限于"写写画画"。直到20世纪90年代初期，广告专业技术依然局限于美术和文案。本文选取奥美广告公司20世纪90十年代初的一则招聘启事（如图7-10），专业技术岗位只有创意部美术设计，要求"绘图基础好，有想象力"；创意部完稿，要求"了解各种字体"。从招聘启事可见，当时的广告设计主要完成平面广告创作，广告专业能力只局限于绘画和文案。当时的市场竞争相对单一，能够采用广告作为营销方式的企业已经走在了时代的前列，这一时期广告业创造出"南方黑芝麻糊""太阳神""力波啤酒"等至今都被奉为经典的广告作品。

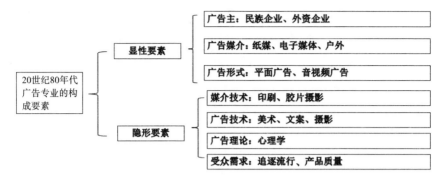

图 7-9　20 世纪 80 年代广告专业构成要素

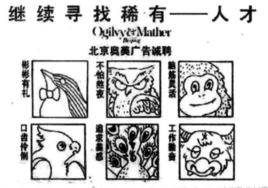

应聘者请附详细履历，求职信，近照一张　寄至
北京市西直门外大街北京展览馆星湖饭店上海奥美广告有限公司北京分公司收
邮编：100044　请注明应聘信件

图 7-10　20 世纪 90 年代初期奥美广告公司招聘启事

在广告创意之外，广告公司还肩负着沟通外资企业广告的使命。1982 年《广告管理暂行条例》规定，私人不得经营广告公司，广告公司是国有独资公司，具有官商两面的性质。[①] 当时所有外商广告，都要有资质的外贸广告公司才

---

① 中传广告博物馆 . 1992-2000：市场开发的春天之歌［EB/OL］.（2019-09-17）［2021 -01-20］. https：//www. sohu. com/a/341367490_ 100102940.

能投放。[①] 即便如此，很多人还是坚持认为外商广告会造成外汇损失，有损国家形象，要抵制外商广告的传播。广告作为一种宣传方式具有强烈的意识形态属性，不仅是经济问题，更是关乎国家形象的政治问题。这一时期，从消费者需求的角度来看，长期受集体主义熏陶的国人，表现出追逐流行的倾向；消费者注重商品的使用价值，广告以实用性文化价值观输出为主。[②] 1991 年首届中国驰名商标产生，茅台、凤凰自行车、青岛啤酒等被认定为中国驰名商标，驰名商标与品牌的含义有所不同，它所代表的更多的是对商品的质量保证。

（二）市场经济下的广告专业价值

进入 20 世纪 90 年代，在"以市场换技术"思想的指导下，国有广告公司开启了与跨国广告集团的合资之路。我国法律对外商进入广告行业进行了严格的限制，广告业属于限制外商类行业，外资可以进入但不得控股，我国允许外商投资广告的目的不是为了吸引外资，而是为了引进西方先进的技术和管理经验。[③] 在这一政策的指导下，中国广告行业的专业技术取得了长足的进步。对于中国企业而言，肩负着市场营销和技术学习的多重使命。首先，中国广告公司通过合资的方式，可以学习国外的先进技术和营销理论，以最短的时间缩短中国广告与发达国家广告行业的差距。其次，广告公司通过合资的方式获取并运用国外先进的营销观念为民族企业服务，加速了民族企业的国际化进程。对于外商企业来讲，通过与国有广告公司合作，可以扩大其品牌在中国市场的市场份额。以日本电通为例，通过在中国设立合资公司，佳能、松下、日立等品牌在中国得以迅速扩张。

从广告主的角度来看，人们开始意识到广告不仅仅是一种商业销售行为，作为一种信息传播方式，广告同样可以用于政府和非营利组织之间的信息传播，20 世纪 90 年代后期，中央电视台"广而告之"栏目策划了《从头再来》《希望工程》等公益广告。从广告媒体的角度来看，在数字技术的支持下电子媒体的市场占有率超过纸质媒体，数字技术的应用为电视节目提供了更广阔的表现空间，并且使电视节目的制作成本大幅下降，这也是促进电视媒体发展的重要原因，网络媒体和户外媒体在这一时期也发展起来了。搜索引擎技术在广告传播中的应用，对于广告业而言是革命性跨越，中小企业的广告需求被激发出来，

---

① 中传广告博物馆. 外商广告初入中国市场时的那些事［EB/OL］.（2018-05-24）［2021-01-21］. https：//m. sohu. com/a/232775292_ 100102940.

② 吴辉. 中国纸媒广告中的文化符号和文化价值观（1979—2008）［D］. 上海：复旦大学，2009.

③ 刘佳佳，王昕. 中国广告公司 40 年［M］. 北京：社会科学文献出版社，2020：235-236.

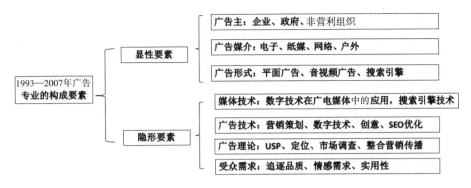

图 7-11　1993—2007 年广告专业构成要素

使得百度成为互联网企业中广告收入最早超越央视的媒体。从广告人才的角度来看，广告业除了创意人才之外还增加了营销策划人才和数字技术人才，受众需求也从实用性需求转向情感需求和品质需求。

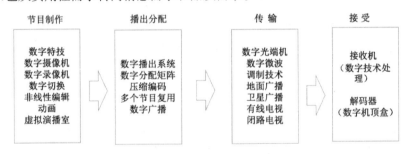

图 7-12　数字技术在电子媒体产业的应用

　　如果说 20 世纪 80 年代的广告拘泥于写写画画只是一门艺术的话，那么在 20 世纪 90 年代人们才更为深刻地感知到广告对于宏观经济的拉动作用和对于企业管理的不可或缺性。广告作为信息产业的先导性产业，正在成为国民经济和社会发展的重要组成部分，并发挥着越来越重要的作用。20 世纪 90 年代以来，USP、定位、市场调查等营销理论应用于广告行业，并塑造了许多经典品牌。1991 年活力 28 运用 USP 理论宣传“一比四”，最早将营销理论运用于广告宣传。① 在饮用水市场，乐百氏定位为“27 层净化”，农夫山泉定位为“天然水”并实行差异化营销策略。在家电市场，海尔在美国聚焦于大学生群体，定位为“迷你冰箱”，在日本聚焦于单身群体，定位为“迷你洗衣机”，与其他国外高

---

① 国际广告杂志社，北京广播学院广告学院，IAI 国际广告研究所 . 中国广告猛进史[M]. 北京：华夏出版社，2004：106.

端家电企业实行差异化营销。在保健品市场，脑白金定位为"送礼"，东阿阿胶定位为"滋补养生"。20世纪90年代中后期，整合营销传播理论传入中国，广告界开始将传播学理论引入广告研究。整合营销传播的整合对象是一切媒介资源和传播手段，包括大众传播媒介、网络传播媒介、户外广告、售点广告、人员促销、公关、商品包装、顾客口碑等一切企业或商品与消费者之间的接触点，整合营销传播的目的是与消费者建立长期关系，树立营销即传播、传播即营销的整合观念。整合营销传播理论虽然在20世纪90年代就传入中国，但是真正运用于实践还是在网络媒体兴起之后。

（三）数字化时代的广告专业价值

媒体数字化时期与前两个阶段最大的差异是信息从稀缺资源变为信息泛滥。面对信息超载、受众碎片化的媒介环境，如何更好地实现广告与消费者的连接是广告业亟须解决的问题。传统媒体日渐边缘化而移动互联网媒体及其广告市场迅速发展，究其原因是算法和大数据代表着最先进的生产力量，在推动媒介进化、拓展广告投放资源和优化用户体验方面发挥了重要的作用。技术要素对旧的广告知识体系和运行逻辑产生了极大的冲击，并在原有的广告体系基础上进化出了全新的广告技术手段和运营逻辑，这是应对信息超载的中坚力量。

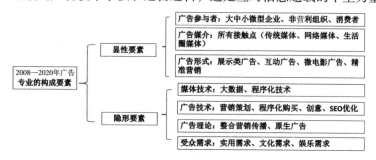

图7-13　2008—2020年广告专业的构成要素

2008—2020年间对广告专业构成要素的显性要素进行分析。首先，从广告参与者的角度来看，在传统媒体时代，广告的生产、制作是由广告主和广告媒体、广告公司完成的，消费者位于产业链终端，是信息接受者的角色。在网络媒体时代，消费者直接参与广告价值创造，消费者行为数据是广告投放的重要依据，消费者搜索行为是广告传播的起点，广告针对消费者需求为之提供适时的服务，消费者的使用体验和商品评论又会影响其他消费者的购物选择。在数字媒体时代，消费者的购物选择正在从依靠相对价值即仅依靠品牌作出选择转向依靠绝对价值即根据多方信息作出选择。从广告媒体的角度来看，传统媒体时代广告媒体局限于四大媒体,后来又将网络媒体称为第五媒体;互联网时代的媒体是更为广义的"泛媒体",企业与消费者的一切接触点,包括商品包装、产品质量、售后服务,都可以视为广告媒介。从广告形式的角度来看,除了传统媒体时代的展示广告,还增加了互动广告、精准营销和微电影广告,而展示广告通常会和精准营销相结合,微电影广告与传统视频广告的不同之处在于时间较长,可以完整地讲述品牌故事。

2008—2020年间对广告专业构成要素的隐性要素进行分析。从媒体技术的角度来看,数字媒体广告以大数据和程序化技术为依托,实现从购买媒介版面向购买特定消费者的转变。从广告技术的角度来看,除了传统的营销策划和广告创意外,还增加了程序化购买技术和SEO优化技术,互联网媒体的创意与传统媒体时期也有所不同,传统媒体根据产品特征和市场需求进行创意,而互联网媒体时期的创意更为多元化,除了传统创意外还需要在社交媒体上即时创意。从广告理论的角度来看,整合营销传播在数字化时代以大数据为依托,以消费者为中心,以多种媒体为整合对象,真正实现了整合营销传播从理论到实践的蜕变。原生广告脱胎于传统媒体时期的植入广告,但是形式更为多样和灵活。从受众需求的角度来看,受众对于广告在实用需求之外,增加了文化需求和娱乐需求。

（四）小 结

本书通过对1979—2020年间中国广告技术变迁的研究发现,广告形态与信息技术发展、媒介形态的变迁是密不可分的。改革开放初期,中国的电视普及率不高,且受到通信技术的限制,纸媒（报纸、杂志）是使用最广泛的广告媒介;进入20世纪90年代,卫星通信技术的应用和电视普及率的提高,电视媒体成为市场份额最大的广告媒体;2008年以后,移动通信技术的发展为移动互联网媒体的发展开辟了道路,同时也为广告的传播形态提供了更多的可能性。信息技术的发展不仅会创造出新的广告形态,而且会对原有的广告样态进行升级。

第四节 客观、辩证、理性地看待广告价值

一、广告价值在不同历史时期的传承与发展

自广告业恢复至今已经有四十多年的历史,在中国经济腾飞和社会文化现

代化的过程中，广告业发挥了不可替代的作用。广告业在改革开放初期、媒介产业化时期以及媒介数字化时期，其功能性价值既有传承又有发展。探索广告业在不同历史时期的价值变迁有助于我们对广告业做出客观、公正的历史评价，并为广告业未来的发展方向做出科学、合理的规划。

（一）广告价值的延续与传承

广告的本原价值是基于传播和营销功能的信息价值，在广告本原价值的基础上衍生出广告文化价值、社会价值和经济价值。首先，广告对于经济发展的促进功能主要分为宏观和微观两个层面。从宏观经济的角度来看，广告加快企业优胜劣汰，推动知识价值革命，广告业是电子信息产业的先导性产业。从微观经济的角度来看，广告塑造品牌，助力企业成长；广告助力企业引进最先进的营销传播理念；广告担负着孵化商业创意的使命；广告通过保持品牌竞争力，确保品牌为客户持续创造价值；广告投放是一种避险思维；广告促进企业承担社会责任。其次，广告对于社会文化发展的推动作用体现在宏观和微观两个层面。广告在不同的历史阶段倡导不同的社会准则和行为规范；广告对消费行为和社会礼仪的强化与构建；广告对社会区隔的建构；广告对家庭伦理的强化与重构。最后，广告的社会价值体现在宏观和微观两个层面。从宏观视角来看，广告成为社会需求结构变迁的推动力量，对整个社会现代化进程具有推动作用；从微观视角来看，广告引导新的消费观念，满足消费者的情景化需求，帮助消费者从纷繁、复杂、多变的选择中厘清自身需求。

（二）不同历史时期广告价值的偏向性

本书以1979—2020年间的广告业与社会系统的互动关系为研究对象，研究发现广告在不同历史阶段其价值具有偏向性，广告的价值是由社会需求的轻重缓急和社会发展水平决定的。1979—1992年间，在社会实践方面广告的价值主要体现为：广告业的情报交流功能；广告业自身专业价值体系的建立；广告成为介绍外来文化的窗口；广告成就了一批有梦想的知识青年。在社会文化方面的价值体现为：广告促进整个社会树立正确的广告观；广告促进流行文化进入人们的生活；广告推动消费者个人意识的觉醒。1993—2007年间，在社会实践方面广告的价值主要体现为：广告对于振兴民族品牌的价值；广告对于民族品牌国际化的价值；广告对于企业向知识经济转型的价值。在社会观念方面，广告的价值体现为：广告引导人们建构现代生活方式；广告引领女性社会价值的变迁；广告倡导对话思维的运用；广告宣传现代化的身体健康标准。2008—2020年间，广告在社会实践方面的价值体现为：广告业进入全面整合营销传播时代，消费者决策方式从相对价值转向绝对价值；社会信任机制的重构，从品牌信任机制转向渠道信任机制；建立与大国经济规模匹配的大国广告。在社会文化方面广告的价值体现为：中产崛起和消费社会的品位区隔；借助数字技术实现了从公益广告向公益传播的转型，更多人参与到社会公益事业中；社会化营销促进消费者权利意识的觉醒；价值营销促使社会宽容度增加；信息泛滥造成受众辨别能力的丧失。

二、广告功效的有限性

中国文化对于英雄、神话有着别样的情怀。愚公移山作为中国传统文化的经典，其核心思想是不畏艰险、坚持不懈，但最终两座大山并不是愚公及其子子孙孙移走的，而是天帝派人把它背走了。中国文化中对于创造奇迹和神话的渴望，也映射在中国的企业管理和企业文化中，广告的功能被无限放大，从20世纪90年代"点子大师"如明星一般地被人追捧，到网络时代"网红品牌"迅速蹿红，人们渴望看到一些超常规的现象刺激我们的感官，并将之争相传颂。在这样的文化土壤中，广告业自恢复以来确实创造了不少神话，20世纪80年代的健力宝、春都火腿肠；到20世纪90年代的秦池、巨人集团；再到网络时代崛起的一些品牌。这些企业的崛起多少带有些非理性、超常规、刺激性的因素和品牌故事。广告的造富神话似乎从未停止过，在新的时代和新的媒介环境下，广告形态和营销手段还在不断升级。但是在惊叹广告效果的同时，我们不得不反思这些品牌的昙花一现。我们需要以一个客观、辩证、理性的态度来看待广告的价值。

谈论广告功效的有限性，并不是否定广告的有效性，而是以一种科学的态度看待广告。广告的本原价值是传递信息，信息的传递离不开营销技巧，但是不能将企业经营的成功与否全部归因于广告，或者将企业的全部身家都压在广告上。广告只是影响商品销售诸多环节中的一个非常重要的环节，但它不是唯一环节。本书从品牌建设的视角，对改革开放以来的那些昙花一现的品牌失败的原因进行如下总结。

（一）非理性的广告投放

在经济学中，理性行为是指决策者有可供选择的多项行为策略，并从中选择最优策略，实现个体利益的最大化，非理性选择则与之相反。1995年秦池的利税之和为3000万元，却以6666万元的价格夺得"标王"，秦池的支持者是临朐地方政府，再来看秦池的竞争对手则是山东省的另外两家酒企，孔府家酒出价 6298 万元，孔府宴酒出价 6298 万元。[①] 首先，秦池的决策行为并非科学的广告投放行为，反而更像是一场豪赌，在没有任何广告理论或者经济理论的支持以全年利税总和的两倍金额投放广告；其次，秦池的决策行为是一种羊群效应，秦池的决策是对另外两家山东酒企的从众行为，并非从自身的实际出发作出的正确决策，而秦池高价竞标的支持者临朐政府，对于标王的争夺不仅是一种经济行为，更是地方政府的形象工程。在"标王"的荣誉下，秦池当年的销售收入达到 9.5 亿元，利税达 2.2 亿元。秦池酒第一次豪赌的成功引发了其更加疯狂的行为。1996 年，秦池以 3.2 亿元的天价夺得标王，比第二名的 2.1 亿元（山东齐民思酒厂）高出 1 亿多元，这时的秦池已经完全丧失了理性，因此以 1997 年 1 月的兑酒事件为导火索，秦池大厦顷刻倒塌。

（二）未能把握品牌的本原价值

从经济学的角度来看，品牌是企业向消费者的承诺。品牌的诞生需要具备以下条件：一是产品质量上乘；二是产品具有较好的口碑和广阔的市场；三是企业具有承担社会责任的能力。广告是品牌通过媒体向消费者发出的要约。如果能正确把握品牌的本质，就不会出现非理性的广告投放行为。秦池通过广告扩大了品牌知名度，也就是向全国消费者做出质量、口碑和负责任的品牌承诺，但事实上秦池并不具备成为品牌的三个条件，当媒体曝光秦池兑酒事件时，品牌瞬间跌落神坛，仅距离秦池成为"标王"不到一年时间，这样也体现了广告加速劣质品牌消亡的优胜劣汰的功能。

从文化学的角度来看，品牌是"产品+附加值"，这个附加值对不同的品类有不同的意义。对于奢侈品而言，品牌是身份和地位的象征，要使品牌的识别率和拥有率形成巨大的反差以维护目标消费者的优越感，同时在奢侈品之间又分别形成品牌区隔，如爱马仕崇尚传统工艺和匠心精神，香奈儿崇尚简洁优雅，迪奥崇尚细节修饰，普拉达崇尚女性主义。对于汽车品牌而言，品牌代表不同的功能属性，选择 Volvo 的消费者注重安全性能，选择宝马的消费者注重驾驶体验，选择马自达的消费者注重时尚和运动性能。对于家电品牌而言，品牌代表不同的服务品质，海尔强调真诚，长虹强调爱国，康佳强调创新，小米强调智能，家电品牌目前还存在较为严重的同质化现象，品牌个性不够鲜明，真诚、爱国、创新、智能放在每家企业都不违和，看似每家都在全面发展，但实质上每家都缺乏自己的品牌个性，这也是中国品牌的通病。

---

① 吴晓波. 大败局 [M]. 杭州：浙江出版联合集团，2011：6-8.

（三）未能把握广告的本原价值

广告的本原价值是信息传播。现代广告之父拉斯克尔认为："广告代理商是媒介版面销售者。广告就是新闻，这是广告的全部含义。"① 广告作为一种信息传播行为，应该遵循的最基本原则是真实性，其次是时效性、重要性、趣味性等。《广告法》总则第三条也将真实、合法作为广告的基本准则。强调广告的真实性，并非否定广告的艺术性和策略性，广告的专业价值在于巧传真实。虚假广告的危害性不言而喻，首先会损害消费者的利益，消费者购买虚假广告的产品轻则造成经济损失，重则造成人身伤害，尤其是一些食品、医疗、婴幼儿相关的商品。其次，虚假广告会破坏公平的市场竞争环境，劣币驱逐良币，会对同业经营者造成损害。再次，虚假广告会对媒介公信力造成损伤，不利于媒体的长期运营。如果媒体不对广告信息进行把关，虚假广告长期占据媒介版面，势必会造成受众的流失，对于媒体而言弊大于利。最后，虚假广告会加速劣质品牌本身的衰亡。劣质品牌大肆宣传只能使其臭名昭著，加速其走向灭亡的脚步。

广告业作为社会系统的重要组成部分，要使其在整个社会系统中更好地运行，发挥更大的价值，就必须对广告的价值本身进行客观、辩证、理性地看待，广告可以促进销售，但是广告不能决定销售。广告的发展水平受到生产力发展水平、媒介技术、社会结构、社会观念等诸多因素的影响。在今天的消费社会中，广告成为区分社会品位格局、整合社会秩序的重要力量。广告及其产业、产品和文化共同构筑了罗兰·巴特意义上的一种历史性的协同行为。广告的渗透已经构成了我们社会生活空间更为强大的符号系统和认同系统。

三、广告的未来：商业回归人性价值

信息化社会以互联网技术为基石，围绕着网络社会的基本逻辑形成主导社会发展的逻辑主线，互联网对社会的影响早已突破第五媒体的信息功能，具体体现在以下几个方面：首先体现在社会观念层面，即以人为本、平等协作、开放共享；其次体现在社会实践层面，改变了社会治理、经济贸易、社会交往的结构模式，以互联网思维的底层逻辑，对整个社会组织及其成员进行非线性思

---

① 阿尔伯特·拉斯克尔，焦向军、韩骏译，拉斯克尔的广告历程，北京：新华出版社，1998 年：11

维改造。① 具体到广告业，网络直播、电子商务、社会化媒体、人工智能、大数据、云计算、网络技术在广告生产、信息传播和大众消费中的应用，改变了传统的人与人、物与物、人与物之间的连接方式，广告业如果不能形成与互联网技术网状结构相似的组织结构、管理体制机制和思维方式，势必会遭遇发展的困境。

首先，从社会实践的角度来看，智能算法型内容分发是广告业应对内容超载危机、实现内容市场供需适配的必然选择。② 广告专业自诞生以来，其理论发展脉络大致经历了以下阶段：20 世纪 20—40 年代的理性诉求和感性诉求阶段，20 世纪 40—50 年代的 USP 理论，20 世纪 60 年代的品牌形象理论和品牌个性理论阶段，20 世纪 70 年代的定位理论阶段，20 世纪 80 年代的 CI 理论阶段，20 世纪 90 年代的整合营销传播阶段。广告传播方式和运营逻辑的发展并不是颠覆式的，而是基于前一阶段理论的发展和进化。移动互联网技术、智能技术在广告传播中的应用并没有颠覆原有的广告秩序，而是在新的媒介环境下对广告业和消费者的赋能，是广告专业的进化。

其次，从社会观念的角度来看，"回归人性价值"是现代社会发展的共识性理念和内容表达，是有组织的社会生活得以相对稳定进行的意识基础。商业回归人性价值主要依靠用户真诚地信服和积极主动地参与。媒介格局和用户媒介使用的变化是广告业所处媒介环境的创新与发展。基于数据收集、处理的各种算法正在改变广告行业的专业秩序和消费者的信息获取、使用模式，同时吸引了来自计算机科学、新闻传播学、社会学、心理学等不同学科领域的学者投身于"广告"这一研究课题。数据数量和多样性的增加得益于互联网用户的发展和对消费者的赋权。消费者的行动能力随着技术的发展而提高，企业变得越来越依赖消费者的数据，也越来越依赖他们的意见。用户在广告业的重要性日趋提升，广告的未来是对人性的回归和关怀。

---

① 胡翼青，谌知翼. 媒体融合再出发：解读《关于加快推进媒体深度融合发展的意见》[J]. 中国编辑，2021（1）：67-71.

② 喻国明，耿晓梦. 智能算法推荐：工具理性与价值适切——从技术逻辑的人文反思到价值适切的优化之道 [J]. 全球传媒学刊，2018（4）：13-23.

参考文献

一、专 著

1. ［美］塔尔科特·帕森斯，尼尔·斯梅尔瑟. 经济与社会——对经济与社会的理论统一的研究［M］. 刘进，等译. 北京：华夏出版社，1989.

2. 施炜. 连接——顾客价值时代的营销战略［M］. 北京：中国人民大学出版社，2018.

3. 刘润忠. 社会行动·社会系统·社会控制［M］. 天津：天津人民出版社，2005.

4. 丁俊杰. 广告学概论［M］. 北京：高等教育出版社，2018.

5. 丁俊杰，陈刚. 广告的超越——中国4A十年蓝皮书［M］. 北京：中信出版集团，2016.

6. ［美］罗伯特·K. 默顿. 社会理论和社会结构［M］. 唐少杰，齐心，等译. 北京：译林出版社，2008.

7. ［美］哈罗德·拉斯韦尔. 社会传播的结构与功能［M］. 何道宽，译. 北京：中国传媒大学出版社，2015.

8. ［日］竹内郁郎. 大众传播社会学［M］. 张国良，译. 上海：复旦大学出版社，1989.

9. 黄升民，丁俊杰. 媒介经营与产业化研究［M］. 北京：北京广播学院出版社，1997.

10. ［德］哈贝马斯. 公共领域的结构转型［M］. 曹卫东，等译. 上海：学林出版社，1999.

11. ［英］A. R. 拉德克利夫-布朗. 原始社会的结构和功能［M］. 丁国勇，译. 北京：中国社会科学出版社，2009.

12. 刘泓. 广告社会学［M］. 武汉：武汉大学出版社，2006.

13. ［美］约翰·奈斯比特. 大趋势——改变我们生活的十个方面［M］. 北京：中国社会科学出版社，1984.

14. 姜弘.广告人生［M］.北京：中信出版社，2012.

15. 林升梁，台湾广告价值观的变迁（1988-2013）［M］.北京：中央编译出版社，2015.

16. 唐忠朴.实用广告学［M］.北京：工商出版社，1981.

17. 陈培爱.中外广告史新编［M］.北京：高等教育出版社，2009.

18. ［美］W.罗纳德·莱恩，卡伦·怀特希尔·金，汤姆·赖克特.克莱普纳广告学（第18版）［M］.程言，等译.北京：中国人民大学出版社，2019.

19. 陈培爱.广告学原理（第二版）［M］.上海：复旦大学出版社，2008.

20. 丁俊杰，康瑾.现代广告通论［M］.北京：中国传媒大学出版社，2013.

21. ［美］阿尔伯特·拉斯克尔.拉斯克尔的广告历程［M］.焦向军，等译.北京：新华出版社，1998.

22. 戈公振.中国报学史［M］.北京：生活·读书·新知三联书店，1955.

23. 许俊基.中国广告史［M］.北京：中国传媒大学出版社，2005.

24. 刘悦坦.世界广告史［M］.武汉：华中科技大学出版社，2014.

25. 陈培爱.中外广告史：站在当代视角的全面回顾［M］.北京：中国物价出版社，2002.

26. 丁俊杰.广告学导论［M］.长沙：中南大学出版社，2003.

27. 倪宁.广告学教程（第四版）［M］.北京：中国人民大学出版社，2014.

28. 孙有为.广告学［M］.北京：世界知识出版社，1991.

29. ［美］菲利普·科特勒.营销革命4.0：从传统到数字［M］.王赛，译.北京：机械工业出版社，2018.

30. ［美］伊塔马尔·西蒙森，艾曼纽·罗森.绝对价值：信息时代影响消费者下单的关键因素［M］.钱峰，译.北京：中国友谊出版公司，2014.

31. ［英］尼克·库尔德利.媒介、社会与世界：社会理论与数字媒介实践［M］.何道宽，译.上海：复旦大学出版社，2014.

32. 苏东水.产业经济学（第四版）［M］.北京：高等教育出版社，2015.

33. 张平，王树华.产业结构理论与政策［M］.武汉：武汉大学出版社，2009.

34. 范鲁彬.中国广告30年全数据［M］.北京：中国市场出版社，2009.

35. ［日］堺屋太一.知识价值革命［M］.黄晓勇，等译.北京：生活·

读书·新知三联书店，1987.

36. 陈宏民，胥莉. 双边市场——企业竞争环境的新视角 ［M］. 上海：上海人民出版社，2007.

37. ［美］大卫·斯隆. 美国传媒史 ［M］. 刘琛，等译. 上海：上海人民出版社，2010.

38. ［美］迈克尔·埃默里，埃德温·埃默里. 美国新闻史 ［M］. 展江，殷文，译. 北京：新华出版社，2001.

39. 崔保国. 2017—2018 年中国传媒产业发展报告 ［M］. 北京：社会科学文献出版社，2018.

40. 罗春香. 基于双边市场的移动商务价值链 ［M］. 上海：复旦大学出版社，2015.

41. 陈新汉. 评价论导论——认识论的一个新领域 ［M］. 上海：上海社会科学出版社，1995.

42. 王玉樑. 价值哲学新探 ［M］. 西安：陕西人民教育出版社，1993.

43. 李德顺. 价值论：一种主体性的研究 ［M］. 北京：中国人民大学出版社，2013.

44. ［美］加耳布雷思. 丰裕社会 ［M］. 徐世平，译. 上海：上海人民出版社，1965 年

45. ［法］让·鲍德里亚. 消费社会 ［M］. 刘成富，等译. 南京：南京大学出版社，2001.

46. 寇非. 广告·中国（1979—2003）［M］. 北京：中国工商出版社，2003.

47. ［美］利昂·G. 希夫曼，莱斯利·拉扎尔·卡纽克，约瑟夫·维森布利特. 消费者行为学 ［M］. 江林，等译. 北京：中国人民大学出版社，2011.

48. ［美］约翰·菲利普·琼斯. 广告何时有效 ［M］. 杨忠川，译. 呼和浩特：内蒙古人民出版社，1998.

49. 施振荣. 微笑曲线——缔造永续企业的王道 ［M］. 上海：复旦大学出版社，2014.

50. 张维迎. 经济学原理 ［M］，西安：西北大学出版社，2015.

51. ［美］西蒙·洛本特. 宝洁 160 年营销策略 ［M］. MIC 企管研究所，译. 呼和浩特：内蒙古人民出版社，1998.

52. ［美］约瑟夫·塔洛. 分割美国：广告与新媒介世界 ［M］. 洪兵，译. 北京：华夏出版社，2003.

53. ［英］安东尼·吉登斯，菲利普·萨顿著，赵旭东，等译，社会学（第

七版）［M］，北京：北京大学出版社，2015 年

54. ［美］大卫·哈维. 马克思与《资本论》［M］. 周大昕，译. 北京：中信出版集团，2018.

55. 吴辉. 中国纸媒广告中的文化符号和文化价值观（1979—2008）——以《新民晚报》和《时装》杂志为个案［M］. 北京：中国社会科学出版社，2018.

56. ［美］朱丽叶·斯格尔. 过度消费的美国人［M］. 尹雪姣，等译. 重庆：重庆大学出版社，2010.

57. ［美］杰克逊·李尔斯. 丰裕的寓言：美国广告文化史［M］. 任海龙，译. 上海：上海人民出版社，2005.

58. 贾薇. 顾客参与对顾客价值创造的影响机理研究［M］. 北京：中国林业出版社，2012.

59. 许纪霖. 中国知识分子十论［M］. 上海：复旦大学出版社，2015.

60. ［美］戴维·阿克. 管理品牌资产［M］. 北京：机械工业出版社，2006.

61. ［美］马丁·迈耶. 麦迪逊大道——不可思议的美国广告业和广告人［M］. 刘会梁，译. 海口：海南出版社，1999.

62. 宋玉书，王纯菲. 广告文化学——广告与社会互动的文化阐释［M］. 长沙：中南大学出版社，2004.

63. 林军. 沸腾十五年：中国互联网 1995—2009［M］. 北京：中信出版社，2009.

64. 唐忠朴. 中国本土广告论丛［M］. 北京：中国工商出版社，2004.

65. 黄艳秋，杨栋杰. 中国当代商业广告史［M］. 郑州：河南大学出版社，2006.

66. 何海明. 从产业变化看未来［M］. 北京：经济科学出版社，2017.

67. 李琴. 中国传统消费文化研究［M］. 北京：中央编译出版社，2014.

68. 程士安. 消费者洞察［M］. 北京：中国轻工业出版社，2003.

69. 刘佳佳，王昕. 中国广告公司 40 年（1979—2019）［M］. 北京：社会科学文献出版，2020.

70. 国际广告杂志社，北京广播学院广告学院，IAI 国际广告研究所著. 中国广告猛进史（1979—2003）［M］. 北京：华夏出版社，2004.

71. 吴晓波. 大败局［M］. 杭州：浙江出版联合集团，2011.

72. ［美］尼古拉斯·克里斯塔基斯，詹姆斯·富乐. 大连接——社会网络是如何形成的以及对人类现实行为的影响［M］. 简学，译. 北京：中国人民大

学出版社，2013.

二、学术期刊

1. 黄河，蒲信竹. 广告角色变化与消费文化变迁［J］. 新闻春秋 2014（1）.

2. 许正林，薛敏芝. 西方广告学术前沿（十九）——新媒体与品牌传播研究［J］. 中国广告，2013（10）.

3. ［美］艾·里斯，劳拉·里斯. 广告的没落与公关的崛起［J］. 经理人 2013（10）.

4. 陈刚，潘洪亮. 重新定义广告——数字传播时代的广告定义研究［J］. 新闻与写作，2016（4）.

5. 丁俊杰. 疫情后的广告业发展思考［J］. 中国广告，2020（4）.

6. 饶德江. 论大众媒介广告的消亡与演进［J］. 现代传播，2000（12）.

7. 薛敏芝. 广告边界的演变：建构、解构与开放——现代广告的终结与后广告时代的来临［J］. 中国广告，2019（4）.

8. 胡百精. 大学现代化——生态型学科体系与新闻传播教育的未来选择［J］. 中国人民大学学报，2019（2）.

9. 王正飞. 价值不能被有效评估是行业最大问题［J］. 中国广告，2016（3）.

10. 顾景毅. 广告产业的价值发展——基于产业发展与数字技术的双重视角［J］. 广告大观（理论版），2020（8）.

11. 齐忻. 平面媒体广告价值的评估［J］. 中国广告，2001（7）.

12. 石鹏飞. 报纸广告价格和数量的确定［J］. 新闻战线，2007（2）.

13. 陈鹏，卢怡，张美琼. 学术类期刊的广告价值分析［J］. 中国科技期刊研究，2007（3）.

14. 吴江. 电视频道的真实广告价值［J］. 市场研究，2010（1）.

15. 韩嘉俊. 机关报的广告价值构造及其实现［J］. 河南社会科学，2006（6）.

16. 秦泽宇，杨君. 微信公众号的广告价值与营销［J］. 青年记者，2016（9）.

17. 孟达，刘开源. 媒体中的媒体：论公交车上蕴含的广告价值［J］. 商场现代化，2008（26）.

18. 柳庆勇. 从商业价值取向到社会价值取向：广告与社会关系的调整

[J]．新闻与传播评论，2011（0）．

19．段淳林．从工具理性到价值理性：中国品牌精神文化价值提升战略研究[J]．南京社会科学，2018（9）．

20．丁俊杰．从数字化的深层逻辑出发 重构广电媒体的广告价值[J]．中国广播，2019（3）．

21．王儒年，陈晓鸣．早期《申报》广告价值分析[J]．史林，2004（2）．

22．杨效宏．时代话语与历史叙事的互为——"中国故事"背景下中国现代广告业的价值逻辑[J]．新闻与传播评论，2019（3）．

23．陈雨萌．商业科普：绿色广告价值新探索[J]．戏剧之家，2019（26）．

24．周晓莉．微信的广告价值分析[J]．青年记者，2013（17）．

25．陶妍如．社群媒体的广告价值探析[J]．传媒论坛，2019（13）．

26．杨婧岚．广告传播中的意识形态[J]．现代传播，2002（1）．

27．张金海．论商业广告的文化传播性质与功能[J]．江汉论坛，1997（8）．

28．张殿元．泡沫中的焦虑：广告社会化的价值批判[J]．中国地质大学学报（社会科学版），2011（5）．

29．姚曦，翁祺．中国广告产业四十年的回顾与思考[J]．新闻爱好者，2019（4）．

30．黄升民，王昕．大国化进程中广告代理业的纠结与转型[J]．现代传播，2011（1）．

31．张金海，黎明．国家经济发展战略与中国广告产业发展[J]．广告大观（理论版），2011（3）．

32．金定海，朱婷．移动互动中的价值驱动——中国广告产业的数字化转型与发展[J]．山西大学学报，2013（4）．

33．杨效宏．产业结构转型与中国广告产业发展[J]．广告大观（理论版）2011（1）．

34．杨海军．坚持与守望：2012年中国广告业发展回顾与前瞻[J]．新闻记者，2013（1）．

35．廖秉宜．大数据时代中国广告产业的发展研究[J]．广告大观（理论版），2015（6）．

36．段淳林，李梦．移动互联网时代的广告产业链角色重构与平台化转型[J]．华南理工大学学报（社科版），2015（4）．

37. 严功军. 走出思维困境：媒介融合的认识论反思［J］. 现代传播，2019（11）.

38. 顾明毅，冯子逸. 2019 年 CSSCI 核心期刊广告学研究热点综述［J］. 新闻爱好者，2020（8）.

39. 于婷婷，杨蕴焓. 精准广告中的隐私关注及其影响因素研究［J］. 新闻大学，2019（9）.

40. 刘燕南，吴浚诚. 互联网原生广告中隐私悖论的嬗变与规制［J］. 当代传播，2019（6）.

41. 李明文，柏茹慧. 原生广告伦理问题及其解决路径：基于消费者感知的实证分析［J］. 中南民族大学学报（人文社会科学版），2019（1）.

42. 温静，田亚丽. 基于城市公交的公益广告全民化推广研究：以南昌地铁"荷塘印象"主题列车为例［J］. 装饰，2019（1）.

43. 李亦宁，王昊. 中国公益广告中的国家认同建构［J］. 当代传播，2019（6）.

44. 吴来安. 从家国理想到价值引导：中国现代公益广告的源起［J］. 现代传播（中国传媒大学学报），2019（7）.

45. 屈雅利. 当代电视公益广告的传播美学审视［J］. 当代传播，2019（3）.

46. 胡瑜，黄崇荣，严婷婷. 公益广告对青少年公益行为的内隐启动研究［J］. 心理与行为研究，2019（3）.

47. 邓敏. 中国数字广告产业二十年：基于"组织-技术"逻辑的制度化进程［J］. 国际新闻界，2018（11）.

48. 刘珊，黄升民. 人工智能：营销传播"数算力"时代的到来［J］. 现代传播，2019（1）.

49. 顾明毅. 中国智能广告模型研究［J］. 现代传播，2020（7）.

50. 姜智彬，马欣. 领域、困境与对策；人工智能重构下的广告运作［J］. 新闻与传播评论，2019（3）.

51. 晋艺菡，窦佳乐. 广告舆论社会功能的内涵新解［J］. 新闻大学，2017（6）.

52. 张金海，廖秉宜. 网络与数字传播时代，广告告知功能的回归［J］. 广告大观（综合版），2006（7）.

53. 金鹰. 广告定义之我见［J］. 企业销售，1995（7）.

54. 孙美玲. 社会、观念与实践：历史制度主义视野下新中国广告学研究70

年（1949—2019）[J]．新闻与传播研究，2019（11）．

55．祝帅．"Advertising"为何是"广告"——现代"广告"概念在中国的诞生[J]．新闻与传播研究，2009（5）．

56．桂世河，汤梅．我国"广告"概念现代化及其机制研究[J]．新闻与传播研究，2019（11）．

57．顾明毅，姜智彬，李海容．百年广告定义研究辨析[J]．现代传播（中国传媒大学学报），2018（4）．

58．桂世河，汤梅．我国"广告"概念现代化及其机制研究[J]．新闻与传播研究，2019（11）．

59．刘立丰．论广告研究中的"泛广告"问题[J]．广告大观（理论版），2017（2）．

60．吕文婷．移动互联网已经重新定义了广告——专访中国传媒大学博士生导师、国家广告研究院院长丁俊杰[J]．中国广告，2015（6）．

61．唐·舒尔茨．广告的未来及其可能性[J]．广告大观（理论版），2017（1）．

62．姜智彬，黄振石．基于"基础—工具—目的—本性"框架的智能广告定义探析[J]．中国广告，2019（11）．

63．傅石林．广告主及其组织的地位和作用[J]．中国广告，2000（2）．

64．刘传红．广告产业研究的几个基本问题[J]．武汉大学学报（人文科学版），2007（2）．

65．张殿元．广告传播对传媒结构的影响[J]．当代传播，2008（4）．

66．杨保军．论新闻的价值根源、构成序列和实现条件[J]．新闻记者，2020（3）．

67．杜欣霓．美国便士报的兴起及其影响[J]．云南财经大学学报（社会科学版），2011（6）．

68．方兴东，钟祥铭，彭筱军．全球互联网50年：发展阶段与演进逻辑[J]．新闻记者，2019（7）．

69．方兴东，严峰．中国互联网行业垄断行为复杂性、危害性和对策研究[J]．汕头大学学报（人文社会科学版），2017（3）．

70．余栋华．论价值本质的二重性[J]．唯实，1997（9）．

71．卜希霆，王宇．整合还是独立——网络时代的广告生存[J]．现代传播（北京广播学院学报），2000（3）．

72．宋秩铭．中国企业品牌与广告公司的全球化[J]．国际广告，2010

（2）.

73. 张殿元.失衡的权利：国际广告的政治经济学批判［J］.中国地质大学学报（社会科学版），2009（1）.

74. 黄玮杰.一般智力、价值形式与激进辩证法［J］，贵州师范大学学报（社会科学版），2018（2）.

75. 张殿元.阶层区隔：广告传播的社会学批判［J］.山西大学学报（哲学社会科学版），2005（6）.

76. 吴辉.广告学研究：从文化的角度向深层掘进［J］.新闻记者，2009（2）.

77. 张惠辛.当大家紧追热点时，我们谈起了永恒［J］.中国广告，2016（4）.

78. 张金海.论商业广告的文化传播性质与功能［J］，江汉论坛，1997（8）.

79. 武晓丽.价值共创机制下出版产业的非线性转型［J］.出版科学，2023（1）：50-56.

80. 张纪康.三通未始 广告先行［J］.中国广告，1994（5）.

81. 吴伟.略论广告对市场经济发展的作用［J］.中国广告，1992（3）.

82. 谢明.广告与乡镇企业［J］.中国广告，1992（3）.

83. 武晓丽.旅游产品传播中构建消费文化空间［J］.新闻界，2010（8）.

84. 中国广告编辑部.2008，中国广告业大事记［J］.中国广告，2009（2）.

85. 张艳.智能技术时代广告的内容营销传播［J］.中国出版，2017（19）.

86. 戴洁.社会结构变迁与统一战线功能［J］.湖北省社会主义学院学报，2020（2）.

87. 武晓丽.广告传播中算法推荐的技术解读及价值分析［J］.青年记者，2020（27）.

88. 武晓丽.新媒体时代广告行业的人才需求［J］.青年记者，2019（9）.

89. 张惠辛.中产崛起与品牌化消费升级［J］.中国广告，2016（6）.

90. 丁俊杰，佘贤君，狄运昌.奔跑中反思——当代公益广告的出路［J］.中国广告，2013（6）.

91. 刘素华.文化产业本质的额再研究——基于"结构化"理论的视角［J］.福建论坛（人文社会科学版），2019（10）.

92. 陈培爱. 从1亿到1000亿. 中国广告20年 [J]. 中国广告, 2004 (9)

93. 孙静文. 鲁迅先生与改革开放 [J]. 中外企业家, 2009 (12).

94. 李海涛. 设计的未来：关注生命本原的人性价值 [J]. 中国广告, 2013 (7).

95. 武晓丽. 大众图书出版的观念转型研究——基于"中国好书"获奖作品的实证研究 [J]. 编辑之友, 2019 (12).

三、学位论文

1. 李春玲. 中国广告产业结构演进研究 [D]. 武汉：武汉大学, 2017.

2. 卢山冰. 中国广告产业发展研究 [D]. 西安：西北大学, 2005.

3. 李名亮. 广告公司经营模式转型研究 [D]. 上海：上海大学, 2014.

4. 姜帆. 数字传播背景下广告的生存与发展 [D]. 武汉：武汉大学, 2010.

5. 宋若涛. 数字技术下广告的发展演进研究 [D]. 武汉：武汉大学, 2014.

6. 曹文. 帕森斯结构功能主义理论的道德教育价值研究 [D]. 济南：山东师范大学, 2015.

7. 蔡敏. 二十世纪九十年代中国传媒文化转型研究 [D]. 成都：四川大学, 2003.

8. 郑为升. 功能延拓与价值重构：网络新闻跟帖演进研究 [D]. 南昌：江西师范大学, 2020.

9. 赵文飞. 社会变迁视域下太原市徐沟背铁棍发展研究 [D]. 西安：西安体育学院, 2019.

10. 何寒. 从广告话语看新世纪社会价值观的取向——深圳房地产广告的话语分析 [D]. 武汉：华中科技大学, 2006.

11. 何美林. 《经济日报》广告中的消费文化变迁研究（1983-2018）[D]. 重庆：重庆工商大学, 2020.

12. 简予繁. 中国广告产业统计分类标准与统计调查方案研究 [D]. 武汉：武汉大学, 2017.

13. 王少南. 双边市场条件下滥用市场支配地位的反垄断法规制 [D]. 武汉：武汉大学, 2016.

14. 熊忠辉. 中国省级卫视发展研究 [D]. 上海：复旦大学, 2005.

15. 栗雪冬. B2C电商平台用户多属性行为影响因素研究 [D]. 郑州：郑

州大学，2019.

16. 胡园园．价值哲学视域下人的价值困惑问题研究［D］．昆明：昆明理工大学，2017.

17. 魏伟．价值哲学视域下国际创新体系运行价值研究［D］．石家庄：河北经贸大学，2017.

18. 单元媛．高技术产业融合成长研究［D］．武汉：武汉理工大学，2010.

19. 陈凌．个人意识、自我认同与日常生活再造——广告生产的社会过程（1978—2018）［D］．上海：华东师范大学，2019.

20. 秦福贵．基于演化经济学视角的中国互联网发展研究［D］．北京：中国传媒大学，2019.

21. 刘贺娟．都市意象的女性主义书写［D］．沈阳：辽宁大学，2008.

22. 王红樱．新疆广告产业发展研究［D］．武汉：武汉大学，2019.

23. 刘金虎．社会化网络的结构、演化和应用研究［D］．成都：电子科技大学，2016.

24. 张超．论消费者的表达自由权［D］．烟台：烟台大学，2008.

25. 李志坚．中国电视公共服务的传输体系研究［D］．上海：上海交通大学，2009.

四、基本史料

1. 中国广告年鉴．新华出版社．1988—2017 年

2. 中国广告．中国广告杂志社．1981—2020 年

3. 国际品牌观察．国际品牌杂志社．1991—2020 年

4. 现代广告．现代广告杂志社．1994—2020 年

5. CNKI 以"广告"为关键词的文章

6. 现代广告杂志社．中国广告 20 年［M］．北京：中国统计出版社，2000.

7. 北京广告协会，等．见证：中国广告 20 年［M］．北京：中国传媒大学出版社，2009.

8. 黄升民，赵新利，张弛．中国品牌四十年（1979—2019）［M］．北京：社会科学文献出版社，2019.

9. 许正林．上海广告史［M］．上海：上海古籍出版社，2018.

10. 中国广告协会．中国广告三十年大事典［M］．北京：中国工商出版社，2009.

11. 北京广告协会．当代北京广告史［M］．北京：中国市场出版社，2008.

12. 唐忠朴. 我的广告生涯 ［M］. 北京：中国友谊出版社，2004.

五、英文文献

1. SCHUDSON M. *Discovering The News：A Social History of American Newspaper* ［M］. New York：The Perseus Books Group，1981.

2. BOULDING K E. *The Image：Knowledge in Life and Society* ［M］. Ann Arbor：University of Michigan Press，1969.

3. POTTER D M. *People of Plenty：Economic Abundance and the American Character* (2nd edition) ［M］. Chicago & London：the University of Chicago Press，1954.

4. ARVIDSSON A，PEITERSEN N. *The Ethical Economy：Rebuilding Value After the crisis* ［M］. New York：Columbia University Press，2013.

5. RUST RT，OLIVER R W. The Death of Advertising ［J］. *Journal of Advertising*，1994，23（4）.

6. ANTONIADIS I，ASSIMAKOPOULOS C，KOUKOULIS I. Attitudes of college students towards online advertisement in social networking sites：a structural equation modelling approach ［J］. *International Journal of Internet Marketing and Advertising*，2019，13（2）：13.

7. GABER H R，WRIGHT L T，KOOLI K. Consumer attitudes towards Instagram advertisements in Egypt：The role of the perceived advertising value and personalization ［J］. *Cogent Business & Management*，（2019），6（1）.

8. SMITH M D，BRYNJOLFSSON E. Consumer decision-making at an Internet shopbot：brand still matters ［J］. *The journal of industry economies*，2001，12（4）.

9. EVANS D S. The Economics of the Online Advertising Industry ［J］. *Review of Network Economics*，2008，7（3）.

10. LESLIE D. Flexibly Specialized Agencies? Reflexivity，Identity，and the Advertising Industry ［J］. *Environment and Planning A*，1997，29（6）.

11. WONG C H，TAN G W H，TAN B I，et al. Mobile advertising：The changing landscape of the advertising industry ［J］. *Telematics and Informatics*，2015，32（4）.

12. GLASER V L，KRIKORIAN A M，FISS P C. Goal-Based Categorization：Dynamic Classification in the Display Advertising Industry ［J］. *Organization Studies*，2019，41（7）.

13. Kim B S, Deborah K M. The creativity challenge: media confluence and its effects on the evolving advertising industry [J] . *Journal of interactive advertising*. 2009, 9 (2).

14. HARVEY D. Class – monopoly Rent, Finance Capital and the Urban Revolution [J] . *Regional Studies*, 1974, 8 (3-4) .

15. SHETH J N, BRUCE I N, BARBARA L G. Why We Buy What We Buy: A Theory of Consumption Values [J] . *Journal of Business Research*, 1991, 22 (March).

16. DE R K, WETZEL M, LEMMINK J. et al. The dynamics of the service delivery process: A valve-based approach [J] . *Inernational Journal of Research in Marketing*, 1997, 14 (3).

17. CRONIN A M. Researching Urban Space, Reflecting on Advertising [J]. *Space and Culture*, 2011, 14 (4) .

18. Deuze M. Media life [J] . *Media, Culture & Society*, 2011, 33 (1).

19. KARIYAWASAM K, WIGLEY S. Online shopping, misleading advertising and consumer protection [J] . *Information & Communications Technology Law*, 2017, 26 (2) .